세상을 밝게 만드는

인성교육

인천재능대학교부속유치원 지음

태영출판사

머리말

21세기 교육의 방향은 창의성이 풍부한 창의적 인재양성이다. 창의성과 함께 이 시대 교육의 방향을 결정짓는 핵심역량으로 중요하게 언급되는 것이 바로 인성이다. 바른 인성이 뒷받침된 창의적인 인재가 미래시대가 요구하는 인재이며 글로벌시대가 요구하는 인재이다.

특히 우리나라는 산업화, 민주화, 지식정보사회로 발전하면서 물질만능주의가 팽배해지고, 치열한 경쟁에서 이기고 자신의 목적을 성취하는 것이 성공적이고 가치 있는 삶으로 여겨지면서 '사람 됨됨이'에 가치를 두는 인성교육보다 지식교육으로 치중되어 왔다. 최근 교육현장에서 빈번하게 발생하는 학교폭력, 집단따돌림, 청소년 가출 등의 문제도 인성교육 부재의 산물이다. 뿐만 아니라 아동학대 등 가족 간, 친구 간, 세대 간 소통의 부재와 각종 비인간적이고 비도덕적인 사회문제로 인해 많은 사회적 위기의식이 고조되면서 급기야 인성교육진흥법이 제정되기에 이르렀다. 이 시대의 인성교육은 더 이상 가정, 학교 등의 생활 속에서 자연스럽게 '사람이라면 누구나 가지는 보통(普通)의 인정(人情), 또는 생각'으로 할 수 있는 인지상정(人之常情)의 교육이 아닌, 법으로 제정되어 의무적으로 수행해야 하는 교육이 되어 버렸다.

우리 유치원은 1982년 개원 이래 인격 형성의 결정적 시기인 유아기 인성교육을 내실있게 모범적으로 운영하기 위한 노력을 해왔다. 이러한 노력으로 2012년 교육부에서 선발한 인성교육 최우수유치원에 선정되어 2015년까지 3년간 '가정 · 지역사회와 연계한 실천중심 유아 인성교육'을 운영하였다. 인성교육을 운영하는 중 「인성교육진흥법」이 제정되었고, 8개의 덕목이 제시되었는데 운영을 이미 시작한 관계로 그 덕목과 일치하지는 않지만 3년간 우리 유치원에서 개발한 인성덕목을 중심으로 경험을 함께 나누고자 유아교육 현장에서 인성교육을 위해 애쓰시는 원장선생님들과 선생님들께 그리고 예비 유아교사들에게 유용한 기초 자료가 되기를 바라는 마음으로 이 책을 출판하게 되었다.

이 책의 내용 구성은 1장 유아 인성교육에 대한 이론적 배경, 2장 활동의 실제로 되어 있다. 2장 활동의 실제에서는 첫째, 누리과정 생활주제에 의한 인성교육 활동안을, 둘째, 교사 인성역량 강화를 위한 활동의 실제를, 마지막으로 우리 유치원에서 실시한 가정연계활동에 대해 기술하였다.

인성교육 최우수유치원을 운영하면서 인성교육의 중요성을 다시 한 번 깨닫게 되었으며 유아들과 소중하고 의미 있는 시간을 보냈다. 또한 의미 있는 경험을 함께한 유아, 교사, 학부모님들께 감사드리며 지원해 주신 인천재능대학교 이기우 총장님을 비롯한 교직원들, 유아교육과 교수님들, 교육청 관계자 여러분들, 지역사회 인사들께 감사를 드린다.

이 책은 인천재능대학교부속유치원에서 3년간의 인성교육사업에 참여한 전､현직 교원들이 그 동안의 활동 내용을 정리하여 완성하였다. 수고해 준 교원들의 노력에 진심으로 고마움을 표한다. 더불어 이 책의 출판을 허락해 주신 태영출판사 김현태 사장님과 편집부 여러분께도 감사를 드린다.

2016년 6월
인천재능대학교부속유치원 원장
이경희

차 례

차 례

제1장

유아 인성교육에 대한 이론적 배경

1. 인성교육의 개념
2. 인성교육의 필요성
3. 인성교육의 목표
4. 인성교육의 내용
5. 인성교육 교수-학습 방법
6. 교사의 역할

1. 인성교육의 개념

1) 인성의 의미

우리나라는 바른 인성의 기초를 형성하는 유아기부터 인성교육을 강조하고 있으며 이는 3-5세 누리과정의 기본방향에 잘 나타나 있다. 또한 최근에는 「인성교육진흥법」이 제정되어 국가와 지방자치단체, 학교 및 유치원에서는 의무적으로 인성교육을 시행해야 한다.

그러면 인성을 어떻게 가르쳐야 할 것인가? 이와 같은 고민을 해결하기 위해서는 인성이 무엇인지 그 의미를 먼저 파악해야 할 필요가 있다.

인성(人性)이란 사람의 품성을 말한다. 품성이란 타고난 성품이며 성품이란 타고난 성격과 품격을 의미한다. 인성은 우리말의 '사람 됨됨이', '인격(人格)', '성품(性稟)', '성향(性向)', '성격(性格),' '개성(個性),' '기질(氣質)' 등과 동의어로 사용되며(정종석, 1989), 영어로는 '기질(temperament)', '성격(character)', '특성(personality)' 등으로 사용되고 있다(Berkowitz & Grych, 2000).

인성은 개인이 지니는 다양한 성격적 특성으로 정의되기도 한다.

(1) 기질(temperament)

인성은 기질, 성향과 같이 특정한 감정이나 기분을 발생시키거나 개인의 독특한 행동양식을 결정하는 선천적인 소질을 의미한다.

(2) 성격(character)

인성은 생래적으로 고착된 개인의 내적 성격 구조로써 사고방식과 정서적 반응 그리고 행동양식 등에서 나타나는 내적 특질과 성향을 말한다.

(3) 특성(personality)

외적 성질을 의미하는 personality는 '남에게 주는 인상으로서의 성격'을 의미한다. 인성의 영어 어원으로 볼 수 있으며 심리학 분야에서 주로 성격이라 하고, 정신의학 분야에서는 인격이라 하며, 교육학 분야에서는 인성이라고 사용한다(김영옥 · 송혜린 · 이현미, 2007).

이와 같이 종합해 보면 인성의 개념은 개인의 선천적이며 후천적인 특성의 다양한 관점에서 접근해 볼 수 있으며 인간의 타고난 본성뿐만 아니라 신체적, 심리적, 정서적, 지적 특성 등을 포함하여 개인의 내면에 존재하는 개인의 특성을 의미한다.

2) 인성교육의 개념

인성교육이란 바람직한 인간상을 함양하는 것을 목적으로 한 교육으로 정의 할 수 있다. 그리고 누구를 대상으로, 어떠한 내용으로, 어떠한 방법으로 할 것인지에 따라 그리고 시대와 연구자의 관점에 따라 다양하게 정의될 수 있다. 학자들의 다양한 관점에 따른 인성교육의 개념을 살펴보면 다음과 같다.

♣ 인성교육에 대한 학자들의 다양한 정의

- 남궁달화(1999): 인성교육은 인간다움을 갖추도록 돕는 교육이다.
- 신극범 외(1998): 인성교육은 마음의 발달을 위한 정서교육, 자아실현을 위한 가치교육, 더불어 살기 위한 도덕교육이다.
- 강기수(2007): 인성교육은 지 · 정 · 의가 포함된 인격, 성격, 행동, 습관, 태도, 가치관 등을 올바르게 기르기 위한 모든 교육의 총칭이다.
- Lickona(1991): 인성교육은 훌륭한 인성을 발달시키기 위한 의도적이고 행동지향적인 노력이다(박병기 외 공역, 1999).
- 허경철 · 조난심(1994): 인성교육은 사람다운 사람, 도덕적 인격을 갖춘 사람을 기르려는 교육이다.
- 교육부(1996): 아동 인성교육은 '도덕성, 사회성, 정서를 포함한 바람직한 사람으로서의 성품을 기르는 교육'이다.

2. 인성교육의 필요성

현대사회의 변화가 급속도로 진행되는 가운데 인간의 삶은 과학기술과 경제발전 등 물질적 가치에 집중되고 있다. 교육 현장에서는 존중과 소통을 바탕으로 하는 인간됨의 교육보다 지식중심의 입시위주 교육이 만연하게 되었다. 구성원을 존중하고 소통하는 것보다는 경쟁하고 성취하는 것에 중요한 가치를 두게 되면서 가출, 따돌림, 학교폭력 등의 부작용이 나타났다. 최근의 이러한 교육적 문제의 해답으로 인성교육이 심도 있게 논의되고 있다(김영옥 · 이규임, 2013).

유아교육에서도 인격형성의 결정적 시기인 유아기 인성교육에 대한 관심이 높아지고 있다. 2007년 개정유치원교육과정에서는 사람과 사람의 관계, 사람과 자연의 관계를 존중하고 사랑함에 중점을 두며 이를 위해서 타인 인정 및 수용, 존중, 배려, 협력, 공생 공존을 유아들이 길러야 할 덕목으로 제시하였다. 그리고 2013년 3-5세 누리과정에서는 질서, 배려, 협력 등 기본생활습관과 바른 인성을 기르는데 중점을 두어 자신을 존중하고 다른 사람과 더불어 생활하는 능력과 태도를 기르는 것을 목표로 제시하였다.

유아기는 기본생활습관이 형성되는 시기이기 때문에 실천 중심의 인성교육과 민주시민 교육내용을 유아교육과정에 적극적으로 반영해야 한다. 유아는 또래와 함께 다양한 활동을 하면서 자신들에게 필요한 규칙을 배우고 자기조절, 타인과의 관계 형성, 자유, 평등, 다수결의 원칙, 합리적인 의사 결정 과정 등을 통해서 민주주의의 기본원리들을 이해하고 경험하는 것이 중요하다.

이와 같이 급변하고 있는 이 시대에는 가치 있고 행복한 개인의 삶과 안정적인 사회의 발전을 위하여 미래사회의 주역이며 인성 형성의 결정적 시기인 유아기 인성교육이 적극적으로 요청되고 있다.

인성교육의 필요성을 아동의 발달적 측면, 인간관계와 소통의 측면, 사회적 요구, 미래시대의 인재양성 요구의 측면으로 나누어 볼 수 있다.

1) 아동의 발달적 측면

아동기는 전인발달의 기초로서 발달이 이루어지는 시기이다. 신체적, 정서적, 인지적, 사회적 발달이 함께 조화롭게 이루어지며 인간답게 살아가기 위한 기초가 형성되는 시기이다. 조화로운 발달의 과정은 전인적인 발달로 이어지며 인간다움을 갖추도록 한다. 발달적 측면에서 보면 아동의 신체적, 심리적, 정서적, 사회적, 인지적 조화로운 발달을 통해 자기를 조절하고 더불어 살아가는 방법을 습득하며 도덕적 인격을 갖춘 사람으로 성장할 수 있는 인격 형성의 기틀이 형성된다고 볼 수 있다.

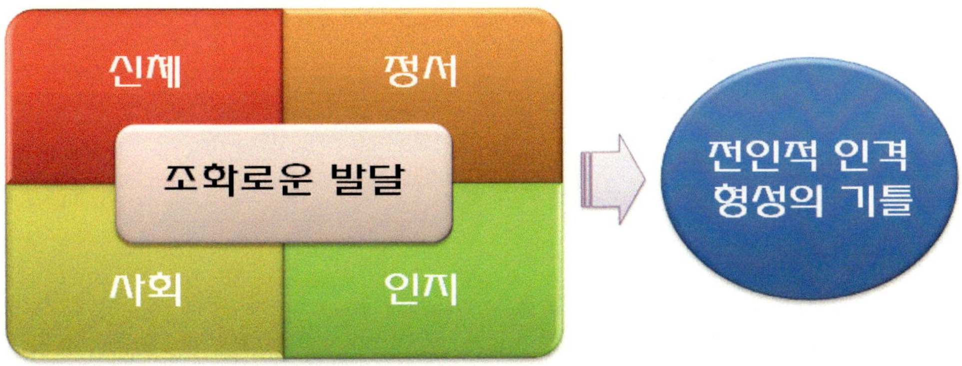

〈그림 1〉 발달적 측면에서 인성교육의 필요성

최근에는 뇌발달과 유아기 인성교육의 관련성이 입증되면서 뇌과학적 측면에서 인성교육의 필요성이 강조되고 있다. 인간의 뇌는 연령에 따라 다른 발달의 과정을 보이는데 0세에서 6세까지의 뇌발달을 통해 유아는 감정의 발달과 인간관계에서 필요한 인간성, 도덕성 등 인격의 발달이 이루어진다.

만 0세에서 3세까지는 다양한 자극을 통해서 전뇌가 고루 발달하며 감정과 정서의 발달이 이루어진다. 만 3세에서 6세까지는 전두엽의 발달이 활발한 시기로 이 시기에 인간성, 도덕성 등이 발달하게 되어 인격형성의 기초를 형성하게 된다.

인간을 인간답게 살게 하는 뇌발달의 기초 형성이 영유아기에 활발하게 이루어지며 특히 유아기는 인격의 기초가 형성되는 결정적 시기이므로 유아 인성교육이 강화되어야 한다.

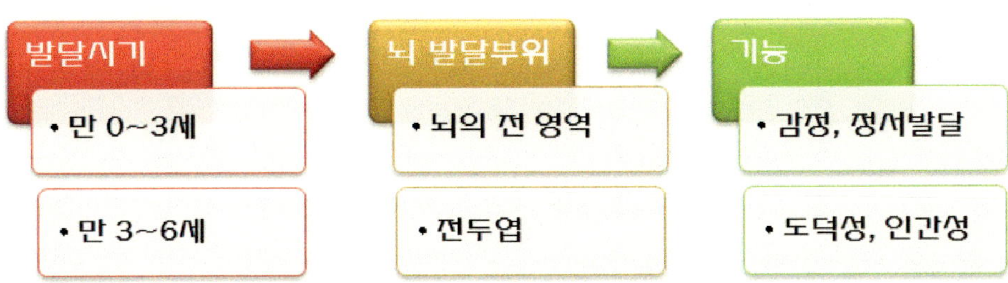

〈그림 2〉 뇌발달과 인성교육

2) 인간관계와 소통

인간은 타인과 더불어 살아가야 하는 존재이다. 조화로운 관계 안에서 타인을 존중하고 타인으로부터 인정을 받을 때 소속감과 행복감을 느끼게 된다.

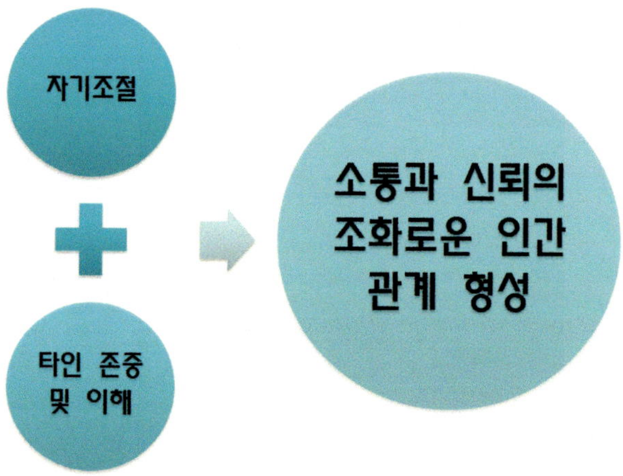

〈그림 3〉 인간관계 측면에서의 인성교육 필요성

사람과 관계를 맺고 유지하는 데 필요한 제 기술을 습득하지 못하면 인간성 파괴나 인간 소외를 부추기는 등 사회문제를 야기하기 때문에 유아기부터 타인과 더불어 살아가는데 필요한 능력을 기르는 것이 필요하다. 이를 위하여 자기에 대한 이해를 바탕으로 자기조절 능력을 기르고, 타인이 갖고 있는 생각과 느낌, 감정을 알며, 이를 긍정적인 사회적 행동으로 나타낼 수 있도록 인성교육을 해야 한다. 또한 이를 통하여 소통과 신뢰의 인간관계를 형성할 수 있도록 해야 할 것이다.

3) 사회적 요구

과학 문명의 발달에 따른 급격한 사회변화는 물질만능주의, 비인간화 현상을 야기하고 있고 교육은 입시위주의 교육으로 흐르고 있으며 매스미디어의 발달로 아동들은 일찍부터 매스컴에 노출되어 음란성, 폭력성에 노출되고 있다. 이와 같은 사회 현상으로 인간존중의 가치가 상실되고 물질만능주의와 개인주의가 만연하여 여러 가지 사회적인 부작용이 나타나고 있다. 이러한 사회적 분위기에 대한 우려로 인성교육의 요구에 대한 사회적 공감대가 형성되고 있다. 특히 교육현장에서 나타나는 학교폭력, 집단 따돌림 등의 교육적 해답으로 인성교육이 심도 있게 논의되고 있다.

〈그림 4〉 사회적 요구 측면에서의 인성교육 필요성

4) 미래시대의 인재양성 요구

각종 정보가 폭발하면서 급격히 변화하고 발전하는 요즘 이러한 환경에 바르게 적응하면서 개인과 국가의 발전을 위해 노력할 수 있는 사람, 즉 바른 인성과 뛰어난 창의력을 가진 사람을 기르기 위한 교육이 필요하다.

미래시대가 요구하는 핵심역량인 '인성을 갖춘 창의적인 융합형 인재'를 기르기 위해서는 인성교육이 매우 중요하며 그 시작은 인격형성의 결정적 시기인 유아기가 되어야 할 것이다.

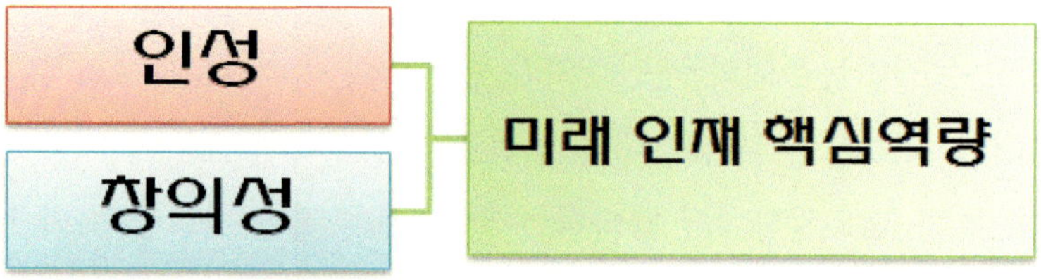

〈그림 5〉 미래시대의 인재양성 요구 측면에서의 인성교육 필요성

3. 인성교육의 목표

인성교육의 궁극적인 목적은 인간다운 인간을 기르는 것이다. 인간다운 인간을 기르기 위한 교육으로 학자들은 인성교육에 대한 다양한 접근으로 그에 맞는 목표를 설정하여 제시하고 있다.

먼저 3-5세 누리과정(2013)을 비롯하여 이전 국가교육과정(1998, 2007)에서는 자신을 존중하고 다른 사람과 더불어 생활하는 능력과 태도를 기르는 것을 목적으로 제시하였고, 교육과정 내실화를 위한 인성교육 프로그램(2011)에서도 자신에 대한 이해와 타인에 대한 배려, 존중을 배우며 더불어 살기 위한 능력을 배양하는 것을 주요 목적으로 제시하였다. 인성교육은 주로 사회생활 영역에서 타인과의 조화로운 관계를 위한 교육적 요소들로 구성되며 '자신을 존중하고 타인과 더불어 생활하는 능력과 태도 신장'을 목표로 하고 있다(김치곤 · 채영란, 2013).

제 학자들이 제시한 인성교육에 대한 목표를 정리하면 다음과 같다.

표 1 인성교육의 목표

구분	연구자	목 표
인성교육	남궁달화 (1999)	더불어 살기 위한 교육으로 도덕교육(意)
	한국교육학회 (2001)	사회공동체가 함께 더불어 살아가기 위해 지녀야 할 기본적인 태도와 가치를 함양하기

	조연숙 외 (2001)	타인과의 조화를 이루어서 사회에 잘 적응해 갈 수 있는 균형잡힌 인성을 기르는 교육
	교육부 (2011)	자신에 대한 이해, 타인에 대한 배려, 존중 더불어 살기 위한 능력 배양
	교육부 (2013)	자신을 존중하고 다른 사람과 더불어 생활하는 능력과 태도 기르기

4. 인성교육의 내용

유아기는 전인교육의 출발점이다. 유아 인성교육은 자기에 대한 이해와 함께 타인과 더불어 살아가는데 필요한 덕목을 익히는 것을 기초로 한다. 특히 아동기는 인성의 기초가 형성되는 시기이고 아동기 인성교육 경험이 전 생애에 중요한 영향을 미치므로 사회 구성원으로서 타인과 조화롭게 살아가기 위해 바람직한 습관을 아동기부터 형성해야 한다.

최근 인성교육에 대한 사회적 요구와 관심에 따라 아동 인성교육에 대한 연구들이 급증하고 있는데 유아기에 적합한 인성교육에 대한 내용으로 자기에 대한 이해를 높이고 자기를 조절하는 내용, 사회적 환경에서 인간관계를 위해서는 사회 정서, 도덕성, 민주시민으로서의 기초형성 등에 대한 덕목들이 대부분이다.

1) 학자들이 제시한 인성교육 내용

이윤옥(1998)은 아동기 인성교육을 바람직한 인간 됨됨이를 기르는 품성교육으로 정의하면서 집단생활에 적응할 수 있는 사회적인 인격을 기르기 위해 기본예절지키기, 약속지키기, 협동하기 등과 타인을 이해하고, 정서적으로 인식하며 대인문제를 사회적으로 수용가능한 방법으로 해결할 수 있도록 사회 · 정서적인 습관을 형성하는 것을 아동기 인성교육의 주요 내용으로 제안하였다. 선행연구에서 제 학자들이 제시한 인성교육에 대한 내용을 정리하면 〈표 2〉와 같다.

표 2 학자들이 제시한 인성교육 덕목들

연구자	내 용
Lickona(1991)	존중, 책임감, 양심, 자존감, 겸손, 감정이입, 선에 대한 사랑, 자기통제
이원영, 박찬옥, 노영희(1993)	인내심, 타인입장 존중, 질서, 주체의식, 청결, 전통윤리, 협동, 공중도덕심, 절제, 물질만능주의 탈피, 양보, 정직, 예절, 긍정적 사고, 생명존중, 신뢰, 책임감, 근면
허경철, 조난심(1995)	기본생활습관(규칙적인 생활, 정리정돈, 청결위생, 물자절약) 자아확립(근면, 성실, 자주, 정직), 효도와 경애, 공동체의식(질서, 협동, 준법, 타인존중, 책임, 봉사, 정의감)
Leming(1993)	자기통제, 건강, 친절, 스포츠맨십, 자신감, 의무, 신뢰, 진실, 장인정신, 협동
교육부(1997)	기본생활습관(청결, 정리정돈, 질서, 식습관, 절제, 예절) 사회정서 덕목(자아개념, 자기조절력, 감정과 욕구조절, 협력, 타인입장 배려, 타인표현 존중, 바른태도로 말하기와 듣기) 윤리 · 도덕적 덕목(공공 규칙지키기, 나라 사랑하기, 타문화 존중, 전통문화 친숙하기)
이윤옥(1998)	우정, 협동, 친절, 화합, 책임
남궁달화(1999)	정서, 가치, 도덕
Berkowitz & Grych(2000)	자기조절, 감정이입, 친사회적 행동, 자아존중감, 대인관계기술, 규범준수, 양심, 도덕적 추론, 정직, 이타성
한국교육학회(2001)	자신의 본성이나 본질에 대한 정확한 탐색과 인식, 자기이해, 자기수용, 자기개방, 인간관계, 도덕성 함양, 가치관 함양, 사회성 함양
계영애, 강정원(2001)	기본생활습관(질서, 예절, 절제) 사회정서 범주(자기조절능력, 타인존중, 친사회적 성향) 윤리도덕(규범준수, 이타심, 타문화 존중, 도덕성, 전통윤리 존중)
김영옥, 송혜린, 이현미(2007)	기초적 인성(개인생활습관-청결, 질서, 절제, 예절과 공동생활습관) 사회적 인성(자아개념-신체적, 인지적, 정신적, 사회적 자아/ 대인관계-감수성, 의사소통, 절충, 협력/ 주도성-설득력, 성취동기) 도덕적 인성(도덕적 동기, 도덕적 판단력, 도덕적 행동)
김영옥(2007)	정직, 예절, 성실, 배려, 봉사
교육부(2007)	건강생활 영역(청결, 식습관, 예절, 질서, 절약) 사회생활 영역(사회정서-자아개념, 자기존중감, 자기조절, 협력, 배려, 타인존중/ 윤리도덕-효도, 예절, 준법, 공동체의식, 애국심, 타문화 존중)

Noddings (2003)	배려를 관계성에 기초하여 강조함
김영옥, 장명림, 유희정(2009)	문제해결력, 의사소통, 자아개념, 사회적 관계, 타인배려, 도덕적 기초, 사회적 지식, 정서 인식, 정서 표현, 정서 조절, 감정 이입
교육과학기술부 (2011)	배려, 존중, 협력, 나눔, 질서, 효

인성교육의 내용을 타인과의 조화로운 관계를 위해 갖추어야 하는 기초적 개념으로 보면 크게 개인적 인성, 사회적 인성, 윤리 · 도덕적 인성으로 분류할 수 있다(김연희, 2015). 즉, 민주시민으로서 개인이 갖추어야 할 덕목, 타인과의 조화로운 관계를 위해 갖추어야 할 덕목, 공동체의 일원으로서 사회적 책임을 가지고 갖추어야 하는 윤리, 도덕적 덕목으로 구분된다. 내용은 〈표 3〉과 같다.

표 3 인성덕목 범주 분류(김연희, 2015)

인성덕목 범주	범위	덕목
개인적 인성	민주사회의 구성원으로서 개인이 갖추어야 할 덕목	자존감, 겸손, 절제, 기본생활습관, 자신감
사회적 인성	타인과의 조화로운 관계를 위해 갖추어야 할 덕목	자기조절, 존중, 배려, 감정이입, 신뢰, 사랑, 양보, 친절, 다정함, 협력, 의리, 나눔, 예절, 타인존중(이타성), 우정, 친사회적 성향
윤리 · 도덕적 인성	사회의 공동체 일원으로서 갖추어야 할 덕목	양심, 책임감, 정의감, 정직, 용기, 근면, 성실, 질서, 준법, 봉사, 시민의식, 공동체의식, 의무, 효

2) 교육부에서 제시한 인성덕목

교육과학기술부(2011)에서 미래사회 창의인재 양성을 위해 창의성과 인성교육을 교육정책의 방향으로 정하였고, 유아 인성교육을 위해 '유치원 기본과정 내실화를 위한 인성교육 프로그램'을 개발하였다. 그리고 유아발달에 적합한 실천위주의 덕목들로 배려, 존중, 협력, 나눔, 질서, 효를 유아 인성교육 덕목으로 제시하였다.

표 4 교육부에서 제시한 유아 인성교육의 내용(교육과정 내실화를 위한 유아 인성교육 프로그램, 2011)

인성덕목	정의	하위 내용
배려	타인의 필요와 요구에 민감하게 반응, 공감하는 것	친구, 가족, 이웃, 동·식물에 대한 배려
존중	사람이나 사물은 기본적으로 그들의 존재만으로 존중할 가치가 있음을 인식하고, 그 가치에 대하여 소중히 여기는 것	자신과 타인에 대한 존중, 다른 사람들과 다른 문화에 대한 존중, 생명과 환경에 대한 존중
협력	두 명 이상의 구성원이 공동의 목표를 설정하고, 이를 달성하기 위하여 개인적 책임을 다하고 서로 조언 및 조력을 주고받는 것	긍정적인 상호의존성, 개인적 책임감, 집단 협력
나눔	자기 스스로 우러난 마음에서 남을 돕기 위해서 하는 일로, 대가를 바라지 않고 지속적으로 도와주는 것	나눔의 의미 알기, 나눔을 실천하기, 나눔에 참여하기
질서	민주주의 사회에서 책임감 있는 민주시민으로서 살아가기 위해 필요한 사회규범을 지키는 것	기초질서, 법질서, 사회질서
효	자식으로서 인간된 도리를 충실히 하는 것	부모, 조부모, 지역사회 어른에 대한 효

5. 인성교육 교수-학습 방법

1) 일상생활에서의 내면화를 통한 인성교육

일상생활에서의 내면화를 통한 인성교육 방법의 대표적인 예는 기본생활습관 교육이다. 기본생활습관이란 개인이 한 인간으로서 삶을 살아가는 데 있어서 부딪칠 수 있는 다양한 환경에 대해 기본적으로 지니고 지켜야 할 행동양식을 의미한다(교육부, 1998). 아동기는 이러한 기본생활습관이 갖추어지는 중요한 시기이며, 이 시기에 한 번 형성된 습관은 좀처럼 변하지 않기 때문에 기본생활습관은 교육의 중요한 내용으로 다루어져야 한다.

기본생활습관 교육은 주로 가정과 교육기관에서 담당하여 왔다. 그러나 근래에 들어 사회구조의 변화와 맞벌이 부부의 증가로 가정이 맡아온 가정교육 및 기본생활습관 교육의 책임이 유아교육기관으로 넘겨지면서 그 기능을 유아교육기관에서 강화할 수밖에 없게

되었다. 기본생활습관은 유아교육기관에서의 생활은 물론 가정생활, 사회생활 등 생활의 전 분야에 걸쳐 내면화되어야 할 요소로 인성적 덕목 중 가장 중요하게 다루어져야 할 부분이다.

(1) 기본생활습관 내용

① 청결

유아들은 어리기 때문에 어른에 비해 면역력이 약하여 아동 및 주변 환경이 위생적이지 못하면 질병에 노출될 확률이 크다. 따라서 유아가 자기 몸과 주변 환경의 청결에 대해 알고 실천하는 것은 유아의 건강에서 매우 중요한 기본생활습관 교육의 하나이다.

♣ 청결 교육내용

- 자기 몸에 대한 청결: 이닦기, 세수하기, 목욕하기, 간식이나 식사 전후에 손씻기, 속옷 갈아입기, 단정한 옷차림하기, 손톱 · 발톱깎기, 머리감기 등
- 생활주변의 청결: 주변 정리하기, 청소하기, 쓰레기 버리지 않기, 쓰레기통에 버리기, 공공 시설물 깨끗하게 사용하기, 자연보호하기, 물건 재활용하기 등

② 질서

질서는 공공 생활의 출발점이며 사회를 유지시키는 데 기본이 되는 개념이다. 집단생활을 처음 실시하는 유아들에게 타인과 함께하는 생활에는 함께 지켜야 할 규칙이 있음을 알고 이러한 규칙을 행동으로 실천할 수 있도록 기본생활습관 교육을 통해 실시한다. 유치원에서 유아들이 지켜야 할 질서의 내용은 다음과 같다.

♣ 질서 교육내용

- 차례지키기: 복도 · 계단에서 줄서서 다니기, 수돗가나 화장실에서 차례지키기, 놀이기구를 이용할 때 차례지키기, 버스 탈 때 차례지키기 등
- 교실에서 생활 규칙지키기: 놀이 규칙지키기, 약속지키기, 생활 규칙지키기(예: 교실에서 뛰지 않기 등), 양보하기 등
- 교통 규칙지키기: 신호등 지키기, 횡단보도에서 건너기, 좌우 살피며 건너기, 차 안에서 안전벨트 매기, 차 안에서 돌아다니지 않기, 오른쪽으로 걷기(우측보행) 등

③ 예절

예절은 다른 사람을 존중하고 이해하여 말과 행동을 예의바르게 하는 것을 말한다. 가족 간의 예절, 유치원에서 친구와의 예절, 웃어른에 대한 예절, 국가에 대한 예절 등이 유아들이 배우고 익혀야 할 기본적인 예절이다.

♣ 예절 교육내용

- 가정에서의 예절: 부모와 할머니, 할아버지 존경하기(웃어른께 인사하기, 부모님 도와드 리기, 웃어른께 높임말 쓰기 등), 형제 자매와 사이좋게 지내기
- 집단생활에서의 예절: 친구와 사이좋게 지내기, 다른 사람 의견 존중하기, 때와 장소에 따른 인사말 하기(고맙습니다, 감사합니다, 미안합니다, 괜찮습니다), 고운 말 쓰기, 식사예절 지키기 등
- 국가에 대한 예절: 우리나라 이름 알기, 우리나라 국기 알기, 태극기 소중히 다루기, 애 국가 알기, 우리나라 국화 알기 등

④ 절제

절제는 일상생활을 하면서 자신의 생각과 행동을 알맞게 조절하는 것을 뜻한다. 절제 교육은 아껴쓰기 등 물질이나 에너지 등에 대한 절제와 장소나 상황에 따라 감정 조절하기로 구분할 수 있다.

♣ 절제 교육내용

- 아껴쓰기: 물, 전기, 음식, 놀잇감, 시간 등을 아껴 쓰고 자기가 가진 물건을 잘 간수하며 물건의 바른 사용법 알고 지키기, 물건 소중히 다루기, 저축하기, 물건 재활용하기
- 장소나 상황에 따라 감정 조절하기: 울거나 화내거나 소리 지르는 것 조절하기, 갖고 싶은 것 조절하기, 먹고 싶은 것 조절하기 등

2) 교육과정과의 통합을 통한 인성교육

(1) 인성요소가 반영된 교육과정 운영

인성교육은 전인교육의 기초로서 특히 유아기는 인성의 기초가 형성되는 시기이다. 유아기의 인성교육 경험이 전 생애에 중요한 영향을 미치므로 유아교육에서 중요하게 다루어져

야 한다(우영효, 2004).

인성은 독립된 교과가 아니기 때문에 교육과정의 다양한 영역과 내용 속으로 통합되어야 한다. 각 활동영역의 교육내용 속에 인성의 요소들이 자연스럽게 스며들도록 구성하는 것이 중요하다. 누리과정 생활주제에 따라 유치원과 친구, 나와 가족, 우리 동네, 동식물과 자연, 건강과 안전, 생활도구, 교통기관, 우리나라, 세계 여러 나라, 환경과 생활, 봄·여름·가을·겨울 등 전 주제에 걸쳐 인성교육 활동계획안을 작성할 수 있다.

♣ 누리과정과 인성교육

- 3, 4, 5세 누리과정 교사용 지도서에 활동별 인성관련 요소들이 제시되어 있으므로 참고하는 것이 좋다. 단위 유치원별 누리과정에 기초한 교육과정의 재구성 시에도 활동별 인성교육 요소와의 관련성을 찾아서 목표를 설정하고 교육계획안을 작성하는 것이 바람직하다.
- 생활주제에 따른 단위활동을 계획하여 운영할 때 활동내용과 연관성이 높은 인성 덕목 요소를 1~2개씩 연계시켜 지도하는 것이 효과적이며 매 학년도 교육과정 운영계획 시 해당 유치원에서 중점을 두거나 실천을 목표로 하는 인성교육 덕목을 범주화하고 하위 요소들을 잘 정리하여 활동계획안을 작성할 때마다 연계시키는 것이 바람직하다.

(2) 교수-학습 방법

교수-학습 활동은 일반적으로 유아교육에서 적용되는 유아의 발달에 적합한 교수-학습 방법이 사용되어야 하며, 특히 유아를 위한 인성교육은 유아들이 인성 요소와 관련된 다양한 활동을 통하여 타인과 긍정적인 관계를 맺을 수 있도록 교육활동이 전개되어야 한다.

이병석(2009)은 Murphy(2002) 및 미국의 인성교육 모범학교(Blue Ribbon School) 프로그램들을 참고하여 아동인성교육 활동을 다음과 같이 요약하였다. 첫째, 실생활과 연계된 편안한 교육활동 분위기를 연출하도록 한다. 둘째, 아동들이 직접 참여하고 사회적 상호작용을 많이 할 수 있는 역할놀이, 협동학습, 토론하기, 발표하기, 책 만들기, 포트폴리오 만들기, 노래 부르기 등 체험과 놀이 위주의 인성교육 방법을 많이 사용하도록 하였다.

또한 최민수(2012)는 교육현장에서 이루어질 수 있는 인성교육 활동 방법의 다양한 접근 및 인성교육의 구체적인 활동으로 역할놀이, 문학적 접근, 자연체험활동, 토론, 게임, 생활주제에 따른 활동별 접근, 문화·예술 체험, 바깥놀이, 전래놀이, 숲체험활동, 텃밭 가꾸기 등을 제시하기도 하였다.

유아에게 적합한 활동내용 및 지도방법을 구체적으로 살펴보면 다음과 같다.

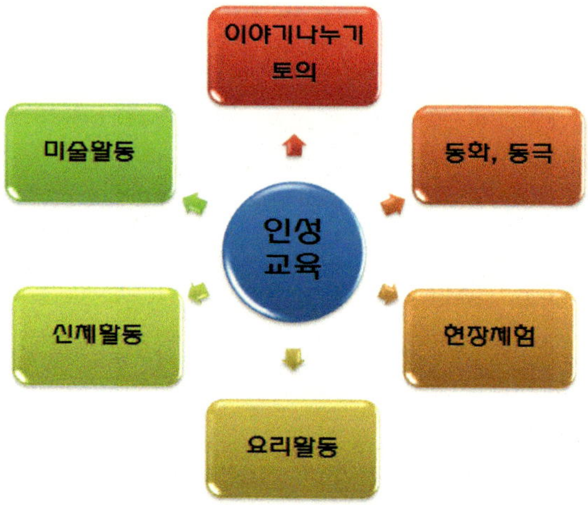

〈그림 6〉 유아 인성교육 교수-학습 방법

♣ 이야기나누기, 토의

이야기나누기와 토의활동은 일상생활에서 여러 가지 사회 · 정서적인 문제 상황에 직면했을 때 상황이나 인물에 대해 관심을 갖고 감정이입하여 해결방안을 모색해 볼 수 있도록 한다. 유아들은 다양한 주제에 대하여 이야기나누기를 하면서 서로의 생각과 의견을 나누어 볼 수 있는 기회를 갖게 된다. 또한 토의활동은 어떤 주제에 대해 의견을 표현하는 과정에서 자신과 타인의 입장을 고려하면서 서로의 생각을 이해하고 공유하도록 도와 줄 수 있는 방법이다.

♣ 동화, 동극

인성요소가 담긴 동화와 동극 활동을 실시함으로써 주인공이 되어 등장인물의 정서를 인식하고, 감정교류를 통한 공감적 이해를 경험할 수 있다. 동화는 유아에게 다양한 삶의 모습을 제시하여 올바른 가치관을 형성하게 하고 바람직한 가치관, 신념 등 의식의 내면화에 도움을 준다. 유아들은 동화의 내용을 직접 극화해 보는 동극 활동을 통해 느낌, 생각, 감정 등을 간접적으로 경험하고, 등장인물이 경험하는 희로애락에 감정을 이입하면서 이타적인 사고와 정서적 순화를 경험할 수 있다.

♣ 현장체험

현장체험은 교육적으로 유의미한 현장을 직접 방문하여 체험해 봄으로써 유아들이 사회구성원들의 다양한 삶의 모습을 경험할 수 있도록 한다. 예를 들어, 양로원이나 장애유아기관 등을 방문하는 등 유아 인성교육의 측면에서 유아의 발달단계에 맞는 사회 참여적 봉사활동을 하는 것도 포함될 수 있다.

♣ 요리활동

요리활동은 도움과 나눔을 경험할 수 있는 적절한 소재가 된다는 점에서 인성교육 관련주제에 따라 다양하게 실시된다. 유아교육기관에서 실시하는 여러 가지 활동 중 요리활동은 통합적 교육을 할 수 있는 교수–학습 방법으로, 능동적이고 자발적인 활동 참여 및 높은 수준의 사고를 이끌 수 있는 관찰력과 호기심, 문제해결력 등이 요구된다.

♣ 게임

게임은 규칙을 이해하고 그에 맞는 전략을 세우고 적용함으로써 자발적인 흥미를 유발하여 만족감과 성취감을 경험할 수 있다. 게임을 통하여 자기 조절하기, 협력하기, 돕기, 타인 이해하며 존중하기 등을 기를 수 있다. 또한 게임을 통하여 규칙과 질서를 지키고 규칙을 공정하게 적용하는 과정과 승부의 결과에 승복하는 과정을 배울 수 있다.

♣ 미술, 언어, 신체 등 표현활동

자신의 생각이나 느낌을 글이나 말, 그리기, 만들기 등 다양한 방법으로 표현해 보도록 하는 것도 인성교육의 방법으로 적용된다. 이러한 과정을 통하여 자신에 대한 이해와 더불어 타인의 생각과 감정에 대한 이해와 공감도 하게 된다는 점에서 다양한 매체와 도구를 활용한 표현활동은 인성교육에 효과적이다.

3) 가정 및 지역사회와의 연계를 통한 인성교육

(1) 가정 연계교육

인성교육은 가정과 연계하여 지도해야 더 효과적이다. 어릴 때부터 가정에서 부모의 역할과 지도는 유아기 인성교육에 매우 중요하다. 예로부터 인성교육의 시작은 가정교육으로 시작하였으나 사회구조의 변화로 아동의 양육은 '가정양육'의 개념보다 '사회적 양육'을 더 많이 요구하고 있으며 이를 유아교육기관에서 수행하고 있다(은광주, 2010). 그러나 사람 됨됨이, 성격, 습관, 태도, 가치관 등을 올바르게 기르기 위한 교육을 인성교육이라고 볼 때 가정은 유아의 인성발달에 있어서 중요한 역할을 하는 삶의 공간이고 부모는 자녀의 인성지도를 담당해야 할 책임이 있다. 따라서 유아의 인격적 성장을 위해 유아교육기관과 가정이 상호 협조하고 소통하면서 가정과의 연계교육으로 이루어져야 한다.

♠ 학부모 상담

기본생활습관 등 아동 인성지도와 관련하여 교사가 관찰하고 지도했던 내용을 기록하고 그 기록을 바탕으로 1, 2학기 연 2회 1 : 1 부모 개별상담을 실시하고 수시로 전화 상담을 하여 부모와 아동에 대한 정보를 교환하고 공유하며 가정과 연계된 지원을 모색할 수 있다.

♠ 부모참여 활동

부모와 함께 하는 현장체험, 원내 행사 참여 활동으로 아동에 대한 이해를 높이고 가정과 기관에서의 아동생활을 이해하고 소통하며 함께 노력할 수 있다.

♠ 전문가 강연회

아동의 발달이나 자녀의 인격적 성장에 대한 부모의 역할 등에 대한 이해를 도울 수 있도록 전문가 초청 강연회나 부모교육 연수를 할 수 있다.

♠ 인성교육에 대한 정보 제공

학부모의 인성역량 강화 및 가정에서의 인성지도에 도움을 주기 위해 인성교육에 대한 정보나 전문적 지식을 유아교육기관 홈페이지나 가정통신문을 통하여 제공할 수 있다.

♣ 가정에서의 인성지도 방법의 예

- 자녀의 바람직한 행동에 대해 즉시 칭찬해 주기
- 바람직한 행동에 대해 물질적으로 보상해 주기
- 자주 자연을 접하고 마음껏 뛰어놀도록 해 주기
- 전시회, 공연 관람 등 예술활동에서 아름다움을 느낄 수 있는 기회 제공하기
- 부모의 말과 행동으로 모델링하기(모범 보이기)
- 형제 자매 및 또래와의 놀이를 통해 양보, 협력, 배려 배우기
- 동화책을 읽고 내용에 대해 이야기하기
- 어른과의 관계 속에서 공경과 예절 배우기

(2) 지역사회 연계교육

① 물리적 자원 연계

지역사회와 연계하여 인성교육을 실시하기 위하여 지역사회의 자연환경이나 기관, 시설 등을 활용하여 인성 덕목 요소 관련 활동을 체험하거나 나눔 등을 실천할 수 있다.

② 인적자원 연계

지역사회와의 연계를 위해 지역사회 공공기관과(예: 노인복지 담당자, 주민센터 복지 담당자 등) 인적 네트워크를 형성하고 이를 활용하는 것이 좋다. 또한 지역사회 문화전수자, 또는 아동 인성지도에 도움이 되는 인사를 초청하여 활동을 계획하는 것도 하나의 방법이다.

♣ 지역사회를 활용한 인성교육의 예

- **효체험활동**: 노인정, 양로원 방문
- **숲체험활동**: 지역사회 산, 숲, 공원 등 자연환경 활용
- **나눔 실천활동**: 지역사회 홀몸 어르신 돕기 김장 담그기, 지역사회 어려운 친구에게 기부하기
- **다문화, 반편견활동**: 장애우 친구들과 놀이하기 등
- **문화체험**: 지역사회를 대표하는 지리적, 문화적 특성 체험(예: 인천– 갯벌, 항만 시설 체험 등)

6. 교사의 역할

교사가 아동에 대해서 가지는 생각, 신념, 판단, 태도, 기대, 행동은 아동의 인성 함양에 결정적인 역할을 하기 때문에 교사의 역할이 무엇보다도 중요하다. 인성교육은 지식을 가르치는 것이 아니고 자발적인 내면의 능력을 기르는데 있으므로 교사 자신이 일관성 있는 가치관을 가지고 지속적으로 꾸준히 인적 · 물적 환경을 마련해 주고, 진정한 마음으로 아동의 정서를 인정하는 태도를 습관화할 때에 비로소 인성교육이 이루어질 수 있다(김현정 · 이지은, 1998).

♣ 인성지도를 위한 교사의 역할

- 교사는 인성교육에 대한 중요성을 인식하고 일관성 있는 가치관을 가지고 지속적으로 꾸준히 인성교육을 실시하기 위한 인적 · 물리적 환경을 마련해 준다.
- 교사는 민주적이고 허용적인 교실 분위기를 조성한다. 예를 들어 교실에서 필요한 규칙을 교사가 일방적으로 정하고 아동에게 지키도록 요구하지 않고 아동과 함께 필요한 규칙을 정해보는 것이 하나의 방법이 될 수 있다.
- 역할 모델로서 교사 스스로가 아동을 존중하는 모습을 보여줌으로써 자연스럽게 아동이 보고 배울 수 있도록 한다.

제2장

인성교육의 실제

1. 누리과정 생활주제에 따른 활동
2. 교사 인성역량 강화활동
3. 가정연계 활동

1. 누리과정 생활주제에 따른 활동

예로부터 우리의 가정은 자녀들이 예의범절, 생활습관, 올바른 가치관과 공동생활 규범 등 인간으로서 지녀야 할 개인적인 덕목과 사회적 가치관을 형성할 수 있도록 인성교육에서 중요한 위치를 담당해 왔다. 하지만 오늘날 현대사회의 급속한 산업화 현상과 사회변화는 이러한 가정의 기능을 약화시켰고, 결국 유아 인성교육의 많은 부분을 유치원에서 담당하게 되었다.

이에 따라 우리 유치원에서는 유아 인성교육의 중요성을 인식하고 유아들이 사회 구성원으로 건강한 삶을 살아가는 데 필요한 자질을 갖춘 행복한 개인으로 자라나게 하기 위해 3-5세 연령별 누리과정을 토대로 교육부(2011)에서 제시한 실천 위주의 덕목들인 존중, 배려, 협력, 나눔, 효, 질서에 정직, 책임을 추가하여 유아발달에 적합한 인성교육을 실시하였다. 또한 인성교육 활동을 체계적으로 실시하기 위해 인성연간지도계획을 수립하여 일과 운영(이야기 나누기, 동화 · 동극, 동시, 음악, 신체, 게임, 미술, 요리, 바깥놀이활동, 자유선택활동)에서 통합적으로 이루어지도록 하였다.

다양한 체험활동을 통한 유아 인성역량 강화를 위해 효체험활동(효 실천카드, 노인정 방문, 홀몸 어르신 돕기 김장 담그기), 자연사랑 녹색성장 교육(텃밭체험, 자연사랑 캠페인, 아나바다 운동), 다문화 · 반편견 교육(외국인과 놀이하기, 특수학교 친구들과 놀이하기) 등의 활동을 실시하였으며, 도서대여 및 정기적인 도서관 방문, 음악을 통한 따뜻한 감성 기르기, 줄넘기대회 등으로 몸과 마음과 정신이 건강하고 따뜻한 유아로 성장할 수 있도록 지도하였다. 동생이 태어난 유아에게 형님이 된 것을 축하하는 형님 축하파티는 형님이 된 유아가 자신의 존재에 대해 자긍심을 느끼고 동생에 대한 배려, 나눔을 적극적으로 실천할 수 있게 하였다.

연령별 인성심화활동으로 만 5세는 인성교육활동을 공감단계에 맞게 계획하여 토의, 이야기나누기, 동극, 게임 등 다양한 방법으로 실시하였고, 만 4세는 공동의 목표를 위한 협동활동으로 게임, 신체, 동화 · 동극, 미술활동을 선정하여 소집단 협동놀이를 통한 인성교육활동을 실시하였다. 만 3세는 인성관련 동화를 선정하여 동화를 듣고, 다양한 후속활동을 하는 인성교육을 실시하였다. 각 연령별 발달에 적합한 인성심화활동으로 유아들은 서로를 배려하고 존중하게 되었고 친사회적 행동의 증가를 가져왔다.

【유치원과 친구】

친구와 함께 할 수 있어요

활동 선정 배경

만 3세 유아들은 유치원에서 활동을 할 때 자기중심적 성향이 많이 나타난다. 놀이를 할 때도 자신의 입장에서만 생각하기 때문에 아직 만 3세 유아들에게 다른 사람을 배려해야 한다는 것은 어려운 일이다. 친구와 함께 할 수 있는 것을 찾아 친구와 함께 하는 즐거움을 느끼고 유아들의 생활 속에 적용해 보고자 다음의 활동을 선정하게 되었다.

활동목표

친구와 함께 할 수 있는 것들을 안다.
친구와 서로 배려하고 존중하는 마음을 갖는다.

활동계획안

활동명	친구와 함께 할 수 있어요	활동형태	이야기나누기	생활주제	유치원과 친구
대상연령	만 3세				
인성요소	협력, 배려, 존중				
활동자료	그림책 「너랑 안 놀아!」(케네비에브코테 지음, 김호정 옮김, 책속물고기 출판사), 친구와 함께 하는 모습이 담긴 그림자료				
활동과정	활동내용				
도입	• 「너랑 안 놀아!」 동화를 듣고 회상한다. 〈동화내용〉 트집잡기 좋아하는 토끼와 감정이 풍부한 돼지는 서로 부딪히는 일이 잦아요. 그러던 중 둘은 다시는 안 볼 것처럼 싸우고 혼자서 모든 것을 할 수 있을 것이라고 생각하지만, 결국 함께 하는 것이 가장 재미있다는 것을 알게 되었어요. – 토끼와 돼지는 처음에 사이좋게 놀이했나요? – 혼자 놀이할 때 토끼와 돼지의 기분은 어떠했을까요? – 둘은 함께 어떤 놀이를 했나요? – 함께 놀이할 때 둘의 기분은 어떠했을까요?				

전개	• 친구와 놀이하면서 속상했던 경험을 이야기한다. – 여러분은 친구와 놀이하면서 속상했던 적이 있었나요? – 왜 속상했나요? – 친구와 싸웠을 때 나의 기분은 어떠했나요? • 친구가 있어서 좋은 점을 이야기한다. – 친구가 없다면 어떠할까요? – 친구와 무엇을 할 때 가장 좋은가요? – 친구가 있어서 어떤 점이 좋은가요? • 그림 자료를 보며 친구와 함께 할 수 있는 것에 대해 이야기한다. – 여러분은 친구와 어떤 것들을 같이 해 보았나요? – 친구와 어떤 놀이를 했었나요? – 친구를 도와줄 때 나의 기분은 어떠했나요? – 친구와 함께 할 수 있는 것에는 무엇이 있을까요? – 친구를 기분 좋게 할 수 있는 방법에는 무엇이 있을까요? (함께 놀이하기, 함께 책읽기, 함께 그림 그리기, 도와가며 정리하기, 함께 운동하기, 협동하여 만들기 등)
마무리	• 친구와 가장 하고 싶은 것을 이야기해 본다. – 친구와 함께 하고 싶은 것을 이야기해 볼까요?
표상하기 (사후활동)	• 친구와 함께 하며 가장 즐거웠던 것을 그림으로 그려 본다.
평가	• 동화 내용을 이해하였는가? • 친구와 함께 협력하는 즐거움을 알고 있는가? • 친구를 배려하는 마음을 갖고 있는가?

유아들의 반응

활동 전

○○가 레고블록으로 무언가를 만든다. 옆에서 놀이를 하고 있던 ◇◇가 ○○ 옆을 지나가며 말한다. "선생님 이건 기차에요. 이것 좀 보세요." 교사가 "우와~ ◇◇야 정말 기다란 기차를 만들었구나. 굉장히 멋지다!" 라고 이야기하자 ○○는 ◇◇가 있는 쪽을 보더니 만들던 블록을 내려놓고 ◇◇에게 달려온다. "이게 기차야? 더 길게 만들면 진짜 기차처럼 보이겠다." 그러자 ◇◇가 "그런데 이제 이게 없어. 그래서 이게 끝이야"한다. ○○는 교실을 둘러본다. 그러더니 ◇◇에게 말하며 역할놀이영역으로 뛰어간다. "기다려. 내가 블록을 발견했어. 내가 갖다 줄게." 라고 말한다. ○○는 ◇◇가 있는 곳으로 다시 달려온다. ◇◇는 블록을 건네받아 자신의 기차에 끼운다. "그치? 진짜 기차 같지?" 라고 이야기 하자 ◇◇가 "응! 더 길어졌어!" 한다. ○○가 블록을 2칸 더 쌓으며 "그럼 이거는 기차가 지나가는 다리라고 하자."라고 말한다. 또 ○○는 손에 들고 있던 또 다른 블록으로 다리를 만든다. ◇◇가 "다리가 너무 작아서 기차가 지나갈 수 없잖아." 하자 "기다려 봐. 이게 더 있으면 할 수 있어." 한 후 ○○는 다리를 만들 블록을 가져온다.

그러자 ◇◇가 “다리는 안 만들래.” 한다. ◇◇는 ○○가 만든 다리를 무너뜨린다. 그러자 ○○는 가지고 온 블록을 내려놓고, ◇◇의 기차를 밟는다. 그 후 자신이 처음에 놀이를 하고 있던 플라스틱 블록 쪽으로 간다.

〈2014년 3월 31일〉

활동 후

쌓기영역에서 ○○가 블록을 가지고 비행기를 만들고 있다. ◇◇가 “○○아, 나 이거 필요해.”라고 이야기 하지만 ○○는 등을 돌려 만들기를 계속한다. ◇◇는 ○○이 앞으로 가 다시 이야기한다. ◇◇가 “○○아 나 이거 주면 안 돼?”라고 이야기하자 ○○는 “이거는 안 돼!”라며 ◇◇의 어깨를 밀어 낸다. ◇◇이 자리로 돌아가자 ○○는 잠시 무언가를 생각하는 듯하더니 블록통에서 블록을 뒤적인다. ○○는 “◇◇아, 여기 있잖아” 라고 하며 블록을 주면서 계속 비행기 만들기를 이어한다. 잠시 후 ◇◇가 ○○ 곁으로 오더니 비행기를 만들고 ○○와 함께 놀이한다.

〈2014년 4월 3일〉

갈등상황에서 유아들은 다른 사람의 입장을 생각하기보다는 자신의 감정을 있는 그대로 표현하는 행동이 자주 나타났었는데 동화를 듣고 나서 다른 사람의 입장에서 다시 한 번 생각하는 모습이 나타나고 있다.

활동모습

〈친구와 함께 할 수 있어요-
그림책 「너랑 안놀아」〉

〈친구와 함께 할 수 있어요-
친구와 함께 놀잇감을 옮기는 모습〉

활동의 유의점

만 3세의 경우 친구와의 갈등을 해결하는 것이 어려우므로 유아들의 갈등상황 발생 시 교사가 지속적으로 관찰하고 적절한 시기에 개입하도록 하며, 유아들이 스스로 해결할 수 있는 시간을 준다.

분홍리본을 달아줘요

활동 선정 배경

외모에 관심을 갖기 시작하는 유아기에는 자신의 외모에 만족스러워하기도 하지만 열등감을 갖고 자신없는 모습을 보이기도 한다. 또한 유아는 자신이 선호하는 외모를 가진 친구를 부러워하기도 하고, 그러한 외모를 갖고 싶어하기도 한다. 생김새와 상관없이 유아 자신의 존재만으로도 소중하다는 것을 알고 친구들의 장점을 찾아 칭찬해 주며 서로의 자존감을 높여 줄 수 있도록 다음의 활동을 선정하게 되었다.

활동목표

동화를 주의 깊게 듣고 내용을 이해한다.
나와 친구의 다름을 인정하고 존중해 준다.
나의 모습을 긍정적으로 인식한다.

활동계획안

활동명	분홍리본을 달아줘요	활동형태	신체	생활주제	유치원과 친구
대상연령	만 3세				
인성요소	존중, 배려, 협력				
활동자료	그림책 「하뿌의 분홍리본 엉덩이」(서정하 글, 윤혜지 그림, 주니어김영사 출판사), 음악, 분홍리본				
활동과정	활동내용				
도입	• 분홍리본을 탐색하며 도입한다. – 여기 무엇이 있나요? – 동화 속에서 리띠는 분홍리본을 어떻게 하였나요? – 하뿌의 어디에 분홍리본을 달아 주었나요? – 이 분홍리본으로 어떤 활동을 할 수 있을까요?				
전개	• 동화의 내용을 회상하며 나의 자랑스러운 부분, 부끄러운 부분을 이야기한다. 〈동화내용〉 하뿌는 입도 크고 엉덩이도 큰 자신의 모습을 보며 항상 마음에 들지 않아 울상이었어요. 하뿌의 단짝 친구 리띠가 있는데 리띠는 항상 자신의 큰 귀가 자랑스럽다며 귀에 분홍리본을 달고 다녔어요. 어느 날 리띠가 찾아와 숲 속 마을 운동회에 가자고 이야기하자 하뿌는 뚱뚱한 엉덩이 때문에 가기 싫다고 했어요. 리띠는 하뿌의 엉덩이가 멋지다				

	며 칭찬해 주었고, 하뿌와 리띠는 운동회에 가게 되었어요. 운동회에서 하뿌의 커다란 엉덩이를 이용해 게임에서 이기며 승리하였어요. 리띠는 자신의 분홍리본을 하뿌의 엉덩이에 달아주며 자랑스럽다고 이야기해 주었어요. - 리띠가 귀를 자랑스러워한 것처럼 나의 몸의 자랑스러운 부분을 소개할 수 있나요? - 하뿌는 커다란 엉덩이와 입을 부끄러워했어요. 여러분도 하뿌처럼 나의 몸에 부끄러운 부분이 있나요? - 친구가 부끄러워하는 부분을 놀리면 친구의 기분은 어떠할까요? - 리띠는 자신의 모습을 부끄러워하는 하뿌에게 어떻게 이야기해 주었나요? - 리띠의 마음은 어떠했을까요? • 오늘의 활동을 소개한다. - 오늘은 분홍리본을 이용하여 동화 속 리띠처럼 친구의 멋진 부분에 분홍리본을 달아 줄 거예요. **〈활동방법〉** ① 노래에 맞춰 춤을 추다가 노래가 멈추면 친구의 멋지다고 생각되는 부분에 분홍리본을 달아 준다. ② 분홍리본을 달아 준 이유에 대해 이야기를 나눈다. ③ 짝을 서로 바꾼 후 계속해서 노래에 맞춰 춤을 추다 멈추면 친구의 멋진 부분에 분홍리본을 달아 준 후 달아 준 이유에 대해 이야기 나눈다. • 활동을 하면서 지켜야 할 약속을 이야기한다. - 우리가 분홍리본 달아주기 활동을 하면서 지켜야 할 약속은 무엇일까요? • 약속을 지키며 활동한다. • 활동 후 친구의 멋진 부분을 소개한다. - 친구의 멋진 부분을 소개해 줄 수 있는 어린이가 있나요?
마무리	• 활동 후 평가한다. - 친구의 멋진 부분에 분홍리본을 달아 주니 어떠했나요? - 친구가 나의 몸에 분홍리본을 달아 줄 때 기분이 어떠했나요? - 앞으로 나와 친구의 멋진 모습을 칭찬해 주도록 해요.
표상하기 (사후활동)	• 친구의 칭찬하고 싶은 점을 찾아 그림편지로 써서 친구에게 준다.
평가	• 활동을 하면서 서로의 모습을 존중해 주었는가? • 서로 협력하며 활동하였는가?

유아들의 반응

하뿌의 분홍리본 엉덩이를 듣고 난 후 활동하는 모습

교 사: 옆에 앉은 친구들을 보고 서로 멋진 부분에 리본을 달아 줄까요?
◇◇은 왜 ○○이 가슴에 달아 주었나요?
유 아: ○○가 여기 달아 달래요.
교 사: ○○이는 ◇◇의 어떤 부분에 분홍리본을 달아 주고 싶어요?
왜 ◇◇의 손등에 분홍리본을 달아 줬어요?
유 아: ◇◇의 손이 예뻐서요.
교 사: ◇◇의 손이 왜 예뻐요?
유 아: ◇◇ 정리하는 손이 예뻐서요.
교 사: 우와, 우리 ○○이는 ◇◇의 정리하는 손이 예뻐보였구나. 정말 멋진 생각이에요.

〈2014년 04월 21일〉

위 유아들의 반응처럼 활동을 통해 친구의 모습에 관심을 가지고 단순히 외적인 아름다움이 아닌 행동으로 나타나는 모습까지 칭찬을 해 주는 모습이 나타났다.

활동모습

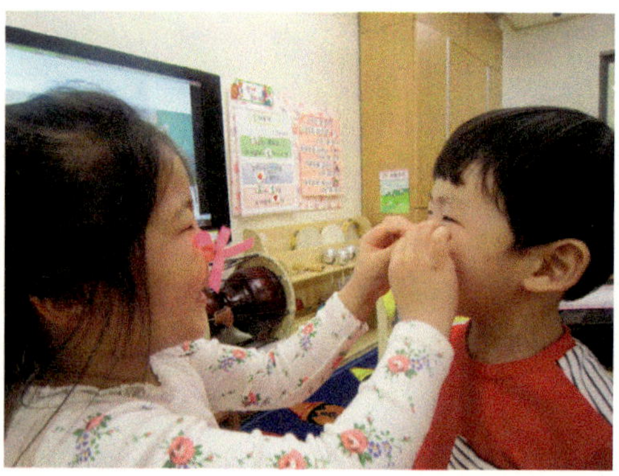

활동의 유의점

친구의 장점을 찾아 칭찬해 줄 수 있도록 계획한다.

친구에게 편견을 갖지 않아요

활동 선정 배경

유아들은 자신과 다른 모습을 가지고 있는 사람들에게 관심을 보이기 시작한다. 주위에서 마주치는 장애우를 볼 때도 자신과 다른 모습을 하고 있는 것에 의아해 하기도 하고 두려운 마음에 피하기도 하는 행동을 나타내기도 한다. 장애우는 비장애우와 모습과 행동이 다를 뿐이지 서로 존중해 주어야 할 친구임을 안다면 장애우에 대한 거부감을 없애고 장애우에 대한 인식이 바뀔 것이라 생각되어 동화를 통한 장애 이해활동을 계획하였다.

활동목표

동화를 듣고 내용을 이야기할 수 있다.
장애가 있거나 겉모습이 서로 다른 사람도 친구가 될 수 있음을 안다.

활동계획안

활동명	친구에게 편견을 갖지 않아요	활동형태	이야기나누기	생활주제	유치원과 친구
대상연령	만 3세				
인성요소	존중, 배려				
활동자료	그림책 「내 귀는 짝짝이」 (히도 반 헤네흐텐 글 · 그림, 웅진주니어 출판사) 장애를 가진 어린이들 사진 등				
활동과정	활동내용				
도입	• 휠체어를 탄 퍼펫이 나와 울며 이야기한다. – 인형: 으앙 – 교사: 민수야 왜 울고 있어? – 인형: 친구들이 내 다리는 걷지도 못하고 이상하다고 놀려요. – 교사: 저런 속상했겠구나. 민수도 친구들처럼 휠체어를 타고 축구도 할 수 있고 달리기도 할 수 있는데 친구들이 그걸 잘 모르나봐. 민수야 힘내!				
전개	• 사연 있는 민수에 대한 이야기를 회상 후 「내 귀는 짝짝이」 동화를 듣는다. – 민수가 왜 울었을까요? – 선생님이 지금 들려주실 동화 속 토끼 리키도 친구들이 놀려서 매우 속상했나 봐요. 토끼 리키한테 무슨 일이 있었는지 우리 함께 들어봐요.				

	〈동화내용〉 주인공 리키의 귀는 다른 토끼들과 달리 짝짝이에요. 그래서 친구들에게 놀림을 받아요. 귀를 쫑긋이 세우려고 귀 속에 당근을 넣기도 하고, 나무에 거꾸로 매달리기도 하지만, 귀는 쫑긋하게 되지 않았어요. 마지막으로 의사 선생님을 찾아간 리키는 모든 토끼의 귀는 모두 조금씩 다르다'라는 말을 듣고 신이 나서 친구들을 찾아갔어요. • 동화를 듣고 난 후 내용을 회상해 본다. – 동화 속에서 누가 나왔나요? – 동화 속 리키는 왜 속상해 했나요? – 의사 선생님께 어떤 이야기를 들었나요? • 장애를 가진 어린이들의 사진(지체장애나 의족을 차고 있는 유아, 시각장애를 가진 유아)을 제시하며 이야기한다. – 여기 몸이 불편한 어린이가 있어요. 어디가 불편해 보이나요? – 어떤 생각이 드나요? – 이 어린이와 우리는 어떻게 놀이할 수 있을까요? – 이 어린이를 위해 우리가 도울 수 있는 일에는 무엇이 있나요? • 안대를 하고 난 후 느낌을 이야기해 본다. – 여기 안대가 있어요. 누가 안대를 하고 느낌을 말해 볼까요? 어떠한가요? – 어떤 점이 불편한가요? – 우리가 앞이 보이지 않는 친구를 위해 무엇을 할 수 있을까요?
마무리	• 장애우와 함께 할 수 있는 일을 생각해 본다.
표상하기 (사후활동)	• 리키에게 하고 싶은 말을 리키 사진 앞에서 말해 본다. (리키야 힘내! 너의 귀는 귀여워. 넌 누구보다 잘 들을 수 있어. 등)
평가	• 다른 사람의 장애를 이해하고 존중하는가?

유아들의 반응

현장체험을 가다가 소아마비를 앓고 있는 장애우를 만나게 되었다. 유아들은 조금 이상하다는 듯이 장애우를 쳐다보았고 교사의 곁으로 와서 숨는 유아도 있었다. 유아들의 이러한 모습을 보고 장애우에 대한 편견을 줄여주기 위해 「내 귀는 짝짝이」 동화를 들려주었다. 동화를 듣고 나서 유아들이 바로 장애우에 대한 편견을 없앴던 것은 아니었다. 동화를 듣고 난 후 친구들의 외모를 보며 서로 다른 점을 찾아내기도 하였고, 친구들마다 눈, 코, 입, 머리색, 키, 몸집이 다르다는 것을 알게 되었다.

장애우의 사진을 제시하였을 때 유아들은 무섭다는 표현을 가장 많이 하였다. 하지만 친구들의 몸이 서로 다른 것처럼 신체의 일부분이 없거나 불편한 사람들이 있다는 것에 대해 설명하고 이야기 나누면서 유아들은 장애우에 대한 거부감이 조금씩 없어지고 그들을 이해하는 듯 하였다. 이 활동은 성동학교 장애우 친구들과 함께 어울리는데 많은 도움이 되었고, 성동학교 장애우 친구들을 만나면서 장애우도 자신들과 똑같은 사람이고 함께 어울릴 수 있는 존재임을 인식하기 시작하였다.

활동모습

활동의 유의점

장애우에 대한 편견은 성인으로부터 영향을 받으므로 교사가 편견을 갖지 않도록 유의해야 한다.

스티커 나누어 주기

활동 선정 배경

유아기는 자신이 가진 것에 대한 소유욕이 강한 시기로 자신의 것을 다른 사람과 나누어 쓰는 것에 대한 경험이 부족하고, 왜 나누어 사용해야 하는지 이해를 못하는 경우도 있다. 이러한 유아들에게 자신이 가진 것을 나눌 때의 기쁨이 크다는 것을 알 수 있는 경험을 주고자 활동을 선정하게 되었다.

활동목표

동화를 듣고 내용을 이해한다.
나눔의 의미를 알고 실천할 수 있다.

활동계획안

활동명	스티커 나누어 주기	활동형태	게임	생활주제	유치원과 친구
대상연령	만 3세				
인성요소	배려, 나눔				
활동자료	그림책 「무지개 물고기」(마르쿠스 티스터 글 · 그림, 공경희 옮김, 시공주니어 출판사), 스티커, 스티커판, 융판, 점수판, 우드블록				
활동과정	활동내용				
도입	• 그림책 「무지개 물고기」 표지를 소개한다. – 그림책에 어떤 그림이 있나요? – 물고기의 모습이 어떠한가요? – 동화를 바른 자세로 듣고 어떤 내용이었는지 기억해 보도록 해요. • 「무지개 물고기」 동화를 들려준다. 〈동화내용〉 무지개 물고기는 반짝반짝 빛나는 은빛 비늘이 박혀 있어요. 다른 물고기들은 무지개 물고기의 빛나는 비늘의 모습이 예뻐 무지개 물고기와 놀고 싶어하지만 무지개 물고기는 잘난 체하며 지나가 버려요. 파란 물고기가 다가와 반짝이는 비늘 하나만 줄 수 있는지 물어 보지만 무지개 물고기는 소리를 지르며 싫다고 해요. 그 후 무지개 물고기와 놀아 주는 친구는 하나도 없고 모두 피하기 시작했어요. 외로워진 무지개 물고기는 문어할머니에게 찾아가 왜 날 아무도 좋아하지 않는지 물어 보는데 문어할머니는 '너의 비늘을 친구들에게 나누어 주면 좋아할 것'이라고 말씀하셨어요. 무지개 물고기는 많은 고민을 하지만 비늘 한 개쯤 없어도 괜찮다고 생각하며 물고기들에게 반짝이는 비늘을				

	나누어 주었어요. 무지개 물고기는 가장 아끼는 보물을 나누어 주었지만 무척 행복하였고, 친구들과도 놀 수 있었어요,
전개	• 유아들과 동화의 내용을 회상한다. – 파란 꼬마 물고기가 무지개 물고기에게 무엇을 달라고 말했나요? – 무지개 물고기는 반짝이는 비늘을 주었나요? – 그 뒤로 무지개 물고기와 놀아 주는 친구들이 있었나요? – 문어할머니는 무지개 물고기에게 어떤 말을 해 주었나요? – 반짝이 비늘을 나누어 주고 난 후 무지개 물고기의 마음이 어떠했을까요? • 자신의 물건을 친구들과 나누어 놀이했던 경험에 대해 이야기한다. – 유치원에서 친구에게 놀잇감을 서로 나누어 가지며 놀이한 적이 있나요? – 친구에게 자신의 물건을 선물해 준 경험이 있나요? • 게임에 필요한 자료(스티커, 스티커판)를 탐색한다. – 이것은 무엇일까요? • 어떠한 게임을 할 수 있을지 생각해 본다. – 이것들을 가지고 어떤 게임을 할 수 있을까요? • 팀을 나누고 게임 대형으로 앉는다. • 게임 방법을 설명한다. **〈활동방법〉** ① 한 유아씩 앞으로 나와서 스티커를 들고 있는다. ② 출발 신호음이 들리면 융판에 붙어 있는 스티커 판으로 간다. ③ 스티커를 떼어내어 스티커 판에 한 개를 붙이고 돌아온다. ④ 먼저 돌아온 유아가 승리한다. ⑤ 완성된 스티커판을 누구에게 선물하면 좋을지 이야기한다. • 게임 시범을 보인다. • 게임 시 지켜야 할 약속을 정한다. • 게임을 진행한다.
마무리	• 게임 후 평가한다. – 게임을 하면서 힘든 점은 없었나요? – 재미있던 점은 무엇인가요? • 스티커판을 형님반에게 선물한다. – 완성된 하트판은 형님반 중에서 어떤 반에 선물할까요? – 왜 00반 형님들에게 선물하고 싶은가요? – 형님들이 완성된 스티커판 선물을 받으면 기분이 어떠할까요?
표상하기 (사후활동)	• 자신이 나누어 줄 수 있는 것은 무엇이 있을지 생각하고 나눔을 실천해 본다.

평가	• 질서와 규칙을 지키며 게임하였는가? • 게임을 통해 나눔과 배려를 실천할 수 있었는가?

유아들의 반응

게임활동 후 완성된 스티커판을 형님반에 나누어 주고 온 후 유아들의 소감을 물어 보았다.

교 사: '스티커 나누어 주기' 게임을 하니 어떠했나요?

유아 1: 재미있었어요.

유아 2: 스티커를 갖고 싶었는데 꾹 참고 스티커판에 붙여 주었어요.

교 사: 그래요? 참 잘했어요.

교 사: 완성된 스티커판을 형님반에 주니 어떠한가요?

유아 3: 형님들이 저희가 만든 스티커판을 받고 기분 좋아하니 저도 기분이 좋았어요.

유아 4: 형님들이 우리가 만든 스티커판을 교실에 붙인대요.

유아들은 형님들에게 스티커판을 나누어 준 후 형님반을 지나갈 때마다 붙어 있는 스티커판을 보며 자신들이 나누어 준 것이 아직도 있다며 기뻐하였다. 활동 후 유아들은 작은 것이라도 나누면 서로 기분이 좋아진다는 것을 알게 되었다.

〈2014년 03월 21일〉

활동모습

활동의 유의점

교사는 유아들이 자발적으로 나눔을 실천할 수 있도록 돕는다.

친구 몸 나의 몸

활동 선정 배경

좋아하는 친구에게 다가서지 못하는 소극적인 성향을 가진 유아, 한정된 친구와 놀이하려는 성향을 가진 유아는 친구들과 어울리는 것을 어려워한다. 유아들이 친구와 친밀감을 형성할 수 있는 활동을 고민하던 중 둘이서만 짝이 되는 것이 아닌 여러 친구들과 팀이 되어 하는 활동을 생각하게 되었다. 우리반 친구 모두가 함께 어울려 놀이할 수 있는 친구라는 것을 알고 교실 안에서 스킨십을 통해 친구들과의 친밀감을 형성하고 협력하여 긍정적인 마음을 기르고자 다음의 활동을 선정하게 되었다.

활동목표

몸을 맞대는 신체활동을 통해 친구들과 친밀감을 형성한다.
친구와 협동하며 긍정적인 사회성을 기른다.

활동계획안

활동명	친구 몸 나의 몸	활동형태	신체	생활주제	유치원과 친구
대상연령	만 4세				
인성요소	협력, 배려				
활동자료	시트지 – 빨강, 노랑, 초록, 파랑색(5cmx5cm)				
활동과정	활동내용				
도입	• '머리, 어깨, 무릎, 발' 노래를 부른다. 머리 어깨 무릎 발 무릎 발~ 머리 어깨 무릎 발 무릎 발~ 머리 어깨 발 무릎 발 머리 어깨 무릎 귀 코 입 – 우리 몸의 어떤 부분들이 나왔나요?				
전개	• 소그룹으로 동그랗게 원을 그리고 앉는다. (이 때 무릎이 닿을 정도로 가까이 앉는다.) – 친구들과 둥글게 원을 만들어서 앉아 볼까요? • 친구의 몸과 나의 몸을 보며 같은 점 다른 점을 찾아본다. – 친구의 손과 나의 손을 비교해 볼까요? – 발바닥은 어떻게 다른가요? • 친구 몸 나의 몸 신체활동을 소개한다. – 선생님의 지시에 맞춰 양 옆의 친구들과 신체를 붙여 볼 수 있나요?				

	– 팔꿈치에는 빨간색, 무릎에는 노란색, 엉덩이에는 초록색, 발바닥에는 파란색을 붙여 보도록 해요. • 노래를 부르다가 교사의 지시에 맞춰 친구들과 협동하여 신체를 붙여 본다. – 선생님이 신체의 한 부분을 이야기하면 양 옆의 친구와 함께 신체부분을 맞대어 보도록 해요. (다른 부위도 마찬가지이며, 엉덩이는 2명씩 협동하여 붙여 본다.) • 유아들이 제시한 다양한 방법으로 협동하여 활동한다. – 또 어떤 방법으로 친구들과 협동하여 신체를 붙여 볼 수 있을까요?
마무리	• 활동을 마무리하며 평가한다. – 친구들과 협동하여 신체를 붙여 보니 어떠했나요? – 어떤 신체부위를 붙일 때 가장 재미있었나요? – 친구들과 다함께 신체를 붙여 볼 때 어려웠던 점은 없었나요?
평가	• 친구들과 협동하여 활동하였는가?

유아들의 반응

서로 단짝이던 ○○와 ◇◇는 만 3세 때부터 같은 반에서 지내면서 둘이서만 지내려고 하였다. 친구 몸 나의 몸 활동을 할 때에도 ○○와 ◇◇는 둘이서 같은 팀이 되기 위해 무던히 애를 썼다. 교사가 자연스럽게 ○○와 ◇◇를 다른 팀으로 유도하자 처음에는 활동에 참여하지 않으려고 하였다.

활동을 여러 번 반복하여 진행하자 ○○와 ◇◇는 다른 친구와 팀이 되어 활동을 하게 되었고 어색해하는 모습이 점점 없어지며 다른 친구들과 잘 어울리게 되었다.

이번 활동을 계기로 ○○와 ◇◇는 꼭 둘이서만 놀이하려는 모습도 많이 줄었다.

활동모습

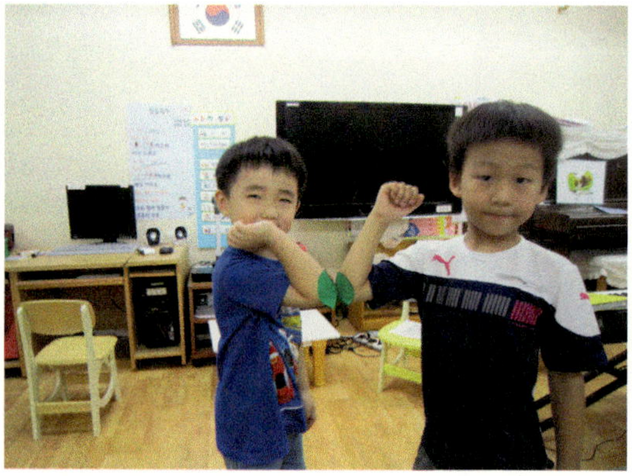

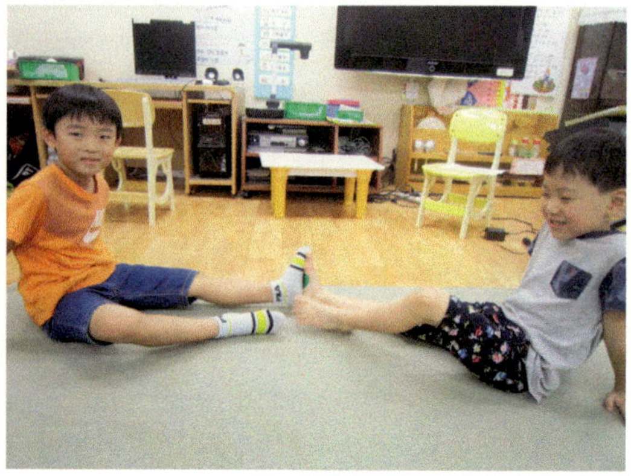

활동의 유의점

평소 어울리지 않던 친구와 팀이 되어 활동할 수 있도록 유도한다.

내가 잘하는 것이 있어요

활동 선정 배경

자아존중감은 행복에 많은 영향을 미친다. 자아존중감이 높은 사람은 그렇지 않은 사람에 비해 친사회적 행동이 많이 나타나고 자신이 하는 일에 만족감이 높다. 자아존중감은 다른 사람과 비교되는 자기 자신의 능력을 평가하는 과정에서 대부분 형성된다. 자아존중감은 잘하는 것이 있을 때 높아진다. 이에 따라 유아들이 자신이 잘하는 것을 알고 자아존중감을 형성하기 위해 다음과 같은 활동을 선정하게 되었다.

활동목표

내가 잘 할 수 있는 것에 대해 알고 자신감을 갖는다.
친구의 장점에 대해 관심을 갖고 칭찬할 수 있다.

활동계획안

활동명	내가 잘하는 것이 있어요.	활동형태	동극	생활주제	유치원과 친구
대상연령	만 4세				
인성요소	존중				
활동자료	그림책 「괜찮아」(최숙희 글 · 그림, 웅진주니어 출판사), 동극용 머리띠, 등장인물 그림자료				
활동과정	활동내용				
도입	• 「괜찮아」 그림책을 보고 어떤 동물이 나왔는지 이야기해 본다. 〈동화내용〉 개미는 몸이 작지만 힘이 세고, 고슴도치는 가시가 많지만 힘이 센 동물들로부터 자신의 몸을 보호할 수 있고, 뱀은 다리가 없지만 어디든 잘 기어갈 수 있고, 타조는 날지 못하지만…… 하지만 괜찮아요. 우리는 모두 잘하는 게 있어요. – 「괜찮아」 그림책에 어떤 동물이 나왔는지 이야기해 보아요. (개미, 고슴도치, 뱀, 타조, 기린) • 그림책에서 등장인물의 대사를 회상해 본다. – 그림책에서 어떤 말이 반복되어 나왔나요? • 동물의 특징을 이야기해 보면서 어떤 것을 잘하는지 이야기해 본다. – 개미는 크기가 어떤가요? 그렇지만 무엇을 잘할 수 있나요? – 타조는 날지 못하지만 무엇을 잘할 수 있나요?				

	• 나는 무엇을 잘하는지 생각해 본다. – '괜찮아' 대신 '나는 ______을 잘해' 라고 용기 있게 이야기할 수 있는 어린이가 있나요?
전개	•「괜찮아」 동극에 필요한 소품을 준비한다. –「괜찮아」 동극을 하기 위해 어떤 물건이 필요할까요? – 무대는 어디로 할까요? • 관객과 등장인물의 역할을 정해 본다. – 동극을 하기 위해 몇 명이 필요한가요? – 어떤 어린이가 타조처럼 잘 흉내낼 수 있나요? – 어떤 어린이가 정말 목이 긴 기린처럼 잘 할 수 있나요? –「괜찮아」에 나오는 어린이를 누가 할 수 있나요? – 관객은 어떻게 하면 좋을까요? • 배역을 맡은 유아들이 나와서 인사를 한다. • 동극할 준비를 한다. • 동극을 한다(대사와 몸짓하기).
마무리	• 동극을 한 후 어떠했는지 이야기해 본다. – 동극을 해 보니 어떠했나요? – 어떤 부분이 재미있었나요? – 힘든 부분은 없었나요? – 관객은 즐겁게 관람하였나요? – 어떤 점이 가장 기억에 남나요?
표상하기 (사후활동)	• 자신이 무엇을 잘 할 수 있는지 생각해 보고 몸으로 표현해 본다. (몸으로 표현한 것을 사진으로 찍고 교사가 간단하게 내용을 적어 준다.)
평가	• 즐겁게 동극활동에 참여하였는가? • 존중하는 마음을 갖게 되었는가?

활동결과

○○는 만 4세반 유아이다. ○○는 또래보다 키가 작아 평소 키가 큰 친구를 부러워하였다. 항상 ◇◇의 큰 키를 부러워하며 밥도 의식적으로 많이 먹고 키가 크기 위해 노력하는 모습이 조금은 안타까웠다. 그러던 중 동극을 하고 난 후 ○○는 교사에게 와서 이야기했다.

○○: 선생님, 전 키가 작아도 괜찮아요.

교사: 그래요? 왜 그렇게 생각했나요?

○○: 전 키가 작지만 달리기를 잘해서 키가 큰 친구보다 더 빨리 달릴 수 있잖아요.

○○가 자신의 신체조건에 대해 속상해하지 않고 잘 할 수 있는 것을 찾아 자긍심을 갖게 된 것을 알 수 있었다.

활동모습

활동의 유의점

교사가 먼저 유아들의 장점을 찾아내어 칭찬과 격려를 해 주며 유아들이 자신과 다른 사람의 장점을 알고 자긍심을 갖도록 돕는다.

예쁜이와 고릴라는 어떻게 지내고 있을까요?

활동 선정 배경

유아들에게 가족 다음으로 중요한 인간관계는 친구와의 관계이다. 유아기는 친구들과의 우정 만들기의 밑거름이 되는 중요한 시기이다. 우정은 유치원에서 친구들과 함께 지내면서 스스로 관계를 맺으면서 자연스럽게 터득해 간다. 친구를 존중하고 배려하며 친구와의 관계를 부드럽게 하며 올바르게 쌓아갈 수 있도록 동화를 통해 우정의 개념을 소개하고 유아들이 생각하는 우정을 알아보고자 다음의 활동을 선정하게 되었다.

활동목표

동화를 듣고 내용을 이해한다.

친구의 소중함을 알고 친구를 존중한다.

친구에게 해 줄 수 있는 일들을 그림으로 표현할 수 있다.

활동계획안

활동명	예쁜이와 고릴라는 어떻게 지내고 있을까요?	활동형태	미술	생활주제	유치원과 친구
대상연령	만 3세				
인성요소	협력, 존중, 배려				
활동자료	그림책 「우리는 친구」(앤서니 브라운 글 · 그림, 웅진주니어 출판사), 고릴라 · 예쁜이 그림, 크레파스, 도화지, 풀				
활동과정	활동내용				
도입	•「우리는 친구」 동화를 듣는다. 〈동화내용〉 어느 동물원에 특별한 고릴라가 한 마리 있었어요. 고릴라는 필요한 것이 있으면 손짓으로 표현할 수 있었지요. 고릴라에게는 모든 것이 다 있는 것처럼 보였지만 외로운 고릴라는 친구가 필요했어요. 고릴라에게 친구가 필요하다는 것을 알게 된 사육사들은 고양이 예쁜이를 고릴라에게 데려다 주었어요. 어느 날 영화를 보다가 기분이 안 좋아진 고릴라는 화가 나서 텔레비전을 부숴 버렸어요. 이것을 알게 된 사육사는 고릴라가 예쁜이를 해칠까봐 걱정이 되어 예쁜이를 고릴라 우리에서 빼내려고 했어요. 이때 예쁜이는 텔레비전을 부순 건 자신이라고 이야기하여 고릴라와 함께 지낼 수 있게 되었어요.				
전개	• 동화의 내용을 회상한다.				

	-「우리는 친구」 동화책에 어떤 동물이 나왔나요? - 고릴라의 새로운 친구는 누구일까요? - 예쁜이를 보는 고릴라의 표정은 어떠한가요?(사랑스럽게 보는 표정) • 고릴라가 예쁜이에게 했던 일을 이야기해 본다. - 고릴라는 예쁜이에게 어떻게 해 주었나요? - 그런데 영화를 보던 날 고릴라는 어떻게 하였나요? - 왜 고릴라는 기분이 안 좋았을까요?(킹콩 영화를 보고 난 후) • 예쁜이와 고릴라의 뒷 이야기를 생각해 본다. - 고릴라는 어떤 마음일까요? - 고릴라는 예쁜이를 쳐다보며 무슨 생각을 하는 것 같나요? - 예쁜이와 고릴라는 어떻게 되었을까요? - 고릴라는 예쁜이에게 무슨 말을 했을까요? - 예쁜이의 표정은 어떠한가요? - 예쁜이는 무슨 생각을 하고 있는 것 같나요? • 예쁜이와 고릴라를 소개한다. - 여기 예쁜이와 고릴라를 선생님이 데리고 왔어요. • 재료를 소개한다. - 크레파스와 도화지가 있어요. • 뒷이야기를 어떻게 그릴건지 이야기해 본다. - 누가 예쁜이와 고릴라가 어떻게 되었는지 이야기해 줄 수 있나요? • 도화지에 예쁜이와 고릴라를 붙이고 크레파스로 상황을 그린 후 선생님께 뒷이야기를 전한다(교사는 완성된 그림 아래에 글을 적어 준다).
마무리	• 친구들에게 내가 그린 「우리는 친구」 뒷이야기를 소개한다.
표상하기 (사후활동)	• 친구를 위해 해 줄 수 있는 일이 무엇이 있을지 생각해 본다.
평가	• 친구의 소중함을 알게 되었는가? • 친구를 위해 해 줄 수 있는 일을 알고 있는가? • 뒷이야기에 관심을 가지고 즐겁게 참여할 수 있는가?

유아들의 반응

친구와의 우정에 대한 개념이 형성되지 않았던 유아들이 동화를 통해 우정의 개념을 조금이나마 알게 되었고, 이러한 우정을 쌓기 위해 조금씩 노력하는 모습이 보였다. 활동 전 친구와 함께 놀이하다가도 작은 일에도 자신의 몸이나 기분을 상하게 하는 일이 생기면 교사에게 이르기도 하는 유아들이 활동 후 친구의 잘못을 이르기보다는 감싸 주거나 도와주려는 모습이 많이 관찰되었다.

그 예로 자유선택활동 시간에 놀이를 하다가 정리가 안 된 부분이 있을 때 예전에는 "○○가 정리 안 했어요"라고 이야기하던 유아들이 교사에게 이르기보다는 조용히 함께 정리하는 모습을 볼 수 있었다. 또한 친구와 놀이하는 중 다툼이 생기면 때리는 유아들이 있었는데 교사가 때린 유아를 꾸짖으려 하자 "선생님, 이미 ○○가 저에게 사과했어요"라며 감싸 주는 모습도 관찰되었다.

활동모습

활동의 유의점

우정에 대해 설명할 때 친구의 잘못을 무조건 감싸 주는 것은 올바른 우정이 아님을 명확히 이야기해 준다.

나도 함께 놀이하고 싶어요

활동 선정 배경

또래관계에서 나의 생각만을 주장하여 친구와 갈등을 유발하고, 원만한 관계를 형성하지 못하는 경우가 있다. 이와 같은 갈등상황을 긍정적으로 해결하는데 도움을 주고자 이 활동을 선정하게 되었다.

활동목표

친구와 함께 지내기 위해서는 지켜야 할 약속이 있음을 알고 약속을 지킨다.
친구와 갈등이 일어나는 상황이 있음을 알고 긍정적으로 해결할 수 있다.

활동계획안

<table>
<tr><th>활동명</th><td>나도 함께 놀이하고 싶어요</td><th>활동형태</th><td>이야기나누기</td><th>생활주제</th><td>유치원과 친구</td></tr>
<tr><th>대상연령</th><td colspan="5">만 5세</td></tr>
<tr><th>인성요소</th><td colspan="5">존중, 배려</td></tr>
<tr><th>활동자료</th><td colspan="5">어떻게 할까 상황카드, 말풍선 활동지</td></tr>
<tr><th>활동과정</th><th colspan="5">활동내용</th></tr>
<tr><th>도입</th><td colspan="5">• 상황 이야기를 들려준다.
오늘도 민수는 유치원에서 자기 마음대로 놀이를 했어요. 놀이시간에 미술영역에서 색종이와 예쁜 끈 등 만들기 재료들을 혼자 많이 가지려고 욕심을 부려서 친구들과 다투었고, 쌓기놀이영역에서도 친구들이 만들어 놓은 것들을 부숴버리는 행동을 많이 했어요. 그런데 언제부터인가 친구들은 놀이시간에 민수와 함께 놀아 주지 않고 자기들끼리만 놀았어요. 민수는 친구들과 함께 놀이하고 싶은데 친구들이 놀아 주지 않아서 슬펐어요. '나는 친구들하고 놀고 싶은데…… 친구들은 왜 나랑 놀아 주지 않을까?' 이유가 무엇일까요?</td></tr>
<tr><th>전개</th><td colspan="5">• 상황에 대해 토의한다.
– 유치원에서 놀이를 할 때 민수는 어떤 행동을 하였나요?
– 민수의 행동에 대해 친구들은 어떻게 생각하였나요?
– 친구들이 민수와 놀아 주지 않은 이유는 무엇일까요?
• 민수의 행동과 친구들의 생각에 대해 이야기한다.
– 내가 친구라면 민수에게 어떤 말을 해 주고 싶나요?
– 내가 민수라면 어떻게 행동하였을까요?
– 왜 그렇게 행동할 것 같은가요?
– 예전처럼 친구들과 함께 놀이하고 싶다면 민수는 어떻게 해야 할까요?</td></tr>
</table>

마무리	• 문제 상황에서 민수의 행동에 대한 친구들의 생각을 메모지에 표현해 본다. • 내가 민수라면 다른 친구들과 다시 친해지기 위해서 어떻게 말하고 행동할지 말풍선 활동지로 표현해 본다.
표상하기 (사후활동)	• 친구에게 올바르게 접근하는 방법에 대해 토의해 본다.
평가	• 공동의 생활에서 자신의 감정을 조절하고 서로 배려해야 함을 아는가? • 놀이상황에서 친구를 배려하고 자신의 감정을 조절할 수 있는가?

유아들의 반응

평소 공격적 행동과 충동적 행동이 많이 나타나는 ○○는 친구들과의 놀이에 잘 어울리지 못한다. 친구들이 쌓기놀이영역에서 놀이하고 있을 때 놀이에 참여하고 싶어하나 친구들은, 화를 내고 다른 사람의 물건을 잘 부수는 ○○를 놀이에 참여시키고 싶어하지 않는다. 자신을 놀이에 참여시켜 주지 않자 ○○는 또 화가 나서 친구들이 만들어 놓은 블록을 부숴버린다. 이에 친구들은 또 ○○를 멀리한다.

이번 활동은 계속적으로 반복되는 ○○와 친구들의 관계를 진지하게 생각하는 활동이 되었다. ○○는 친구들이 자신과 놀아 주지 않는 이유를 민수의 예를 통해 자신의 모습을 발견하며 알 수 있었고 친구들은 ○○가 왜 그렇게 공격적이고 충동적인 행동을 하는지 조금은 이해하는 듯 하였다.

활동 후 유아들이 써 놓은 "민수에게 해 주고 싶은 말"을 ○○와 함께 읽어 보았다. 처음에 ○○는 자신의 행동은 친구들이 자신을 끼워 주지 않고 화나게 했기 때문이라고 다른 사람의 탓을 했지만 친구들이 써 놓은 것을 보며 민수가 자기와 비슷하다며 반성하는 모습을 보였다.

자유선택활동 시간에 ○○가 친구들의 놀이에 끼려고 하자 친구들은 바로 피하거나 끼워 주지 않는 대신 ○○에게 약속을 단단히 받아 내었다. 친구들이 놀이에 참여시켜 주자 ○○는 기분이 좋아 공격적이거나 충동적인 행동이 줄어들었다.

활동모습

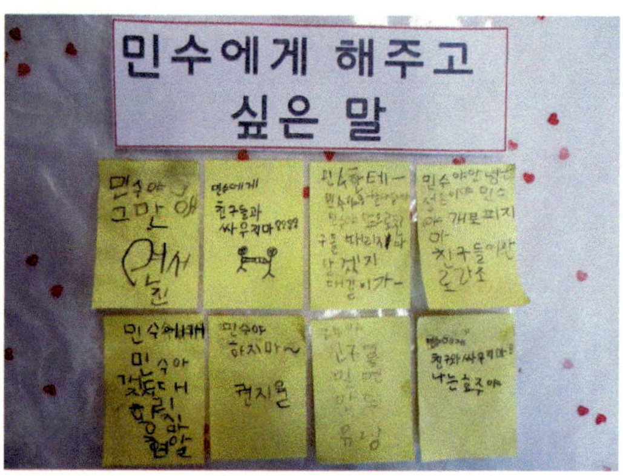

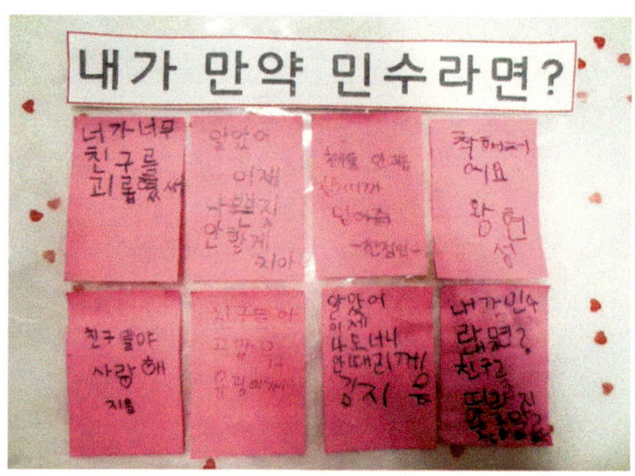

함께 하면 더욱 즐거워요

활동 선정 배경

친구를 존중하고 배려해 주면 서로가 기쁨을 느끼게 된다. 친구들과 협력을 통해 기쁨을 느낄 수 있도록 이 활동을 선정하게 되었다.

활동목표

친구와 힘을 모으면 할 수 있는 일이 더 많아짐을 경험한다.

공동의 즐거움을 위하여 협력하고 나눌 수 있다.

활동계획안

<table>
<tr><th>활동명</th><td>친구와 함께 하면 더욱 즐거워요</td><th>활동형태</th><td>동화</td><th>생활주제</th><td>유치원과 친구</td></tr>
<tr><th>대상연령</th><td colspan="5">만 5세</td></tr>
<tr><th>인성요소</th><td colspan="5">협력, 존중, 배려</td></tr>
<tr><th>활동자료</th><td colspan="5">그림책 「세상에 기쁨이 가득」(신자와 도시히코 저, 한영 역, 책읽는 곰 출판사)</td></tr>
<tr><th>활동과정</th><th colspan="5">활동내용</th></tr>
<tr><th>도입</th><td colspan="5">• 내가 기뻤을 때는 언제인지 이야기 나눈다.
– 여러분들은 기뻤던 적이 있나요?
– 언제 기쁨을 느꼈나요?</td></tr>
<tr><th>전개</th><td colspan="5">• 그림책의 겉표지를 살펴본다.
– 어떤 그림이 있나요?
– 어린이들은 어떤 표정을 짓고 있나요?
– 어떤 기분인 것 같나요?
– 왜 웃고 있을까요?
• 동화를 듣는다.

〈동화내용〉
미래는 꽃을 무척 좋아했답니다. 그래서 집에서 꽃씨를 가져와 유치원 마당에 뿌리려고 했어요. 미래는 산이가 진흙으로 공을 만들고 있는 곳에 꽃씨를 뿌리고 싶었어요. 그 곳이 꽃씨 심기가 가장 좋았거든요. 그때 도희가 달려와 좋은 생각을 내놓았어요. 산이가 진흙으로 만든 공으로 꽃밭을 만들자는 것이었지요. 산이는 진흙으로 공을 잔뜩 빚어서 거북이 모양 꽃밭을 만들고 미래는 그 곳에다가 꽃씨를 심었어요. 그러던 어느 날 꽃밭에 꽃이 가득 피었어요. 우람이의 생일날 미래는</td></tr>
</table>

	꽃왕관을 만들어 주고 도희는 작은 꽃다발을 만들어 선물하고 산이는 꽃잎을 흩뿌렸어요. 지원이는 커다란 삽을 가져와 땅을 푹푹 파고 호스로 물을 채워 진흙탕 놀이를 하기도 했어요. 고은이는 친구들을 기쁘게 해 주기 위해 더러워진 아이들의 옷을 빨아 널었어요. 준이도 친구들을 기쁘게 해 줄 방법을 찾다가 '온 세상에 기쁨이 가득'이라는 노래를 불러 주었답니다. 아이들 가슴 속에 기쁨이 한가득 차올랐어요. • 동화의 내용을 회상하며 이야기 나눈다. – 유치원에서 어떤 일이 일어났나요? – 친구들은 그 일을 어떻게 해결하였나요?(미래, 산이, 도희, 지원이 등) – 꽃밭을 만들기 위해 미래와 산이는 어떤 일을 하였나요? – 친구들이 양보하고 협력하여 꽃밭을 만들고 나중에 각자 도와서 일을 했을 때 주변 친구들의 마음은 어떠했을까요?
마무리	• 내가 우리 반 친구를 기쁘게 해 줄 수 있는 일에 대해 이야기해 본다. – 내가 우리 반 친구를 기쁘게 할 수 있는 일이 무엇이 있을까요? – 내가 친구들을 기쁘게 하기 위해 노력한다면 친구의 마음은 어떠할까요?
표상하기 (사후활동)	• 친구들을 즐겁게 해 줄 수 있는 나의 능력과 재주를 나눌 수 있는 다양한 방법에 참여한다. – 악기 연주해 주기, 그림선물 주기, 만들기 선물 주기, 인형극 보여주기 등
평가	• 다른 사람을 존중하는 태도를 보였는가? • 친구와 함께 하는 즐거움을 위해 협력하였는가?

유아들의 반응

○○가 키보드를 연주한다. 미술영역에서 그림을 그리고 있던 ◇◇가 음률영역에 있던 장구를 들고와서 ○○의 키보드 연주 소리에 맞추어 함께 연주한다. 연주소리가 들리자 언어영역에서 놀이하던 ▧▧가 사물함에서 리코더를 꺼내 온다.

▧▧가 리코더를 꺼내 오는 것을 본 후 ○○와 ◇◇가 연주를 멈춘다. 세 명의 어린이가 이야기를 한다.

○○: ▧▧야, 너 리코더로 뭐 연주할 수 있어?

▧▧: 음…… 나는 나비야, 비행기 그리고 에델바이스 연주할 수 있어. 왜?

○○: 네가 같이 연주하면 좋은데 네가 연주할 수 있는 것을 같이 하면 좋잖아. 나는 나비야 칠 수 있어. 우리 나비야 함께 연주할까?

◇◇: 와~ 좋지. 나도 장구 칠 수 있으니까. 그러면 몇 명 더 불러서 같이 할까?

○○: 그거 좋은 생각이다. 여럿이 하면 더 좋은 소리를 낼 수 있을 것 같아.

세 명의 유아는 영역을 돌아다니며 함께 연주할 친구들을 찾는다. 이에 세 명의 유아가 더 와서 리듬악기를 꺼내고 음률영역으로 모인다.

여섯 명의 유아가 함께 연주하자 하나, 둘 친구들이 모이더니 연주를 듣는다. 연주가 끝나자 연주를 듣고 있던 ☆☆가 나와 노래를 부르고 싶다고 한다. 친구들은 ☆☆의 노래를 듣는다. 이렇게 교실에는 작은 음악회가 시작되었다.

사랑의 빵 만들기

활동 선정 배경

요리활동은 유아들이 매우 즐거워하는 활동 중에 하나이다. 요리를 하면서 물질의 변화를 관찰하고 완성된 요리를 맛보고 나누며 성취감과 즐거움을 느낄 수 있기 때문이다. 이번 요리활동은 만들고 나누어 먹는 것에 그치는 것이 아니라 만 5세 형님과 만 3세 동생이 짝을 지어 함께 요리를 만들면서 서로 도와주고 협력하는 가운데 기쁨을 느낄 수 있도록 계획하였다. 또한 동생에 대한 거부감을 갖고 있거나 동생이 없어 동생과 어떻게 지내야하는지 모르는 유아들이 동생과 함께 즐겁게 지내는 방법을 경험할 수 있도록 활동을 선정하였다.

활동목표

만 3세 동생과 함께 하는 요리 활동에 즐겁게 참여한다.
동생을 바른 방법으로 배려하고 돕는 경험을 한다.
음식을 나누어 먹는 경험을 통해 '나눔'의 기쁨을 느낀다.

활동계획안

활동명	사랑의 빵 만들기	활동형태	요리	생활주제	유치원과 친구
대상연령	만 5세				
인성요소	협력, 배려, 나눔				
활동자료	요리활동 순서도, 식빵, 바나나, 과일잼, 밀대, 빵칼				
활동과정	활동내용				
도입	• 지난 자유선택활동 시간에 동생들과 함께 놀이했던 것을 회상한다. – 지난 자유선택활동 시간에 동생들과 함께 놀이하니 어떠했나요? – 동생들은 오늘 형님들과 함께 놀이를 하니 어떤 점이 좋았나요? – 형님들은 놀이하면서 동생들에게 어떤 도움을 주었나요? – 도와줄 때 기분은 어떠했나요?				
전개	• 유치반(만 5세) 형님들과 영아반(만 3세) 동생들이 함께 도우면서 바나나롤빵을 만든다. – 음식 재료를 함께 탐색해 본다. – 식빵을 밀대로 밀어 얇게 만든다. – 식빵 위에 바나나를 올려놓고 말아 준다. – 말은 것을 먹기 좋은 크기로 자른다. • 요리활동을 하며 유치반 형님들은 동생들의 어려움을 이해하고 도움을 준다.				

	• 동생들과 빵을 함께 만든 소감을 이야기한다. – 동생들을 도와주니 기분이 어떠했나요? – 동생들은 형님들과 함께 빵을 만들 때 어떠했나요? – 형님들이 도와주니 기분이 어떠한가요? • 완성된 빵의 반을 동생들과 함께 나누어 먹는다. • 동생들과 빵을 함께 만든 소감을 이야기한다. – 동생들을 도와주니 기분이 어떠했나요? – 동생들은 형님들과 함께 빵을 만들 때 어떠했나요? – 형님들이 도와주니 기분이 어떠한가요?
마무리	• 완성된 빵의 나머지를 고마운 사람에게 나누어 준다. – 우리 유치원에서 빵을 나누어 주고 싶은 고마운 사람이 누구인가요? (운전기사, 조리사, 경비아저씨 등)
표상하기 (사후활동)	• 고마운 사람에게 빵과 함께 전달할 편지를 쓴다.
평가	• 동생들을 배려하며 기꺼이 도움을 주었는가? • 고마운 사람에게 진심으로 고마움을 표현하였는가? • 고마운 사람에게 음식을 나누며 나눔의 기쁨을 느꼈는가?

유아들의 반응

동생이 있는 유아의 활동 전

○○: 선생님, 전 동생이 귀찮아요. 제 동생 ◇◇는 매번 제가 하는 것마다 참견하고 귀찮게 하고 제가 그림 그린거나 만들어 놓은거 다 망가뜨리거든요.

교사: 그래? ◇◇이 때문에 ○○가 많이 속상했겠구나.

○○: 네, 맞아요. 전 그래서 동생이 정말 싫어요.

교사: 그럼, 이번에 숲속토끼반 동생들이랑 함께 요리 만드는 것은 어떨 것 같아?

○○: 아, 그럼 제가 도와줘야 하잖아요. 아 귀찮아요.

교사: 그래, ○○야, 동생과 함께 하다가 힘들면 선생님에게 이야기해 줘. 그러면 선생님이 ○○가 힘들지 않도록 도와줄 테니까.

○○: 네.

평소 동생을 귀찮아했던 유아는 동생과 함께 요리활동을 한다는 이야기에 조금 꺼려하는 모습을 볼 수 있었다.

동생이 있는 유아의 활동 후

○○가 동생과 함께 활동하는 것을 힘들어 하는지 교사는 계속 ○○의 행동을 지켜보았는데 ○○가 동생과

함께 활동하는 것을 힘들어하지 않고 동생에게 친절하게 설명하는 모습을 볼 수 있었다.

교사: ○○야, 오늘 동생들과 함께 요리하는 것 어땠니?
○○: 선생님, 생각보다 힘들지 않았어요. 동생이 잘못하는 거 도와주다 보니 저도 기분이 좋아졌어요.
교사: 그래? 다행이다. 다음에도 동생과 함께 하는 활동이 있으면 어떨 것 같아?
○○: 그때도 즐겁게 참여할 수 있을 것 같아요. 저 오늘 집에 가서도 ◇◇랑 뭐 좀 만들어 봐야겠어요.

동생이 없는 유아의 활동 전

◀◀: 선생님, 저 이번 빵 만들기 활동 너무 설레요.
교사: 그래? 왜?
◀◀: 음…… 전 언니만 2명 있잖아요. 동생이랑 함께 하고 싶은데 동생이 없으니까 그 동안 못해 봤잖아요. 그래서 너무 설레요.

동생이 없는 유아의 활동 후

교사: ◀◀아, 오늘 동생들이랑 함께 지내니 어땠어?
◀◀: 제가 생각했던 것처럼 너무 즐거웠어요.
교사: 그래?
◀◀: 네, 물론 동생이 요리를 잘못할 때는 다 도와줘야 하는지 걱정되기는 했었는데 동생이 못하는 부분만 도와주니 힘도 덜 들고, 동생이 제 말 잘 들어주고 저도 동생이 모르는거 가르쳐 주다 보니 기분이 좋아졌어요. 다음에도 또 만나서 놀기로 했어요. 저한테 편지도 써 준대요. 히히.

평소 동생이 없어서 어떻게 해야 할 지 모르는 유아들도, 동생이 있지만 동생을 귀찮게 생각했던 유아들도 모두 동생들을 잘 돌봐주고 배려해 주는 모습을 볼 수 있었다. 형님인 만 5세 유아들은 동생들을 잘 가르쳐 주고 도와주었으며, 동생들인 만 3세 유아들도 형님의 행동과 말에 긍정적인 반응을 보였다. 요리활동을 한 후 완성된 빵을 서로의 입에 넣어 주며 더욱 즐거움을 느낀 것 같다. 요리활동 후 유아들과 소감을 나누는 시간에 유아들은 다음에도 동생들과 함께 활동을 했으면 좋겠다고 이야기하며 훌라후프, 줄넘기 등 어린 동생들이 잘못하는 활동을 알려주는 시간을 가지면 좋겠다고 이야기하기도 하였다.

활동모습

천사도우미 활동

활동 선정 배경

유아들은 친구의 어려움을 이해하며 돕기도 하지만 어떻게 도와야 하는지 모르는 경우가 있다. 또한 다른 사람을 도울 때 칭찬받고 싶어서 타인의 시선을 의식하며 다른 사람을 돕는 유아들도 있다. 다른 사람에게 칭찬받고 싶어서, 다른 사람의 시선을 의식해서 돕는 것이 아닌 주변을 둘러보며 작은 것이라도 도움이 필요한 친구를 찾고, 자신의 도움이 필요한 곳에 도움을 주는 올바른 인성을 가진 유아로 자라날 수 있도록 다음의 활동을 선정하게 되었다.

활동목표

친구와 도움을 주고받는 경험을 한다.
친구를 도우면서 나눔의 기쁨을 느낀다.
교실에서 내가 할 수 있는 도움과 나눔의 방법들을 알고 실천한다.

활동계획안

활동명	천사도우미 활동	활동형태	이야기나누기	생활주제	유치원과 친구
대상연령	만 5세				
인성요소	나눔, 배려				
활동자료	천사도우미 목걸이, 스티커(유아수*천사도우미 수)				
활동과정	활동내용				
도입	• 유치원에서 친구를 도와주었던 경험을 이야기한다. • 유치원에서 친구에게 도움을 받았던 경험을 이야기한다. – 교실에서 어렵거나 힘들었던 경험이 있었나요? 어떤 경우인가요? – 친구에게 도움을 받았던 적이 있나요?/ 언제, 어떻게 도움을 받았나요? – 그때 기분은 어떠했나요? • '천사도우미'에 대해 이야기한다. – '천사도우미'는 하루 동안 친구를 기쁘게 도와줄 수 있는 친구를 말해요. – '천사도우미'가 되어서 친구들을 도와줄 수 있나요? • '천사도우미'가 달 수 있는 목걸이를 만든다.				
전개	• 유치원에서 친구를 도와주었던 경험을 이야기한다. • '천사도우미'가 교실에서 도움을 줄 수 있는 방법에 대해 이야기한다. – 어렵고 힘들 때 '천사도우미' 친구들에게 어떤 도움을 받고 싶나요?				

	– 어렵고 힘든 친구들에게 어떻게 도움을 주고 싶나요? – '천사도우미'들이 친구들에게 도움을 줄 때 어떤 느낌일까요? – '천사도우미'들에게 도움을 받을 때는 어떤 느낌일까요? • 유아들의 의견을 반영하여 오늘의 '천사도우미'를 뽑는다. • 뽑힌 유아들은 '천사도우미' 목걸이를 걸고 하루 동안 도움을 주는 활동을 한다. • '천사도우미'가 된 유아는 친구들에게 도움을 주려고 노력한다. • 도움을 받은 유아는 '천사도우미'의 목걸이에 고마움의 표시로 스티커를 붙여 준다.
마무리	• 일주일 동안 매일 '천사도우미'를 정하여 도우미활동을 한다(학급의 모든 어린이들이 돌아가면서 '천사도우미' 역할을 할 수 있도록 한다).
표상하기 (사후활동)	• 자신이 도움을 줄 수 있는 일이 무엇인지 적어 본다. • 친구에게 도움을 받았을 때 고마운 마음을 편지로 나눈다.
평가	• 친구와 도움을 주고받는 경험을 하였는가? • 친구를 도우면서 기쁨을 느끼는가? • 교실에서 도움과 나눔을 실천하는가?

유아들의 반응

천사도우미 이야기나누기 후 유아들은 친구가 다치거나 넘어졌을 때, 친구가 무거운 짐을 들고 갈 때에도 도와줄 수 있고, 교실 안에서 큰 소리로 이야기하거나 대집단활동시 떠들거나 집중을 못하는 친구들에게 조용히 이야기하여 방해가 되지 않게 돕기도 하겠다고 이야기하였다. 천사도우미 활동 첫날에는 유아들이 천사도우미 활동을 할 때마다 도움을 받은 유아들이 천사도우미에게 스티커를 붙여 주었는데 친구들에게 인기가 많거나 자신이 좋아하는 친구에게는 유독 많은 스티커를 붙여 주는 모습이 관찰되어 바르게 이루어지지 않는 것이 보였다. 천사도우미 활동 두 번째 날부터는 유아들이 하루일과를 평가하는 시간에 천사도우미를 한 어린이들이 앞에 서 있으면 도움을 받았던 유아들이 어떠한 도움을 받았는지 이야기한 후 스티커를 붙여 주었더니 스티커 붙여 주는 것을 공정하게 할 수 있었고, 스티커를 받기 위해 의식적으로 도움활동을 하는 유아들도 줄어들었다. 천사도우미로 평소 다른 친구들에게 도움을 주지 않았던 유아들도 자연스럽게 도움을 주기도 하였고, 항상 다른 친구에게 도움을 주지만 유아들 눈에는 잘 띄지 않았던 친구도 알게 되어 유아들이 친구를 보는 시각이 조금씩 달라지게 되었다.

하루일과 평가 중

○○가 오늘의 천사도우미로 선정되었다. 오늘의 일과를 평가하며 스티커를 붙여 주었다.

친구들은 ○○에게 도움을 받은 것들을 이야기하며 스티커를 붙여 주었다.

화장실 신발 정리하기, 우유 마신 컵 정리하기, 식당에서 흘린 음식 치워주기, 식당 테이블 닦기, 교실에 떨어진 것 정리하기, 놀이 후 정리 도와주기 등이 ○○가 활동한 내용이다.

유아들은 천사도우미 중 ○○가 스티커를 가장 많이 받았다는 것을 알게 되었다. 이것을 본 유아들은 놀라며 ○○가 천사도우미 활동을 잘 했다고 박수를 쳐 주었다.

〈해석〉

○○는 평소 친구들에게 인기있는 어린이가 아니기 때문에 친구들의 시선을 잘 받지 못한다. 하지만 ○○는 교실의 허드렛일을 잘 하며 친구를 돕는 것을 좋아한다. 오늘 천사도우미 활동을 통해 친구들은 ○○의 착한 마음을 알게 되었고, ○○의 따뜻한 마음을 알게 되는 계기가 되었다.

활동모습

활동의 유의점

스티커를 받기 위해 도움을 주기보다는 자발적으로 돕는 습관을 기르도록 한다.

어떻게 도울까요?

활동 선정 배경

우리 유치원에서는 연 4회 청각장애우 유치원 어린이들과 만나 활동하는 시간을 갖고 있다. 청각장애우들과 만나서 함께 놀이할 때 장애우라는 생각에 무엇이든지 도와주려고 하는 모습을 볼 수 있었다. 하지만 무분별한 도움은 오히려 장애우들을 불편하게 한다. 유아들이 장애우의 입장을 공감하고 배려를 받는 사람의 입장에서 생각하며 올바른 배려방법을 실천하기 위해 다음의 활동을 선정하였다.

활동목표

장애우의 입장을 공감하고 올바른 배려 방법을 안다.
배려를 받는 사람의 입장에서 생각해 보는 기회를 갖는다.

활동계획안

<table>
<tr><th>활동명</th><td>어떻게 도울까요?</td><th>활동형태</th><td>동화</td><th>생활주제</th><td>유치원과 친구</td></tr>
<tr><th>대상연령</th><td colspan="5">만 5세</td></tr>
<tr><th>인성요소</th><td colspan="5">배려, 협력</td></tr>
<tr><th>활동자료</th><td colspan="5">그림책 「내 친구 여진이」(김혜리 글, 김지아 그림, 아이코리아), PPT 동화</td></tr>
<tr><th>활동과정</th><th colspan="5">활동내용</th></tr>
<tr><th>도입</th><td colspan="5">• 「내 친구 여진이」 그림책 겉표지를 살펴본다.
– 몸이 불편한 친구가 있는데 울고 있어요. 그 친구는 왜 울고 있을까요?
– 여러분들이 동화의 내용을 잘 듣고 이 친구가 왜 슬퍼하는지 잘 생각해 보도록 해요</td></tr>
<tr><th>전개</th><td colspan="5">• 「내 친구 여진이」 동화를 듣는다.

〈동화내용〉
선천적으로 다리가 다른 친구들보다 짧은 여진이, 그런 여진이를 유치원 선생님과 친구들은 하나하나 전부 도와주었어요. 업어 주기도 하고 신발을 벗겨 주기도 하고 전부 다 도와주지만 여진이의 표정은 좋지 않아요. 참다 못한 여진이는 도와주지 않아도 할 수 있다며 눈물을 보이게 되고 비로소 선생님과 친구들은 어떤 부분은 여진이를 도와주지 않아도 여진이가 혼자 스스로 할 수 있다는 것을 알게 되었어요. 그리고 여진이는 자신이 하지 못하는 일들이 생기게 될 경우 친구들이나 선생님께 도움을 요청했고 여진이가 도움을 요청했을 때 친구들은 도와주게 되었어요.</td></tr>
</table>

	• 동화를 듣고 내용을 회상해 본다. – 동화 속의 친구들은 여진이를 어떻게 생각했나요? – 여진이를 어떻게 도와주려고 했나요? – 여진이는 도움을 받았을 때 어떻게 느꼈었나요? – 여진이는 어떠한 도움을 바랐을까요? • 동화의 내용을 가지고 유아들과 몸이 불편한 친구들을 돕는 방법에 대해 토론한다. – 내가 여진이 친구라면 여진이에게 어떠한 도움을 줄 수 있을까요? – 내가 여진이라면 친구들에게 어떠한 도움을 바랬을까요? – 어떻게 도움을 주면 여진이가 진심으로 기뻐할까요? – 도움을 주기 전에 먼저 무엇을 생각해야 할까요?
마무리	• 특수학교 친구들이 방문하였을 때 어떻게 대해야 할지 생각해 본다.
표상하기 (사후활동)	• 특수학교 친구와 놀이하는 시간에 공감한 내용을 실천하며 놀이한다.
평가	• 장애우의 입장에 대하여 이해하는가? • 장애우를 무조건적으로 배려하기 보다 먼저 장애우의 입장에서 생각해 보는 것이 필요함을 아는가?

유아들의 반응

청각장애우들과 첫 만남에서 유아들은 장애우라는 생각에 무조건 보살펴 주고 도움을 주려는 행동이 많이 나타났다. 하지만 동화를 듣고 이야기나누기를 하면서 유아들은 장애우들에게 무조건적인 도움은 오히려 그들을 불편하게 한다는 사실에 매우 공감하게 되었고, 두 번째 만남에서는 도움이 필요한지 물어보고 필요한 경우에만 도움을 주려는 행동으로 나타났다.

활동모습

활동의 유의점

다양한 장애유형에 따라 도움을 필요로 하는 부분이 서로 다름을 안다.

【나와 가족】

내가 화날 때는 이렇게 해요

활동 선정 배경

유아들이 자신의 감정을 솔직하게 표현하는 것은 좋지만 부정적인 감정들을 스스로 조절하고 올바르게 표현할 수 있는 방법에 대해 이야기하는 것이 필요하다고 생각하여 이 활동을 선정하게 되었다.

활동목표

동화를 듣고 내용을 이해한다.
화가 날 때 감정을 조절하는 방법을 안다.

활동계획안

활동명	내가 화날 때는 이렇게 해요	활동형태	이야기나누기	생활주제	나와 가족
대상연령	만 3세				
인성요소	자기조절, 자기이해, 배려				
활동자료	손인형, 그림책 「소피가 화나면 정말정말 화나면」(몰리뱅, 책읽는 곰 출판사)				
활동과정	활동내용				
도입	• 화가 난 퍼펫이 나온다. – 미미: 언니가 내가 놀고 있었던 장난감을 가지고 가서 너무 화가 나. 어떻게 하면 이 화가 풀릴 수 있을까? 난 지금 너무너무 화가 나서 언니와 말도 하고 싶지 않아. ○○반 어린이들은 화가 나면 어떻게 하는지 이야기해 줄 수 있니?				
전개	• 손인형의 말을 회상한다. – 미미가 왜 화가 났나요? – 오늘 들려줄 동화 속 주인공도 화가 많이 났대요. 화가 나서 어떻게 했을까요? – 여러분의 생각처럼 그런 행동을 했을 지 동화를 잘 들어 보도록 해요. 〈동화내용〉 소피가 한창 놀고 있는데 언니가 자기 차례라고 하며 고릴라를 움켜잡았어요. 화가 난 소피는 발을 구르며 소리를 질렀어요. 화가 난 소피는 지칠 때까지 달렸어요. 그런 다음은 잠깐 울고 이젠 바위를, 나무를, 고사리를 본 후 지저귀는 새 소리를 들었어요. 그리고 늙은 너도밤나무를 찾아가 나무 위로 올라갔어요. 소피				

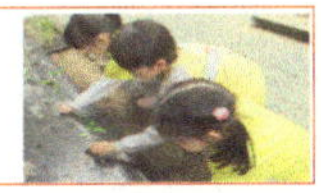

	는 산들바람을 느끼고, 물결을 바라보았어요. 한결 기분이 나아진 소피는 나무 위에서 내려와 집으로 갔어요. 가족들이 소피를 반겨 주었어요. • 동화의 내용을 회상한다. – 동화 속에 누가 나왔나요? – 소피는 왜 화가 났나요? • 화가 났었던 경험을 이야기한다. – 여러분은 어떤 일이 있을 때 화가 났나요? – 화가 나서 어떻게 했나요? • 동화 속 그림을 제시하고 화를 다스리는 방법에 대해 이야기 나눈다. – 화가 난다고 울고 소리 지르는 것이 좋은 방법일까요? – 소피는 화가 났을 때 어떻게 했나요? (달리기, 새소리 듣기, 바람 느끼기, 물결 바라보기) – 우리 어린이들은 화가 나면 어떻게 하나요? – 화가 났을 때 화를 풀 수 있는 또 다른 방법은 무엇이 있을까요?
마무리	• 미미 인형에게 화가 풀릴 수 있는 다양한 방법을 말해 주며 마무리한다. – 미미가 화를 스스로 풀 수 있게 우리가 화를 참을 수 있는 방법을 이야기해 줄까요? 미미: 정말 그렇게 하면 나의 화가 풀릴까? 너희들이 알려준 방법대로 한 번 해 볼게. 정말 고마워.
표상하기 (사후활동)	• 화가 났을 때의 표정과 즐거울 때의 표정을 그려 본다.
평가	• 화가 났을 때 자신의 감정을 조절할 수 있는 방법을 아는가?

유아들의 반응

자유선택활동 중

○○: 야! 이거 내가 먼저 했어!
□□: 아니야, 이거 내가 먼저 했어.
○○: 아! 정말! (정수기로 가서 물을 마신다.)

○○의 행동을 보고 교사가 왜 물을 마셨냐고 물었더니 화가 나서 물을 마셨다고 대답하였다. 많은 행동 중 왜 물을 마시는 행동으로 화를 표현하냐고 물었더니 나쁜 말이 나오려는 것을 넘기기 위해 물이 필요하다고 이야기하였다.

활동의 유의점

상황에 따라 자신의 감정을 표현할 수 있도록 지도한다.

살기 좋은 우리 집

활동 선정 배경

만 3, 4세 어린이의 경우 친구와 함께 힘을 합쳐 활동하는 것에 어려움을 많이 느끼기 때문에 평소 교육현장에서 협력을 경험할 수 있도록 지도가 필요하다고 생각하여 선정하게 되었다.

활동목표

다양한 집의 형태에 관심을 갖는다.

친구와 협력하여 집 만들기에 참여한다.

활동계획안

<table>
<tr><th>활동명</th><td>살기 좋은 우리 집</td><th>활동형태</th><td>미술</td><th>생활주제</th><td>나와 가족</td></tr>
<tr><th>대상연령</th><td colspan="5">만 4세</td></tr>
<tr><th>인성요소</th><td colspan="5">협력</td></tr>
<tr><th>활동자료</th><td colspan="5">종이상자, 여러 가지 꾸미기 재료 (지끈, 노끈, 찰흙, 도화지, 색지, 골판지, 셀로판지, 매직, 크레파스, 사인펜, 가위, 풀)</td></tr>
<tr><th>활동과정</th><th colspan="5">활동내용</th></tr>
<tr><th>도입</th><td colspan="5">• 다양한 집 형태(기와집, 초가집, 너와집, 주택, 빌라, 아파트)의 사진을 보며 이야기 나눈다.
- 어떤 집들이 있나요?
- 집은 무엇으로 만들었을까요?
• 재료를 탐색하며 어떤 집을 지을 수 있을지 이야기 나누어 본다.
- 우리 함께 집을 만들어 보도록 해요. 어떤 재료들이 필요할까요?
- 필요한 재료들은 어디에서 구할 수 있을까요?
- 필요한 재료들은 가지고 모여 보도록 해요.</td></tr>
<tr><th>전개</th><td colspan="5">• 5~6명으로 조를 나눈다.
• 조원들과 함께 의논하여 상자와 여러 가지 재료들로 ‘살기 좋은 우리 집’을 만들어 본다.
- 어떤 집을 만들어 볼 수 있나요?

〈활동방법〉
① 친구들과 함께 어떤 집을 지을지 이야기 나눈다.
② 집의 형태를 그림으로 표현해 본다.</td></tr>
</table>

	③ 어떤 재료가 더 필요한지 이야기 나눈다. ④ 함께 구해 온 재료를 이용해 집을 만들어 본다. ⑤ 완성된 집을 친구들 앞에 나와 소개하고 전시한다.
마무리	• 조별로 완성한 집을 친구들에게 소개한다. – 어떤 집을 만들었나요? – 어떤 재료를 사용하였나요? • 만들기를 하며 느낀 점을 이야기 나눈다. – 친구와 함께 협력하여 만들기를 해 보았는데 어떠했나요? – 집을 만들 때 주의해야 할 점은 어떤 것이 있었나요? – 우리가 만든 집들은 어떻게 하면 좋을까요?
표상하기 (사후활동)	• 집과 함께 필요한 소품을 함께 만든다.
평가	• 다양한 집의 형태에 대해 알았는가? • 친구와 협력하여 집 만들기에 참여하였는가?

유아들의 반응

미술 활동 중

유아 1: 내가 이거 하고 싶다.

유아 2: 내가 하고 싶은데.

교　사: 어떻게 하면 좋을까요?

유아 3: 같이 하면 되지요.

유아 4: 그래, 우리 다 같이 힘을 합쳐서 하자.

유아 1: 그래 좋아!

활동모습

활동의 유의점

협력의 의미를 알고 실천할 수 있도록 지도한다.

안전약속을 이야기한다.

효성스런 호랑이

활동 선정 배경

많은 유아들이 '효'의 의미에 대해 알고 있지만 구체적으로 어떻게 실천해야 하는지 알지 못하거나 어려워하는 유아들이 많다. 교육 매체 중 유아들에게 조금 더 친숙하고 쉽게 접근할 수 있는 방법으로 동화를 통해 이야기를 들려주면 좋겠다고 생각하였고, 동화 속의 호랑이의 입장에서 효도의 의미를 되새겨 볼 수 있도록 이 활동을 선정하였다.

활동목표

동화 속에 나타난 효의 의미를 안다.
효의 방법을 알고 웃어른께 실천한다.

활동계획안

활동명	효성스런 호랑이	활동형태	동화	생활주제	나와 가족
대상연령	만 4세				
인성요소	효				
활동자료	효성스런 호랑이(융판동화)				
활동과정	활동내용				
도입	• 동화의 제목을 듣고 등장인물들에 대해 추측해 본다. – 동화 속에 누가 등장하나요?				
전개	• 바른 자세로 동화를 들어 본다. 〈동화내용〉 옛날 옛적 어느 마을에 마음씨 착한 젊은이가 홀어머니를 모시고 살고 있었어요. 젊은이는 가난했지만 늙으신 어머니를 잘 보살펴 드렸어요. 어머니에게 고기를 사다 드리려고 산에 가서 나무를 하던 젊은이는 무서운 호랑이를 만나게 되는데 호랑이에게 꾀를 내어 형님이라고 불렀어요. 호랑이와 형제가 된 후 호랑이는 매일 어머니께 드릴 짐승을 바치고 그러던 중 어머니는 돌아가셨어요. 이를 안 호랑이는 어머니를 그리워하다가 죽게 되었어요. • 동화의 내용을 회상한다. – 착한 젊은이는 왜 산에 올라갔나요? – 착한 젊은이는 어떤 동물을 만났나요?				

	– 호랑이는 형제가 된 후에 매일 어머님께 무엇을 바쳤나요? – 어머니가 돌아가신 것을 알았을 때 호랑이는 어떤 마음이었을까요? – 어머니가 돌아가신 후에 호랑이는 왜 슬퍼했나요?
마무리	• 부모님께 효를 실천할 수 있는 방법을 생각해 본다. – 효성스러운 호랑이처럼 우리가 부모님을 기쁘게 해 드릴 수 있는 방법에는 어떤 것이 있을까요?
표상하기 (사후활동)	• 효 실천카드를 만들어서 가정에서 효를 실천한다. • 실천한 내용을 친구들 앞에서 이야기한다.
평가	• 호랑이가 어머니가 돌아가신 후 왜 슬퍼하였는지 공감하였는가? • 효를 실천할 수 있는 방법에 대해 알았는가? • 효를 실천하였는가?

유아들의 반응

동화를 본 후 어린이들은 동화 속 호랑이의 효심에 큰 감동을 받았다. 어린이들은 동화 속에서 할머니를 그리워하다 죽게 된 호랑이를 위해 무언가를 하고 싶어했고 자유선택활동 시간을 이용하여 할머니 그림을 그린 후 선물해 주고 싶다고 이야기하였다. 또한 부모님께 가져다 드린다며 선물을 만들거나 편지를 쓰는 어린이가 많아졌고, 부모님을 위해 내가 할 수 있는 활동을 생각해 효 실천카드를 작성하게 되었다.

활동모습

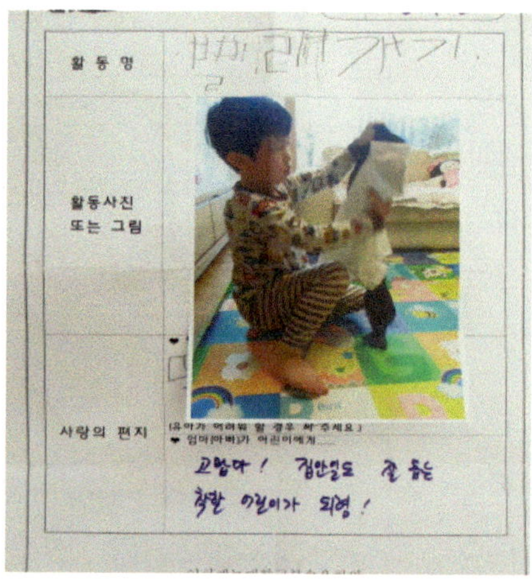

활동의 유의점

'효'라는 것이 어려운 것이 아니라 실생활에서 실천할 수 있는 일이라는 것에 대해 이야기한다.

엄마, 아빠 감사합니다

활동 선정 배경

동화를 통해 부모님의 사랑을 느끼며 감사하는 마음을 표현하고자 이 활동을 선정하였다.

활동목표

부모님이 베풀어 주시는 사랑에 감사함을 느낀다.

부모님의 사랑에 보답하는 방법을 알고 실천한다.

활동계획안

활동명	엄마, 아빠 감사합니다	활동형태	체험활동	생활주제	나와 가족
대상연령	만 5세				
인성요소	나눔, 효				
활동자료	그림책 「언제까지나 너를 사랑해」(로버트먼지 글, 아토니 루이스 그림, 김숙 옮김), 색종이, 색지, 풀, 가위, 쓰기도구				
활동과정	활동내용				
도입	• 자신의 부모님에 대해 이야기 나눈다. - 여러분의 부모님은 여러분이 잠들기 전 무엇을 해 주시나요? - 부모님과 무엇을 할 때 가장 즐겁나요? - 부모님을 위해 내가 할 수 있는 일은 무엇이 있나요?				
전개	• 「언제까지나 너를 사랑해」 동화를 듣는다. 〈동화내용〉 한 집에 아기가 태어나고 엄마는 아기를 키우면서 말썽 부리는 아기 때문에 힘들고 화가 나기도 하지만 아기를 사랑하는 마음에 [언제까지나 너를 사랑해] 노래를 불러 주었어요. 아기는 자라 소년이 되고 소년이 된 아기는 이상한 친구들과 사귀고 이상한 옷을 입고 이상한 음악을 듣지만 그래도 소년이 잠이 들면 엄마는 [언제까지나 너를 사랑해] 노래를 불러 주었어요. 소년이 커서 어른이 되고 엄마는 나이가 들어 더 이상 아들을 찾아갈 수 없을 정도로 힘이 없었어요. 그래도 엄마는 아들을 위해 [언제까지나 너를 사랑해] 노래를 불러 주었어요. 아들은 엄마를 품에 안고 [언제까지나 어머니를 사랑해요] 노래를 불러드린 후 집으로 돌아와서는 자신의 아기를 안고 [언제까지나 너를 사랑해] 노래를 불러 주었어요.				

	• 어머니와 아들에 대해 이야기를 나눈다. – 어머니는 아들에게 어떻게 했나요? – 아들은 어떻게 자라났나요? • 어머니의 감정에 대해 이야기 나눈다. – 아들이 커가면서 말을 듣지 않고 말썽을 부릴 때 어머니의 마음은 어떠했을까요? – 그래도 어머니는 어떻게 했나요? – 여러분이 어머니(또는 아들)라면 어떻게 했을 것 같나요?
마무리	• 자신의 부모님을 생각해 본다. – 여러분의 부모님은 여러분을 어떻게 대해 주시나요? – 여러분을 위해 항상 애쓰시는 부모님께 여러분은 어떻게 해 드렸나요? • 부모님의 사랑에 대한 감사를 표현할 수 있는 방법에 대해 이야기 나눈다. – 부모님께 감사의 마음을 어떻게 표현하고 싶나요? – 각자 원하는 대로 부모님께 감사의 마음을 표현하도록 준비한다. (편지, 종이꽃다발, 노래 불러드리기 등)
표상하기 (사후활동)	• 부모님께 드릴 꽃다발과 부모님께 보여드릴 공연을 준비한다. • 가정에서 부모님에 대한 감사를 어떻게 표현했는지 발표한다.
평가	• 부모님의 마음을 이해하는가? • 부모님의 사랑에 감사함을 느끼는가?

유아들의 반응

어린이들과 집에 가기 전 부모님께 어떻게 감사하고 사랑하는 마음을 표현하면 좋을지 이야기를 하였더니 오늘 바로 집에 가서 부모님을 만나서 꼭 사랑한다고 이야기하고 싶다고 하여서 오늘 하원 때 부모님을 만나면 '사랑해요' 하고 말해 주기로 하였다. 강요가 되면 안 된다고 생각하였기 때문에 이야기나누기 시간 이후 하원할 때까지도 약속에 대해서는 이야기하지 않았다. 이후 부모님과의 전화통화를 통해 어린이들이 약속을 기억하고 부모님께 자신의 마음을 전했다는 사실을 들을 수 있었다.

학부모: 선생님 우리 ○○이 버스에서 내리자마자 '사랑해요' 하면서 안아 주더라고요.
교 사: 어머! 오늘 이야기나누기 끝나고 함께 했던 약속이었는데 ○○이 기억하고 어머님께 이야기했나 보네요.
학부모: 옆에 있던 다른 부모님들이 너무너무 부러워했어요.

활동의 유의점

감사의 마음을 올바르게 표현하는 방법에 대해 이야기 나눈다.

집안일을 서로 도와요

활동 선정 배경

유아들과 가족의 역할에 대해 이야기 나누던 중 가사일에 대한 엄마의 비중이 크다는 것을 알게 되었다. 유아들은 엄마를 항상 청소와 빨래, 설거지를 하는 사람으로 여기게 되었다. 이에 유아들이 가족은 돕고 배려하는 마음을 갖도록 하고자 이 활동을 선정하였다.

활동목표

동화 속에 나타난 가족간의 협력의 요소를 찾을 수 있다.

효의 방법을 알고 부모님께 실천한다.

활동계획안

활동명	집안일을 서로 도와요	활동형태	동극	생활주제	나와 가족
대상연령	만 5세				
인성요소	배려, 존중, 협력				
활동자료	그림책 「돼지책」(앤서니브라운 글 · 그림, 허은미 옮김, 웅진주니어 출판사), 각색대본, 동화 속 주인공이 필요로 하는 소품들, 등장인물 머리띠, 배경				
활동과정	활동내용				
도입	• 그림책 「돼지책」을 읽어 본다. 〈동화내용〉 피콧씨와 두 아들은 아침에 눈을 뜨자마자 자고 일어난 이부자리 정돈도 하지 않고 엄마에게 밥을 달라고 소리를 질렀어요. 밥을 먹고 난 후 두 아들과 피콧씨는 각자 학교와 직장으로 갔어요. 그리고 나면 엄마는 아이들과 피콧씨가 어질러 놓은 것을 다 정리하고 난 후 뒤늦게 직장으로 출근했어요. 집으로 돌아와서도 엄마는 두 아들과 피콧씨의 저녁을 하느라 바쁘고 밀린 집안일을 하느라 정신이 없었지만 아무도 도와주는 사람은 없었어요. 그러던 어느 날 피콧씨와 두 아들이 집으로 돌아왔을 때"너희들은 돼지야!"라는 쪽지만 남기고 엄마는 집을 나가 버렸어요. 그 후 피콧씨와 두 아들은 점점 돼지우리 같은 집에서 돼치처럼 먹고 치우지 않고 살아갔어요. 엄마가 돌아오기를 간절히 기다리며 먹을 것이 다 떨어졌을 때 엄마에게 "제발 돌아와 주세요."라고 외쳤고 가족의 간절한 부탁에 엄마는 돌아왔어요. 그 후 피콧씨와 두 아이들은 엄마 일을 잘 돕는 다정한 아빠와 아들이 되었어요.				

전개	• 동화의 내용에 대해 이야기 나눈다. – 엄마는 왜 편지를 남겨 두고 집을 떠났을까요? – 여러분이 엄마라면 기분이 어떠했을 것 같나요? – 아빠와 아이들은 왜 "제발 돌아와 주세요!"라고 말했을까요? • 동극에 필요한 역할과 소품에 대해 이야기한다. • 역할을 맡아서 동극으로 실시하면서 역할을 이해한다. • 동극이 끝난 후 자신이 맡았던 역할을 이야기한다.
마무리	• 동극을 하고 난 후의 소감을 이야기한다. – 여러분이 주인공 엄마의 아들이라면 힘든 엄마를 위해서 어떤 말을 해 줄 수 있나요? – 여러분이 주인공 엄마의 자녀라면 고생하는 엄마를 어떻게 도와줄 수 있나요? – 집에 가서 가족들과 어떤 일을 서로 도우면 좋을까요? – 다시 집에 돌아와서 가족들의 도움을 받았을 때 엄마는 어떤 기분일까요?
표상하기 (사후활동)	• 가정에서 가족들이 집안일을 어떻게 분담하고 있는지 조사해 보고, 알아본 내용을 토대로 역할 분담이 필요한 부분을 역할극을 통해 알아본다. • 가정에서 내가 도울 수 있는 일을 실천하고 실천한 내용을 유치원에서 이야기 나눈다.
평가	• 극놀이를 통해 엄마의 어려움에 대해 이해하고 공감하였는가? • 가족과 협력해야 할 일이 있음을 알게 되었는가? • 극놀이의 소품, 무대 준비에 역할을 나누고 협력하여 준비하였는가?

유아들의 반응

극놀이 활동 후 하원준비 중

유아 1: 우리 오늘 놀이터에서 만나자!
유아 2: 난 오늘 집에서 엄마 도와줄거야.
유아 1: 어떤 거 도와줄 건데?
유아 2: 엄마가 도와 달라고 하는 거.
유아 1: 그럼 오늘은 나도 엄마 도와 드려야겠다.

활동모습

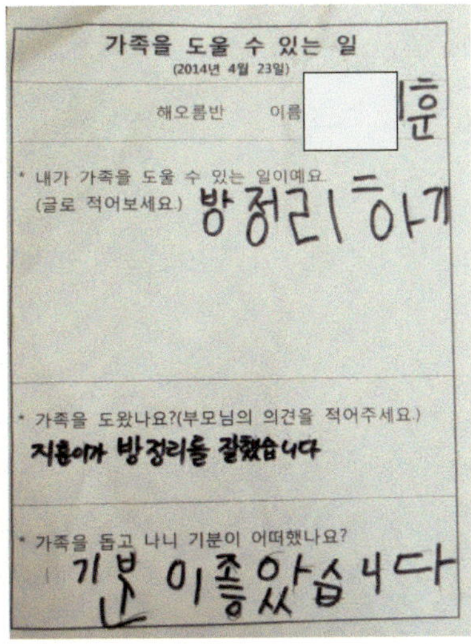

가족을 도울 수 있는 일
(2014년 4월 23일)

해오름반 이름 훈

* 내가 가족을 도울 수 있는 일이예요.
(글로 적어보세요.) 방정리하기

* 가족을 도왔나요?(부모님의 의견을 적어주세요.)
지훈이가 방정리를 잘했습니다

* 가족을 돕고 나니 기분이 어떠했나요?
기분 이좋았습니다

활동의 유의점

가정에서 가족을 도울 수 있는 일을 정할 때 유아가 실천 가능한 것으로 정할 수 있도록 한다.

형님이 된 것을 축하해요

활동 선정 배경

동생이 태어나 소외감을 느끼는 유아에게 형님이 된 것에 대한 긍지를 높여 주며 형님의 역할을 알고 실천할 수 있도록 이 활동을 선정하였다.

활동목표

형님이 된 유아가 동생에 대한 긍정적인 마음을 가질 수 있다.
가족을 위해 할 수 있는 것을 알고 실천한다.

활동계획안

활동명	형님이 된 것을 축하해요	활동형태	이야기나누기	생활주제	나와 가족
대상연령	만 3, 4, 5세				
인성요소	배려, 나눔, 존중				
활동자료	동생 사진, 빵				
활동과정	활동내용				
도입	• 새로운 가족이 생긴 유아를 소개한다. - ○○ 가족에게 누가 새로 생겼나요? • 동생이 생긴 유아가 앞으로 나와 앉는다.				
전개	• 동생이 생겨 형님이 된 유아를 축하해 준다. - ○○아, 형님이 된 것을 축하해! • 동생이 생긴 유아는 친구들에게 준비해 온 동생 사진을 보여주며 소개한다. - ○○의 동생 이름은 무엇인가요? - 언제 태어났나요? - ○○는 어떻게 생겼나요? - 동생이 태어나서 달라진 점은 없나요? • 형님이 되어서 좋은 점(힘든 점)에 대해 이야기 나눈다. - ○○가 태어나서 ○○의 기분은 어떤가요? - 혹시 좋은 점(힘든 점)은 없나요? • 형님이 되어서 할 수 있는 일을 이야기 나눈다. - ○○은 형님이 되어 어떤 것을 할 수 있나요?				
마무리	• 유치원에서 준비한 선물(동생이 태어난 내용이 담긴 그림책)을 증정한다.				

	– 형님이 된 ○○ 축하해요. – 집에 가서 부모님과 보면 좋을 것 같아요. • 함께 간식을 나누어 먹으며 형님이 된 유아를 축하해 준다.
표상하기 (사후활동)	• 형님이 된 유아에게 형님이 된 것을 축하하는 편지를 쓴다.
평가	• 동생이 태어나는 것에 대해 긍정적으로 인식하였는가? • 형님이 되어 할 수 있는 일에 대해 알았는가?

유아들의 반응

형님 축하파티 예 (만 3세)

형님 축하파티를 하기 전

교　사: 어머님, 안녕하세요? ◇◇이 동생이 태어난 지 얼마 안 되었다고 들었어요.

학부모: 네, 이제 한 달 정도 되었네요.

교　사: ◇◇가 형님이 된 것을 축하해 주려고요.

학부모: 감사합니다. ◇◇가 많이 좋아하겠어요. ◇◇가 동생을 조금 질투하는 것 같아 걱정이 되긴 했어요.

교　사: 동생이 생긴 것을 축하해 주면서 ◇◇에게 형님이 된 것은 자랑스러운 일이라는 것을 이야기 많이 해 줘야겠어요.

학부모: 신경 써 주셔서 감사합니다.

〈전화상담 일지 중〉

형님 축하파티를 하고 난 후

교　사: 오늘 형님 축하파티를 할 때 ◇◇가 동생 사진을 보여주면서 이름도 말해 주고 동생 사진 속의 표정도 설명해 주었어요.

학부모: ◇◇가 집에 와서도 정말 많이 좋아했어요.

교　사: 그래요? ◇◇가 동생사진을 보며 설명을 하다가 "동생을 때려서 엄마한테 혼난 적이 있어요"라고 이야기했답니다.

학부모: 네, 갑자기 동생얼굴을 '콩'하고 때린 적이 있어요. 동생이 태어나고 나서 질투심이 많이 생겼어요. 그런데 오늘 형님 축하파티를 해서인지 집에 와서는 동생을 많이 안아 주었어요.

교　사: 그랬군요. 형님 축하파티를 하면서 동생을 어떻게 돌봐 줄 수 있는지 물어 보니 안아도 주고, 맘마도 먹여 주어야 한다고 이야기했어요. 친구들이 모두 ◇◇에게 언니가 된 것을 축하한다고 이야기해 주니 웃으면서 기뻐했어요.

학부모: ◇◇가 집에서도 매우 좋아하네요.

교　사: ◇◇가 앞으로도 동생을 사랑하는 마음이 커지고, 언니가 된 것을 자랑스러워 하도록 유치원에서도

이야기 많이 해 줄게요.

학부모: 오늘 책도 선물해 주시고 너무 감사드립니다.

〈전화상담 일지 중〉

교　사: 요즘 ◇◇는 가정에서 어떻게 지내고 있나요?

학부모: 이제 주위사람들만 보면 동생이 있다고 이야기해요. 그러면서 "엄마, □□(동생이름) 좀 보여줘"라고 이야기하면서 동생 이야기도 많이 해요. 동생에 대한 질투심도 많이 줄어든 것 같아요. 동생도 잘 안아 주고 예뻐해 주는 게 보여요. 또 유치원에서 주신 책도 읽으면서 도움이 많이 된 것 같아요.

교　사: ◇◇가 동생을 좋아하게 된 것 같아 다행이에요.

학부모: 선생님, 정말 감사드립니다.

〈전화상담 일지 중〉

형님 축하파티 예 (만 4세)

형님 축하파티를 하기 전

교　사: △△가 오늘 동생이 태어나는 날이라고 이야기해 주었어요. 출산 축하드려요. 순산하셨지요?

학부모: 건강하게 잘 태어났어요. 저는 조리원에서 있어요.

교　사: 그동안 △△는 누구와 지내나요?

학부모: △△가 2주 정도 할머니와 지낼 거예요. 할머니께 △△가 챙겨야 하는 준비물을 말씀드리기는 했는데 준비물을 잘못 챙겨갈까 봐 걱정이에요.

교　사: △△가 유치원에서도 할머니에 대해 많이 이야기해 주었는데 워낙 할머니에 대한 사랑도 크고, 좋아하는 것 같아요. 저도 △△가 잘 지낼 수 있도록 보살피도록 하겠으니 너무 염려 마세요.

학부모: 많이 신경 써 주시기 바라요. 감사합니다.

〈전화상담 일지 중〉

형님 축하파티를 하고 난 후

교　사: △△가 형님 축하파티를 잘 했어요. 형님 축하파티에 대한 기대가 컸는지 등원할 때부터 "오늘 내 파티하는 날이지요?"라고 물어 보았어요.

학부모: 아침에 파티인데 오늘 케이크는 안 가지고 가는 거냐며 케이크를 가져가야 할 것 같다고 이야기 했어요.

교　사: 그래요? △△가 동생 소개도 멋지게 했어요. 친구들이 동생을 돌봐 주는 방법을 알려주었는데 아가들은 딸랑이를 흔들어 주거나 까꿍이라고 해 주면 좋아한다고 놀아 주는 방법도 이야기해 주었어요.

학부모: 안그래도 유치원 끝나고 집에 오자마자 동생 옆에서 떨어지지 않고 있어요.

교 사: △△가 동생을 돌봐 주고 싶다고 이야기하자 친구들이 우리는 어린이라서 기저귀를 갈거나 우유를 먹이는 것을 할 수 없고 놀아 주거나 토닥여 주는 것만 된다고 알려주니 엄마께서도 안아 주는건 어른들이 할 수 있다고 하셨다고 이야기하네요.

학부모: 동생을 계속 안아 보고 싶어해서 △△가 조금 더 크면 할 수 있다고 이야기했거든요. 동생은 '까꿍'을 좋아한다고 말했다고 이야기해 주었어요.

교 사: 동생 △△를 더욱 소중하게 여기고 잘 돌봐 줄 뿐 아니라 형님이 된 것에 자긍심을 느낄 수 있도록 지속적으로 이야기해 주도록 할게요.

학부모: △△에게도 좋은 경험이 되었던 것 같아요. 감사합니다.

〈전화상담 일지 중〉

활동모습

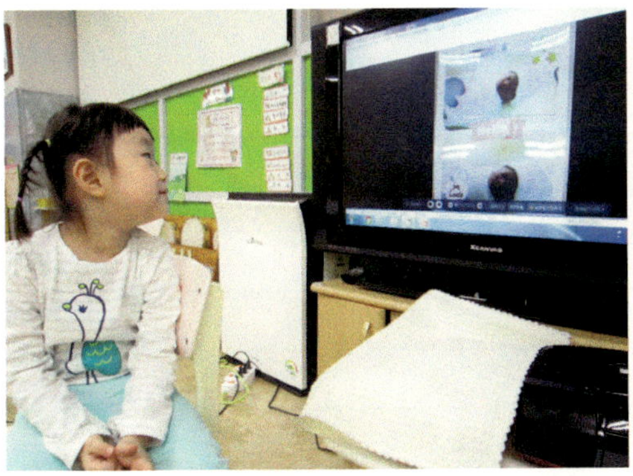

효 실천카드

활동 선정 배경

우리 유치원에서는 가정에서 효를 실천할 수 있는 방법으로 월 1회 효 실천카드 활동을 실시하고 있다. 매월 8일 '효의 날'을 정해 각 반에서 어린이들은 자신이 가정에서 실천할 수 있는 활동을 카드에 기록하고, 직접 가정에서 실천한 후 실천결과를 기록하여 지속적으로 실천 가능한 효를 계획하고 지킬 수 있도록 활동을 선정하게 되었다.

활동목표

일상생활 속에서 '효'를 실천하다.
가정 연계 실천 활동을 통하여 효 실천의 기쁨을 느낀다.

활동계획안

활동명	효 실천카드	활동형태	자유선택활동 (언어영역)	생활주제	나와 가족
대상연령	만 3, 4, 5세				
인성요소	효				
활동자료	효 실천카드				
활동과정	활동내용				
도입	• 지난번 실천했던 효 실천카드를 보며 이야기한다. - 여러분 지난 달에 어떤 효를 실천했나요? - 효를 실천하고 난 후 어떤 느낌이 들었나요? - 부모님이나 조부모님께 어떤 이야기를 들었나요? - 실천할 때 어려운 점은 없었나요?				
전개	• 새롭게 시도하고 싶은 효를 이야기한다. - 이번 달 내가 실천하고 싶은 효는 무엇인가요? - 왜 그 효를 실천하고 싶었나요?				
마무리	• 내가 실천하고 싶은 효를 실천카드에 적는다.				
표상하기 (사후활동)	• 효도쿠폰을 만들어 본다.				
평가	• 자신이 계획했던 효를 올바르게 실천하였는가? • 실천 가능한 효 활동을 계획하였는가?				

유아들의 반응

만 5세 어린이의 예

학부모: 이번 학부모 참여수업 참 좋았어요.
교 사: 감사합니다. ○○가 열심히 참여해 주어서 대견했어요.
학부모: 맞아요. 우리 ○○가 유치원에서 많이 자란 것 같아요. 참여수업 때 게임해서 힘들게 번 코인으로 마트에 가서 사고 싶은 것을 사라고 했거든요. 근데 할아버지 드린다고 마트에서 홍삼캔디를 먼저 골라서 사는 거 있죠.
교 사: 역시 우리 ○○ 멋져요.
학부모: 그래서 이번 효 실천카드는 '할아버지께 선물 드리기'로 했어요.
교 사: 정말요? 할아버지가 ○○ 무척 대견하다고 하셨겠어요.
학부모: 네. 할아버지가 고맙다고 하시면서 얼마나 기특해하셨는지 몰라요.
교 사: 저도 ○○ 만나면 칭찬 많이 해 줄게요.

〈전화상담 내용 중〉

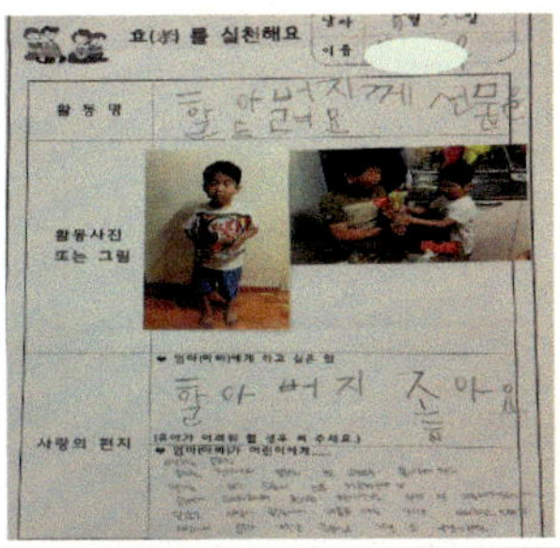

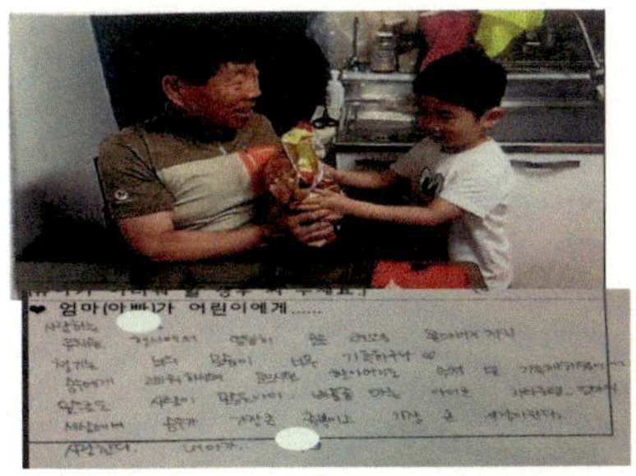

만 4세 어린이의 예

□□가 효 실천지를 교사에게 보여 준다.
교 사: (효 활동지를 보며) 00는 어떤 효를 실천했나요?
□ □: 아빠께 안마해 드렸더니 고맙다고 하셨어요.
나도 기분이 좋아서 다음에 또 해 드리고 싶었어요.
교 사: 여기 중에서 어떤 효를 실천할 때 가장 기뻐하셨나요?
□ □: 정리 정돈해서 부모님이 기뻐하실 때 가장 기분이 좋았어요.
□ □: 제가 밥을 잘 먹으면 엄마가 좋아하세요.
교 사: 왜요?
□ □: 키가 쑥쑥 크니까요.
신발 정리하기, 아빠랑 목욕하기, 책읽기를 하면 부모님이 좋아해요.
교 사: □□가 효 실천을 아주 멋지게 해냈네요. 잘했어요.

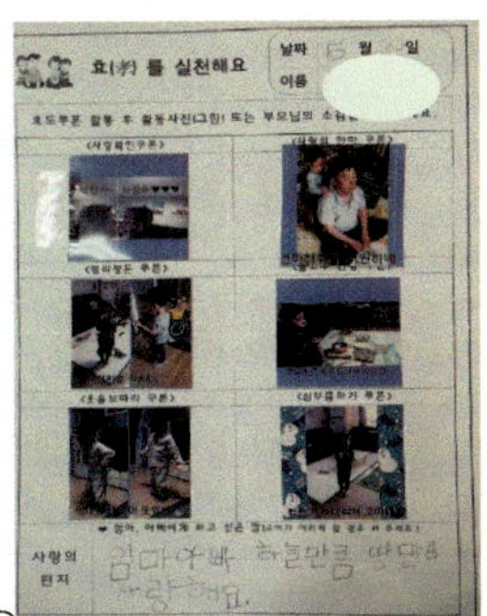

〈5월 효 실천카드 중〉

만 3세 어린이의 예

◍ ◍: (효 활동지를 꺼내며) 선생님 나 이거 해 왔어요.

교 사: (효 활동지를 보며) ◍◍가 안마해 드릴 때 기분이 어땠나요?

◍ ◍: 좋았어요. 하나도 안 힘들었어요.

교 사: 엄마가 뭐라고 하셨는데요?

◍ ◍: ◍◍이 착하다. 그랬어요. 내가 노래도 불렀어요. 율동도 하고요. '나비야' 불렀어요.

교 사: 쿠폰사용은 다했는데 엄마, 아빠를 위해 또 언제 효도할 수 있나요?

◍ ◍: 엄마 금요일에 일 끝나고 오시면 안마해 드릴 거예요.

교 사: 부모님을 위해 또 어떤 것을 해드릴 수 있을까요?

◍ ◍: 엄마가 해 주신 음식을 차릴 때 반찬 놓는 것을 도와 드릴 거예요. 그리고 맛있게 골고루 먹는 거예요.

〈5월 효 실천카드 중〉

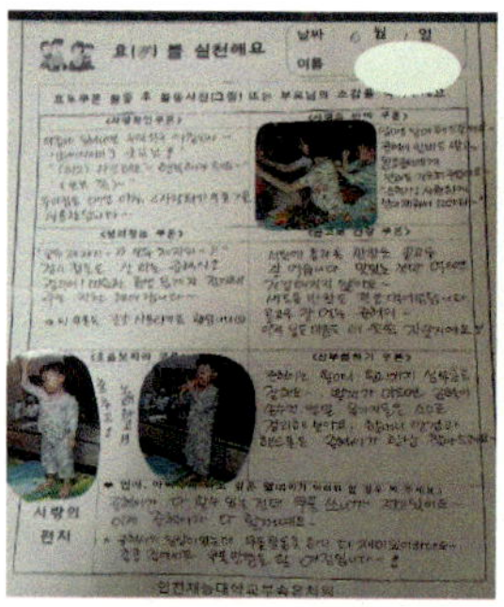

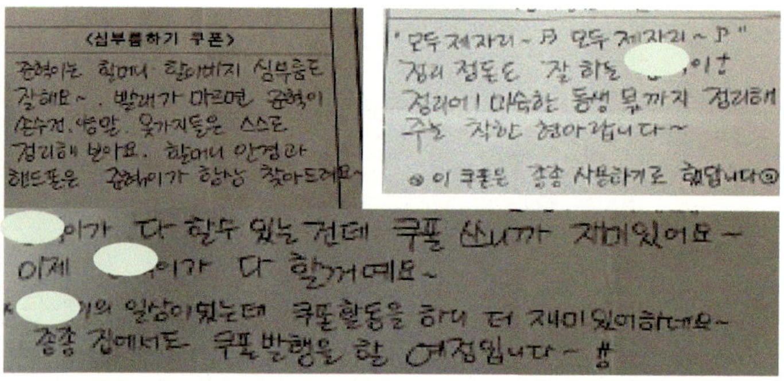

활동모습

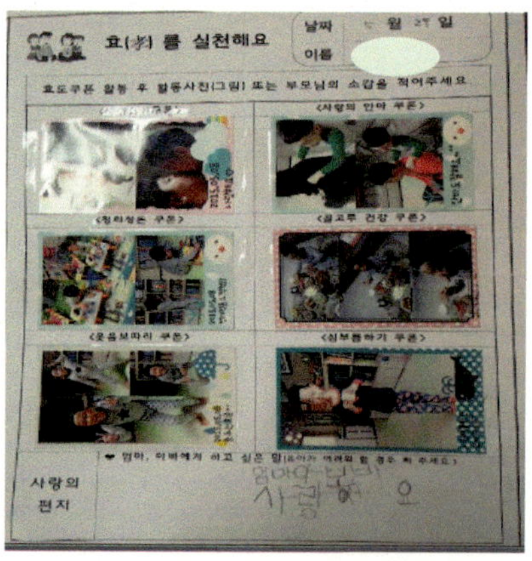

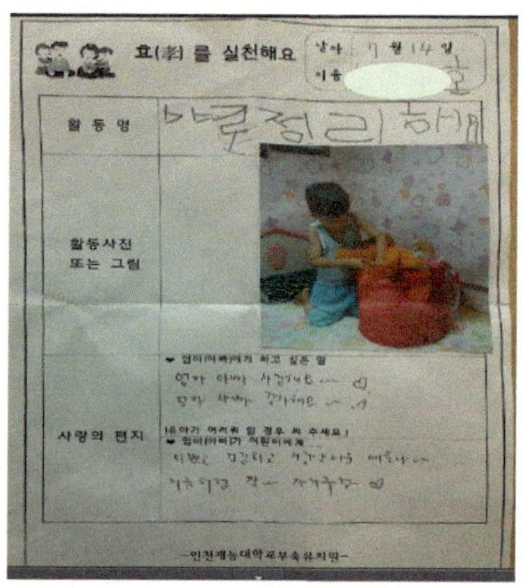

활동의 유의점

유치반은 유아들의 개별적인 생각을 존중하여 자신이 실천할 수 있는 효를 직접 생각해 보고 실천하도록 한다.
유아들이 평소 생활 속에서도 효를 실천해야 하는 부분에 대해 고민할 수 있는 기회가 되도록 한다.
쓰기가 어려운 유아들에게는 교사가 도움을 준다.
만 3세의 유아들의 경우 전체 유아들과 이야기 나눈 후 효 실천내용을 작성한다.

〈효 실천카드의 예시〉

효(孝)를 실천해요

날짜	월 일
이름	

활동명	
활동 사진 또는 그림	
사랑의 편지	❤ 엄마(아빠)께 드리고 싶은 말 (유아가 어려워할 경우 써 주세요.)
	❤ 엄마(아빠)가 어린이에게……

– 인 천 재 능 대 학 교 부 속 유 치 원 –

효(孝)를 실천해요

날짜	월 일
이름	

효도쿠폰 활동 후 활동사진(그림) 또는 부모님의 소감을 적어 주세요.

<사랑확인 쿠폰>	<사랑의 안마 쿠폰>
<정리정돈 쿠폰>	<골고루 건강 쿠폰>
<웃음보따리 쿠폰>	<심부름하기 쿠폰>

사랑의 편지	❤ 엄마, 아빠께 드리고 싶은 말(유아가 어려워할 경우 써 주세요.)

– 인 천 재 능 대 학 교 부 속 유 치 원 –

〈효도쿠폰 예시〉

❤ 엄마, 아빠께 드립니다 ❤

효도 쿠폰

*쿠폰을 잘라서 사용하세요.

<사랑확인 쿠폰>

뽀뽀하며"사랑해요"하고 말합니다.

❤유효기간:2015년 5월 31일까지

❤사용법: 1일 1회

<사랑의 안마 쿠폰>

5분 동안 안마 시원하게 해 드립니다.

❤유효기간: 2015년 5월 31일까지

❤사용법: 1일 1회

<정리정돈 쿠폰>

집안을 반짝반짝해지도록 청소합니다.

❤유효기간: 2015년 5월 31일까지

❤사용법: 1일 1회

<골고루 건강 쿠폰>

음식을 편식하지 않고 골고루 먹겠습니다.

❤유효기간: 2015년 5월 31일까지

❤사용법: 1일 1회

<웃음보따리 쿠폰>

나의 장기를 보여 드립니다.(노래, 춤 등..)

❤유효기간: 2015년 5월 31일까지

❤사용법: 1일 1회

<심부름하기 쿠폰>

무엇이든 기쁜 마음으로 심부름을 합니다.

❤유효기간: 2015년 5월 31일까지

❤사용법: 1일 1회

– 인 천 재 능 대 학 교 부 속 유 치 원 –

아우인형을 입양해요

활동 선정 배경

유아들과 함께 '나눔'에 대해 이야기를 나누던 중 우리나라보다 어려운 다른 나라를 도와주기 위한 방법을 알아보았다. '나눔'을 실천할 수 있는 방법으로 유니세프에서 주최하는 '아우인형 만들기'를 알게 되었고 각 반마다 유아들과 함께 '아우인형'을 만들고 돌보는 활동을 하게 되었다.

활동목표

나눔을 실천할 수 있는 다양한 방법이 있음을 안다.
아우인형을 입양하여 정성껏 돌보아 준다.

활동계획안

활동명	아우인형을 입양해요	활동형태	자유선택활동 (미술영역)	생활주제	나와 가족
대상연령	만 3, 4, 5세				
인성요소	나눔				
활동자료	아우인형				
활동과정	활동내용				
도입	• '나눔'에 대해 이야기한다. – 우리보다 힘들고 어려운 친구들을 도울 수 있는 방법은 어떤 것이 있을까요? – 물건을 모으거나 기부를 하는 것 말고도 나눔을 할 수 있는 방법은 없을까요?				
전개	• 꾸미지 않은 아우인형을 보며 이야기 나눈다. – 이것은 무엇일까요? – 이 인형의 이름은 무엇일까요? – 무엇을 하는 인형일까요? • 아우인형에 대해 소개한다. – 아우인형을 입양하게 되면 입양한 후원금으로 어려운 나라의 어린이들을 도와줄 수 있고 우리는 이 인형을 동생처럼 돌봐 주는 거예요. • 아우인형 만드는 방법에 대해 이야기 나눈다. – 아우인형을 어떻게 만들면 좋을까요? • 아우인형을 만들기 전 어떻게 만들면 좋을지 어린이들이 직접 스케치한다.				
	• 스케치한 그림을 보며 이야기 나눈다. – 머리 색깔은 무슨 색으로 할까요?				

	– 옷은 어떻게 만들까요? – 이름은 무엇으로 할까요?
마무리	• 완성된 아우인형을 유니세프 홈페이지에 등록한다.
표상하기 (사후활동)	• 친구들 간에 동생이 태어난 것을 축하하는 편지를 쓴다.
평가	• 다양한 나눔의 형태에 대해 알았는가? • 나눔의 의미를 알고 실천할 수 있는가?

유아들의 반응

'아우인형을 처음 만났을 때'

교 사: 오늘 우리 교실에 아우인형이 왔어요. 어때요?
유 아: 이 인형은 왜 피부색이 달라요? 그리고 또 아무것도 없어요.
교 사: 다른 나라의 인형이라서 그래요. 그래서 우리가 아름답게 꾸며 줘야 해요.
유 아: 저랑 피부색이 달라서 이상해요.
교 사: 우리나라 사람들과 다른 나라 사람들의 피부색은 다르니까요.
우리가 아우인형을 꾸며 주면 예뻐질 거예요.
유 아: 네.
교 사: 우리 같이 아우인형의 이름과 성별, 생년월일, 출생지를 정해 주도록 해요.

처음에는 유아들이 다른 피부색의 인형을 보고 거부하는 느낌이 있었지만 이유를 설명해 주고 아우인형의 이름과 성별, 출생지, 생년월일 등을 정해 주면서 아우인형에 대해 관심을 갖기 시작하였다.

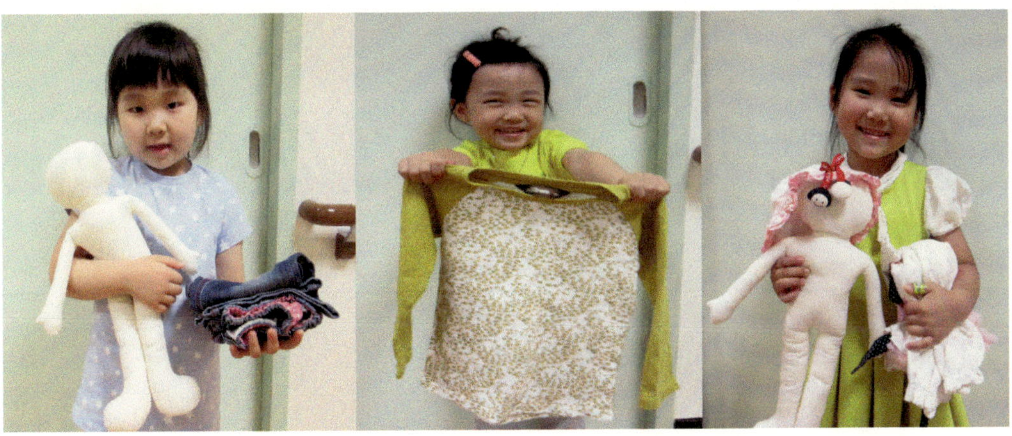

아우인형을 데리고 노는 유아들의 모습

유아들이 완성된 아우인형의 이름을 불러 주며 역할놀이영역에서 놀이를 할 때에도 아우인형과 같이 놀이를 하는 모습을 볼 수 있었다.

유아 1: 써니야 내가 밥을 줄게. 너는 유치원에 있으니까 아침을 못 먹지?
유아 2: 그래? 그러면 나는 빵을 만들어 줄래. 너는 써니한테 무엇을 만들어 줄거야?
유아 1: 나는 맛있는 밥과 국, 반찬을 만들어 줄게.
유아 2: 그런데 써니는 어디서 자는 걸까?
유아 1: 그러게. 선생님 써니는 어디서 잠을 자요?
교 사: 써니가 어디에서 잠을 자면 좋을까요?
유아 2: 저희가 집에 갈 때 써니를 언어영역 쿠션에다가 눕혀 놓고 이불을 덮어 주고 갈래요.
교 사: 그래요. 그렇게 하면 써니도 좋아할 것 같아요.

유아들이 아우인형에 대해 관심이 많아지고 음식도 만들어 주며 그림을 그릴 때에도 화장실을 갈 때에도 아우인형을 챙기는 모습을 볼 수 있었고, 아우인형이 어디서 자는지 밥은 먹었는지 궁금해하는 모습을 볼 수 있었다.

활동모습

활동의 유의점

아우인형의 피부색이 다름을 이야기하고 어린이들이 이해할 수 있도록 충분히 설명한다.

아우인형이 단순히 인형이 아닌 우리가 보살펴 주고 돌봐 주어야 하는 존재로 생각할 수 있도록 이야기 나눈다.

〈아우인형 제작서〉

<table>
<tr><th>활동자료</th><th colspan="2">아우인형, 바늘, 실(빨간색, 하얀색, 검정색), 옷(어린이가 가지고 온 옷), 털실, 가위</th></tr>
<tr><td rowspan="3">제작방법</td><td>설명</td><td>사진</td></tr>
<tr><td>〈아우인형 이름짓기 & 아우인형 구성하기〉
• 어린이들과 함께 아우인형 이름, 성별, 출생지, 생일, 나이를 정해 본다.
• 어린이들이 직접 아우인형 옷과 머리를 디자인해 준다.</td><td>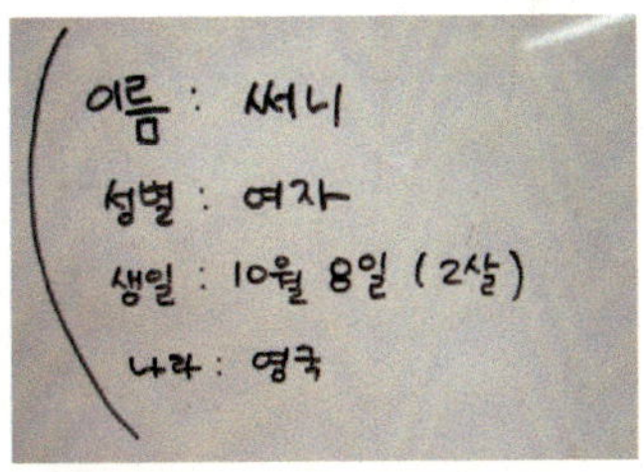
</td></tr>
<tr><td>〈아우인형 머리 만들기〉
1. 털실을 길게 손에 감는다.
2. 많이 감은 후 아우인형 머리에 꿰맨다.
3. 중앙을 꿰맨 후 양 쪽 옆을 실과 바늘을 이용해서 고정한다.
4. 머리를 예쁘게 딴 후 리끈으로 묶는다.</td><td>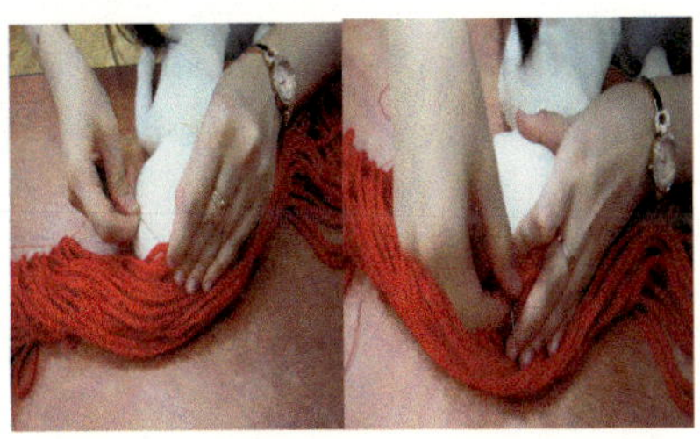</td></tr>
</table>

	〈아우인형 눈 · 코 · 입 만들기〉 1. 아우인형 얼굴에 네임펜으로 눈과 코를 그린다. 2. 바늘과 검정색실을 이용해 꿰맨다. 3. 아우인형 얼굴에 바늘과 빨간색 실을 이용해 입을 만든다.	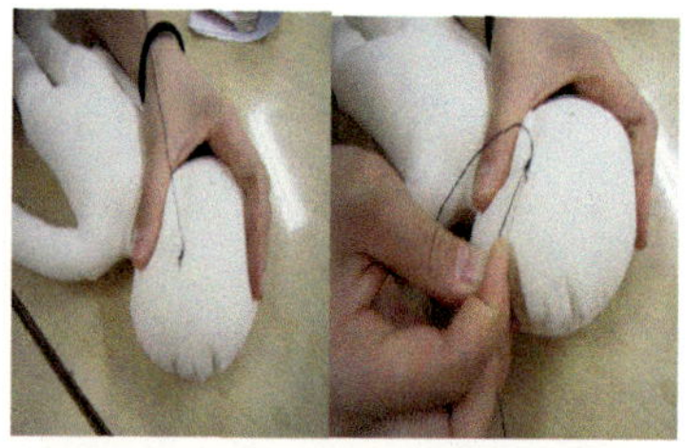
	〈아우인형 옷 만들기〉 1. 어린이들이 가지고 온 옷으로 옷의 도안을 그린다. 2. 가위를 이용해 자르고 바늘과 실을 이용해 꿰맨다.	
	〈아우인형 출생신고하기〉 • 유니세프 홈페이지에 들어가 아우인형 출생 신고를 어린이들과 함께 한다.	
완성된 아우인형		

〈반별 아우인형 소개〉

이름: 사랑이 출생지: 대한민국 인천 생년월일: 2010년 6월 18일 성별: 여아	이름: 별이 출생지: 가나 생년월일: 2015년 6월 25일 성별: 남아	이름: 별이 출생지: 대한민국 생년월일: 2010년 6월 22일 성별: 여아
해오름	달오름	별오름

이름: 구름이 출생지: 대한민국 생년월일: 2015년 6월 18일 성별: 여아	이름: 해솔 출생지: 대한민국 생년월일: 2015년 6월 22일 성별: 남아	이름: 써니 출생지: 영국 생년월일: 2013년 10월 28일 성별: 여아
풀향기	솔향기	꽃향기

이름: 토미 출생지: 대한민국 생년월일: 2012년 3월 4일 성별: 여아	이름: 사랑이 출생지: 대한민국 생년월일: 2015년 6월 28일 성별: 여아	이름: 리니 출생지: 대한민국 생년월일: 2012년 8월 29일 성별: 여아
숲 속 토끼	숲 속 사슴	숲 속 다람쥐

【우리 동네】

이웃이 생겼어요

활동 선정 배경

'이웃사촌'은 '비록 남남끼리라도 서로 이웃하여 다정하게 지내면 사촌과 같이 가깝게 됨을 이르는 말'이다. 예전에는 이러한 용어가 빈번하게 사용될 정도로 이웃과 친밀한 관계를 이루기도 하였는데 지금은 층간소음, 다른 사람에 대한 경계심 등으로 인해 이웃 간의 거리는 점점 멀어지고 있다. 이에 따라 우리 유치원에서는 생활주제 '우리 동네'를 진행하면서 우리 주변의 이웃에 관심 가지고 이웃 간에 서로 지켜야 할 예절에 대해 알아보고자 이 활동을 선정하게 되었다.

활동목표

주변의 이웃에게 관심을 갖고 배려하는 마음을 갖는다.

주변의 이웃에게 내 마음을 표현하는 방법을 안다.

활동계획안

활동명	이웃이 생겼어요	활동형태	동화	생활주제	우리 동네
대상연령	만 3세				
인성요소	존중, 배려				
활동자료	그림책 「이웃이 생겼어요!」(키시라 마유코 글, 키위북스 출판사)				
활동과정	활동내용				
도입	• 동화 표지 속 두 집을 보며 이야기한다. – 이 그림 속에 무엇이 있나요? – 누가 살고 있는 집일까요? – 동화 속에서 어떤 일이 일어날 것 같나요?				
전개	• 「이웃이 생겼어요」 동화를 들어 본다. 〈동화내용〉 깊은 숲 속 집 두 채가 있었는데 빨간 지붕집에는 꼬꼬가 살고 파란 지붕집에는 아무도 살지 않았어요. 꼬꼬가 혼자 즐겁게 살고 있던 중 어느 날 옆집에 이웃이 생겼어요. 이웃이 생기자 꼬꼬는 기뻐하며 옆집을 기웃거렸지만 여러 날이 지나도록 만나지 못했어요. 그래서 꼬꼬는 집에 초대한다는 편지를 써서 옆집 문에				

	붙였고, 그날 밤 편지를 본 올빼미는 기뻐했어요. 올빼미도 인사를 하고 싶었지만 꼬꼬와 반대로 해가 지면 일어나기 때문에 만날 수 없었어요. 올빼미는 내일 집에 가겠다고 답장을 써서 꼬꼬의 집에 붙여 두었어요. 다음 날 꼬꼬는 올빼미를 맞이할 준비를 하고 계속 기다렸고, 올빼미도 어두워지기를 기다렸어요. 서로 기다리다 문을 열고 마주치게 되며 그 동안 둘이 왜 만날 수 없었는지 알게 되었어요. 그 후로 꼬꼬와 올빼미는 두 집 사이에 알림판을 만들어 서로 이야기를 주고받으며 사이좋게 지냈어요. • 동화의 내용을 회상하며 내가 만약 꼬꼬(올빼미)라면 알림판에 어떤 말을 쓰고 싶은지 이야기한다. – 여러분이 만약 꼬꼬라면 올빼미에게 어떤 말을 전해 주고 싶나요? – 여러분이 만약 올빼미라면 꼬꼬에게 어떤 말을 전해 주고 싶나요? • 이웃이 생기면 어떤 점이 좋을지 이야기한다. – 이웃이 생기면 어떤 점이 좋을까요? – 이웃에게 내 마음을 전하려면 어떻게 하면 좋을까요? – 꼬꼬와 올빼미처럼 이웃에게 하고 싶은 이야기가 있나요?
마무리	• 우리 반이 전하고 싶은 말을 어떻게 전달할지 생각해 본다. – 동화 속에서 꼬꼬가 올빼미에게 하고 싶은 이야기를 알림판에 적은 것처럼 우리가 하고 싶은 이야기를 그림편지로 전달해 보도록 해요.
표상하기 (사후활동)	• 이웃반에게 편지를 써서 주고받는다.
평가	• 주변 이웃에게 관심을 갖고 있는가? • 다른 사람을 배려하는 마음을 갖고 있는가?

이웃에게 편지를 써요

활동 선정 배경

유아들이 유치원 생활을 할 때 복도나 식당에서 다른 반을 만날 수는 있지만 함께 이야기를 나누는 경험을 하기가 어렵다. 이에 「이웃이 생겼어요」 동화의 주인공처럼 편지를 써서 이웃반에 전하기로 하였다.

활동목표

내 마음을 글이나 그림으로 표현할 수 있다.

주변의 이웃에게 관심을 갖고 배려하는 마음을 갖는다.

활동계획안

활동명	이웃에게 편지를 써요	활동형태	자유선택활동 (언어영역)	생활주제	우리 동네
대상연령	만 3세				
인성요소	존중, 배려				
활동자료	그림책 「이웃이 생겼어요!」(키시라 마유코 글, 키위북스 출판사), 도화지, 그리기 도구(크레파스, 색연필), 꾸미기 재료				
활동과정	활동내용				
도입	• 동화의 내용을 회상하며 내가 만약 꼬꼬라면 (올빼미라면) 알림판에 어떤 말을 쓰고 싶은지 이야기한다. – 여러분이 꼬꼬라면 올빼미에게 어떤 말을 전해 주고 싶나요? – 만약 올빼미라면 꼬꼬에게 어떤 말을 전해 주고 싶나요? • 이웃이 생기면 어떤 점이 좋을지 이야기한다. – 이웃이 생기면 어떤 점이 좋을까요? – 이웃에게 내 마음을 전하려면 어떻게 하면 좋을까요?				
전개	• 우리 반이 이웃반에게 전하고 싶은 말을 어떻게 전달할지 생각해 본다. – 우리 반이 이웃반에게 하고 싶은 이야기가 있나요? – 그림편지를 받으면 이웃반의 기분은 어떨까요? – 오늘은 동화 속에서 꼬꼬가 올빼미에게 하고 싶은 이야기를 알림판에 적은 것처럼 이웃반들에게 우리가 하고 싶은 이야기를 그림편지로 전달해 줄 거예요. • 도화지와 그리기 도구를 이용하여 언어영역에서 그림편지를 써 본다. • 그림편지를 어떻게 전해 줄지 이야기한다. – 우리가 만든 그림편지를 어떻게 전달해 줄까요? • 편지를 전해 줄 방법을 이야기하고, 이웃반에게 편지를 전달해 준다.				

마무리	• 그림편지를 전달하고 난 느낌을 이야기한다. – 그림편지를 전해 주었는데 편지를 전해 주는 기분이 어떠했나요? – 받는 사람의 기분은 어떠했을까요? – 편지 말고도 이웃에게 나의 마음을 전할 방법에는 무엇이 있을까요?
표상하기 (사후활동)	• 이웃반과 편지를 지속적으로 주고받는다.
평가	• 전하고 싶은 마음이나 말을 글이나 그림으로 표현할 수 있는가? • 주변 이웃에게 관심을 갖고 있는가? • 다른 사람을 배려하는 마음을 갖고 있는가?

유아들의 반응

「이웃이 생겼어요」 동화를 듣고 난 후 교사와의 상호작용

교 사: 여러분, 우리도 닭과 올빼미처럼 이웃반에게 편지를 써 볼까요?
유 아: (종이를 받아가며) 난 해오름반에게 쓸거야.
교 사: ○○는 누구에게 쓰는 거예요?
유 아: 난 해오름반이요.
교 사: 왜 해오름반 형님들에게 편지를 쓰고 싶었어요?
유 아: 예전에 해오름반 형님이랑 빵 만들기를 하는데 형님들이 도와줬어요.
교 사: 그래요? 어떤 형님들이 무엇을 도와주었나요?
유 아: 빵 만드는 거 어려운데 빵을 납작하게 미는 것도 같이 해 주고 만든 것도 입에 넣어 줬어요.
교 사: 그렇군요. 어떤 형님이 그렇게 잘 도와줬어요?
유 아: ○○ 언니가요. ○○ 언니가 나랑 놀이도 같이 해 줬어요. 난 ○○ 언니한테 예쁜꽃 그려서 줄거예요.

잠시 후 해오름반으로 가서 직접 편지를 전해 주고 온다.

유 아: ○○ 언니가 고맙대요.

〈2014. 05. 14〉

활동모습

우리 동네 만들기

활동 선정 배경

우리 동네 주제로 활동을 하던 중 유아들은 우리 동네를 교실 안에 구성하자는 의견이 나왔고, 동네를 구성할 때에는 혼자서 하는 것보다는 여럿이 함께 모여 할 때 더 멋있는 동네가 구성될 것이라 생각하여 조를 짜고 조별로 동네를 구성하게 되었다.

활동목표

우리 동네에 있는 기관에 관심을 가진다.
친구들과 협력하는 과정에 적극적으로 참여한다.

활동계획안

<table>
<tr><th>활동명</th><td>우리 동네 만들기</td><th>활동형태</th><td>미술</td><th>생활주제</th><td>우리 동네</td></tr>
<tr><th>대상연령</th><td colspan="5">만 3세</td></tr>
<tr><th>인성요소</th><td colspan="5">협력, 배려, 존중</td></tr>
<tr><th>활동자료</th><td colspan="5">재활용품(우유곽, 상자, 요구르트병, 요플레통), 색종이, 꾸미기 재료, 점토</td></tr>
<tr><th>활동과정</th><th colspan="5">활동내용</th></tr>
<tr><th>도입</th><td colspan="5">• 각자 살고 있는 동네에 대해 이야기 나눈다.
– 여러분이 살고 있는 동네는 어떤 동네인가요?
– 동네에는 무엇이 있나요?
– 어떤 기관들이 있나요?</td></tr>
<tr><th>전개</th><td colspan="5">• 우리 반만의 동네를 구성해 볼 것을 제안한다.
– 우리 반 친구들이 만든 숲 속 동네를 만들어 보면 어떨까요?
• 5–6명으로 조를 나눈다.
• 조 친구들과 함께 역할을 분담하고 동네를 구성해 본다.

〈활동방법〉
① 조원들과 역할을 분담하여 동네를 구성해 본다.
(어떤 기관을 만들 것인지, 어떤 재료를 사용하여 만들 것인지, 기관의 이름은 누가 쓸 것인지, 동네 주변을 꾸며 줄 어린이는 누가 할 것인지, 동네 이름은 무엇으로 할것인지 등)
② 각자 만든 작품을 함께 모아 책상이나 공간을 마련하여 구성하여 본다.
③ 만들어진 공간을 살펴보고 부족하거나 수정할 점은 함께 이야기 나누어 수정하거나 더한다.</td></tr>
</table>

마무리	• 조별로 만든 동네를 소개해 본다. - 동네 이름은 무엇인가요? - 이 동네에는 무엇이 있나요? • 만들기를 하며 느낀 점을 이야기 나눈다. - 친구와 함께 협력하여 만들기를 해 보았는데 어떠했나요? - 좋았던 점이나 힘든 점은 없었나요?
평가	• 친구들과 함께 협력하여 우리 동네를 구성하였는가? • 다양한 동네 기관을 만들었는가?

유아들의 반응

자유선택활동 시간 미술영역에서

〈유아 1〉이 두 요구르트병을 붙이려고 한다.
유아 1: 요구르트병을 붙이려고 하는데 잘 안 되잖아. 〈유아 2〉가 〈유아 1〉에게 다가간다.
유아 2: 내가 요구르트병을 잡아 줄게 네가 붙여.
유아 1: (요구르트병 바닥을 맞대며) 이렇게 잡아 주면 내가 붙일게.
유아 2: 여기에다 붙여.
두 유아가 힘을 합쳐 요구르트병을 붙인다.

처음 활동을 할 때 개인별로 작품을 만들어 전시하였는데 각자 만든 것으로 구성하다 보니 동네를 구성할 때 더 필요한 것들이 생기게 되었다. 이 때부터 유아들은 만들어야 할 것들은 무엇이 있는지 함께 토의하고 결정하는 등 서로를 존중하고 배려하며, 협력하여 활동에 참여하는 모습을 볼 수 있었다.

활동모습

활동의 유의점

서로 협력하여 의견을 나누어 활동을 하도록 돕는다.

다양한 건물들이 나올 수 있도록 한다.

어린이도서관에 다녀왔어요

활동 선정 배경

우리 유치원에서는 유아들이 독서습관을 기르고 책을 통해 정서를 함양하기 위해 주 1회 도서대여활동을 실시하고 있다. 유치원에 있는 책뿐만 아니라 지역사회에 위치한 도서관을 방문하여 도서관에서 지켜야 할 약속을 알고 지키며 다른 사람을 배려하는 마음을 함양하고자 월 1회 어린이도서관 방문 활동을 계획하게 되었다.

활동목표

우리 동네에 있는 기관에 대해 알고 활용한다.

바른 자세로 책을 읽는다.

도서관에서 지켜야 할 약속을 알고 지킨다.

활동계획안

활동명	어린이도서관에 다녀왔어요	활동형태	현장체험	생활주제	우리 동네
대상연령	만 3, 4, 5세				
인성요소	질서, 배려				
활동자료	유아들이 읽고 싶은 책 목록, 상비약				
활동과정	활동내용				
도입	• 도서관에 가 보았던 경험에 대해 이야기 나눈다. – 도서관에 가 본 적이 있나요? – 도서관은 무엇을 하는 곳일까요?				
전개	• 도서관에서 읽고 싶은 책에 대해 말해 본다. – 오늘 도서관에 가서 어떤 책을 읽고 싶은가요? – 왜 그렇게 생각했나요? • 어린이도서관에서 지켜야 할 약속에 대해 이야기를 나눈다. – 도서관에서 책을 볼 때 지켜야 할 약속은 무엇이 있을까요? – 도서관에 있는 책은 어떻게 봐야 할까요? – 다 읽은 책은 어떻게 해야 할까요? • 어린이도서관으로 출발한다. • 도서관에서 자신이 원하는 책을 읽는다. • 정해진 시간이 되면 책을 정리한다. • 조용히 신발을 신고 도서관 밖으로 나온다. • 유치원 버스를 타고 유치원으로 돌아온다.				

마무리	• 어린이도서관 방문 소감을 이야기 나눈다. – 오늘 도서관에서 어떤 책을 읽었나요? – 누가 나와서 소개해 볼까요? • 다음 도서관 방문일을 정한다.
표상하기 (사후활동)	• 기억에 남는 장면이나 새롭게 알게 된 사실을 글이나 그림으로 표현해 본다.
평가	• 우리 동네 기관을 잘 활용하였는가? • 도서관에서의 예절을 알고 잘 지켰는가?

유아들의 반응

교　사: 오늘 어린이들과 함께 어린이도서관에 가기 전 지켜야 될 약속에 대해 이야기 나누었는데, OO가 손을 들고 조용히 해야 한다고 이야기를 했어요. 도서관에서 약속을 잘 지키고 책을 보자고 이야기 한 뒤 도서관에 갔더니 OO가 옆에서 이야기하는 친구가 있으면 "쉿! 조용히 해야 해."라고 이야기도 하는 모습을 보았어요.

학부모: 정말요? 워낙 활동적인 아이라 걱정이 되었었는데……

교　사: 오늘 하루 친구들과 활동도 잘하고 즐겁게 보냈어요. 자기가 지키기로 한 약속이기 때문에 더 기억하고 지키려고 노력한 것 같아요.

학부모: 선생님, 감사합니다.

교　사: 오늘 유치원에 대해 이야기 나누시면서 칭찬도 많이 해 주세요.

〈전화상담일지 중〉

활동모습

활동의 유의점

사전에 도서관에서 지켜야 할 약속에 대해 이야기 나눈다.

다양한 분야의 책을 읽을 수 있도록 교사가 흥미를 유도한다.

우리 동네 주소는 숫자가 달라요

활동 선정 배경

유아들이 우리 동네에 대해 관심을 가지면서 동네의 모든 건물에는 주소가 있다는 것을 알게 되었다. 이에 유아들은 주소에 관심을 가졌고 주소를 찾아보며 주소에 있는 숫자 쓰기 활동을 즐겨하였다. 주소에 있는 숫자를 신체로 표현할 때 친구들과 협력하고 배려하며 자신이 맡은 일에 대해 책임을 다할 수 있도록 이 활동을 선정하게 되었다.

활동목표

우리 동네 건물 주소 표지판에 관심을 갖는다.
동네 건물 주소 표지판의 숫자를 몸으로 표현한다.
친구와 협력하여 문제를 해결한다.

활동계획안

활동명	우리 동네 주소는 숫자가 달라요	활동형태	신체	생활주제	우리 동네
대상연령	만 4세				
인성요소	협력, 배려, 책임				
활동자료	건물 종류에 따른 주소 표지판, 건물 주소 표지판의 테두리 종류 PPT, 요한스트라우스의 '피치카토폴카' 음원				
활동과정	활동내용				
도입	• 주소 표지판의 숫자를 보며 이야기 나눈다. – (주소 표지판의 숫자를 보며) 어떤 숫자가 쓰여 있나요? – 주소 표지판의 숫자 모양들이 어떻게 다르나요?				
전개	• 주소 표지판의 숫자를 신체로 표현하기 위한 방법에 대해 이야기 나눈다. – 우리 몸으로 주소 표지판의 숫자를 만들어 보도록 해요. – 이 주소 표지판에는 몇 개의 숫자가 쓰여 있나요? – (1, 2, 3, 4 숫자 카드를 보며) 우리 몸이 이 숫자처럼 보이려면 어떻게 해야 할까요? – 몇 명이 주소 표지판의 숫자를 만들 수 있을까요? • 유아들과 함께 건물 주소 표지판 모양 표현하기에 대해 이야기 나눈다. – 바닥에 준비된 틀을 펼쳐 놓고 그 안에서 몸으로 주소 숫자를 표현해 보도록 해요. – 친구와 함께 건물 주소 표지판 숫자를 표현할 때 무엇을 조심해야 할까요?				

	• 건물 주소 표지판의 숫자를 친구들과 함께 표현한다. – 친구와 함께 주소 표지판을 표현해 보도록 해요. – 또 어떤 방법으로 만들어 보고 싶나요?
마무리	• 신체표현을 하고 난 느낌에 대해 이야기 나눈다. – 주소의 숫자를 몸으로 표현해 보니 어떠했나요? – 친구와 함께 주소 표지판을 몸으로 표현해 보니 어떠했나요?
표상하기 (사후활동)	• 우리 집 주소와 전화번호를 알아본다.
평가	• 동네 건물 주소 표지판의 숫자를 몸으로 표현할 수 있는가? • 친구와 협력하여 문제를 해결하였는가?

유아들의 반응

활동 후 유아들이 쌓기놀이영역에서 놀이하고 있는 모습

유아 1: 너네 집 주소 뭐야?
유아 2: 나는 ○○ 아파트에서 살아. 난 101동에 살아.
유아 1: 그래? 그러면 아까처럼 101을 숫자로 만들어 보자.
유아 2: 재미있겠다. 그런데 101을 하려면 3명 필요하지 않아?
유아 1: 그러면, ◇◇도 불러 오자. 어때?
유아 2: 좋아. ◇◇아, 우리랑 숫자 만들기 하자.

유아들은 신체로 숫자 만들기 놀이를 하면서 인원이 부족하면 다른 친구들을 불러서 함께 놀이하는 모습을 보였다.

활동모습

* 출처: 4세 누리과정 교사용 지도서, 3, 우리 동네, p. 126.

시장에 다녀왔어요

활동 선정 배경

우리 동네에 있는 시장 현장체험을 통해 물건을 직접 관찰하고 가격표나 상표를 읽고 물건을 고르고 돈을 주고받는 등 다양한 경제활동을 유아들이 경험할 수 있으며, 사전에 계획하여 물건을 구입하는 경험을 통해 물건을 적절히 구입하는 생활습관을 기르도록 이 활동을 선정하게 되었다.

활동목표

시장의 환경을 알고 설명할 수 있다.
계획한 물건을 구입하며 경제개념을 안다.
안전하게 현장학습을 다녀온다.

활동계획안

활동명	시장에 다녀왔어요	활동형태	현장체험	생활주제	우리 동네
대상연령	만 4세				
인성요소	질서, 배려, 존중, 책임				
활동자료	시장의 모습이 담긴 사진이나 동영상, 시장에서 구입할 물건 목록, 돈, 장바구니, 상비약				
활동과정	활동내용				
도입	• 조별로 만들기로 한 요리활동에 필요한 재료를 적어 본다. – 조별로 만들기로 한 요리는 무엇인가요? – 어떤 재료가 필요한가요? – 어디에서 구입하면 좋을까요? • 우리 유치원 근처 현대시장을 소개한다. – 우리 유치원 근처에 있는 시장의 이름이 무엇인지 알고 있나요? – 현대시장에 가 본 적이 있나요? – 오늘 우리가 직접 시장에 가서 필요한 물건을 구입해 볼거예요.				
전개	• 조별로 시장에서 구입해야 하는 물건의 목록을 적어 본다. – 조별로 어떤 물건을 구입하기로 하였나요? – 여러분들이 정한 것을 구입하려면 무엇이 필요할까요? • 조별로 역할을 정한다. – 장바구니를 들고 다닐 어린이는 누구인가요? – 돈을 낼 어린이는 누구인가요?				

	- 물건을 들고 다닐 어린이는 누구인가요? • 시장에 갔을 때 주의해야 할 점에 대해 이야기 나눈다. - 시장에 가서 어른들(상인)을 뵈면 어떻게 해야 할까요? (인사드리기 등) - 시장에 가면 어떤 점을 조심해야 할까요? (물건 함부로 만지지 않기 등) - 물건을 살 땐 어떻게 해야 할까요? (가격 물어 보기, 물건을 사면 돈을 내기, 거스름돈이 있으면 거스름돈 받기 등) • 걸어서 현대시장으로 이동한다. • 시장에 도착한 후 시장을 둘러 본다. • 조별로 구입하기로 한 물건을 구입한다.
마무리	• 유치원으로 돌아와서 조별로 구입한 물건을 소개한다. - 오늘 시장에 다녀오니 어떠했나요? - ○○조는 무엇을 구입했나요? - 물건을 구입할 때 어려운 점은 없었나요?
표상하기 (사후활동)	• 시장에서 구입해 온 것으로 요리활동을 한다.
평가	• 시장의 역할을 아는가? • 시장에서 물건을 바르게 구입할 수 있는가? • 시장에서 만난 어른께 예의바르게 행동하였는가? • 자신이 맡은 역할에 책임을 다하였는가?

유아들의 반응

현장체험 중 일화기록

유아 1: 선생님 우리 아이스크림은 사 먹을 수 없어요?
유아 2: 아, 나도 아이스크림 먹고 싶다.
유아 3: 안 돼. 오늘 우리가 사기로 한 건 딸기랑 요플레잖아. 목록표 봐. 아이스크림은 없지?
유아 4: 맞아. 우리 정했었잖아. 아이스크림은 나중에 엄마랑 와서 먹을 수도 있잖아.
유아 1, 2: 그래. 그럼 난 나중에 엄마랑 오면 사 먹을래.

유아들은 조별로 구입할 물건 목록표를 보며 필요한 물건만 사는 절제되는 모습을 보여 주었다.

현장체험 후 자유선택활동 시간 일화기록

유 아: 선생님 시장은 참 좋은 거 같아요.
교 사: 왜?

유 아: 물건도 많고 우리가 필요한 거 다 살 수 있잖아요.

교 사: 그렇구나.

유 아: 그리고 시장에 매일 갔으면 좋겠어요. 낙지 보여준 할머니가 저희들이 인사도 잘한다고 귀엽대요. 어른들께 인사드리니 저도 기분이 좋아요.

유아들은 처음에 시장에서 뵙게 되는 어른들께 인사드리는 것을 쑥스러워했지만 시간이 지날수록 씩씩한 목소리로 인사하고 물건을 받을 때도 예의바르게 두 손으로 받는 모습이 관찰되었다.

활동모습

활동의 유의점

안전사고에 유의한다.

시장에 있는 물건을 함부로 만지지 않도록 주의시킨다.

재래시장

활동 선정 배경

시장으로 현장체험을 다녀온 후 유아들은 시장에 대한 관심이 더욱 높아졌다. 이에 유아들은 역할놀이영역에 재래시장을 구성하고 역할놀이를 자주 하였다. 그러다가 한 유아가 자신이 시장에서 엄마를 잃어버려서 너무 힘들었는데 시장에 계신 분들이 도와주셔서 엄마를 다시 찾게 된 것에 대해 이야기하였다. 이러한 유아의 경험을 바탕으로 유아들은 동화를 만들었고 친구들과 함께 동극을 하게 되었다.

활동목표

동화의 내용을 극으로 표현할 수 있다.

동극을 준비하며 친구와 협력하고 다른 사람을 존중하는 태도를 기른다.

활동계획안

<table>
<tr><th>활동명</th><td>재래시장</td><th>활동형태</th><td>동극</td><th>생활주제</th><td>우리 동네</td></tr>
<tr><th>대상연령</th><td colspan="5">만 5세</td></tr>
<tr><th>인성요소</th><td colspan="5">협력, 존중</td></tr>
<tr><th>활동자료</th><td colspan="5">융판동화 자료, 동극용 머리띠, 주인공 그림</td></tr>
<tr><th>활동과정</th><th colspan="5">활동내용</th></tr>
<tr><td>도입</td><td colspan="5">• 동화를 듣는다.

〈동화내용〉
현빈이는 엄마와 함께 재래시장에 갔어요. 재래시장에는 과일과게, 채소가게, 생선가게, 옷가게 등 많은 가게들이 있어요. 이러한 시장의 모습이 현빈이는 너무 신기했어요. 시장을 두리번대다가 저쪽에 장난감이 가득 있는 장난감 가게를 발견했어요. 현빈이는 엄마가 물건을 사고 계시는 동안 장난감 가게로 향했어요. 장난감을 구경하다가 문득 엄마와 멀리 떨어지게 되었다는 걸 깨달았어요. 현빈이는 엄마를 찾아 돌아다녔어요. 그때 시장에 계신 어른들이 와서 현빈이에게 무슨일이 있냐고 물어 보셨어요. 너무 겁이난 현빈이는 울면서 엄마를 찾는다고 했어요. 시장 어른들은 현빈이가 말하는 엄마의 모습을 생각하며 함께 엄마를 찾아 주었어요. 현빈이는 시장 어른들 덕분에 다시 엄마를 찾게 되었어요. 현빈이와 엄마는 현빈이를 도와주신 어른들께 감사의 인사를 드렸어요.</td></tr>
</table>

전개	• 동화의 내용을 회상하며 나왔던 장소와 등장인물을 이야기해 본다. – 동화에는 어떤 장소가 나왔나요? – 동화에서 어떤 사람들이 나왔나요? • 동극 무대 꾸미기에 대해 의논하고 무대를 꾸민다. – 동극을 하려면 어떤 장소들이 필요할까요? – 가게들(신발가게, 생선가게, 그릇가게 등)은 어디로 정하는 것이 좋을까요? • 동극에 필요한 소품을 준비하고, 동극할 준비를 한다. – 동극을 하려면 어떤 물건이 필요할까요? – 소품은 누가 준비할까요? • 동극의 배역을 정한다. – 동화에 누가 나왔나요? – 어떤 역할을 하고 싶은지 생각해 보세요. • 배역을 맡은 유아들이 나와 한 줄로 서서 자기소개를 한다. • 동극을 한다.
마무리	• 동극에 대한 평가를 하며 활동을 마무리한다. – 친구와 함께 동극을 해 보았는데 어땠나요? – 친구와 함께 하며 어려운 점은 없었나요? – 다음 번에 동극을 한다면 어떻게 하면 좋을까요?
표상하기 (사후활동)	• 블록이나 미술 재료를 이용하여 우리 동네 시장을 구성해 본다.
평가	• 동화의 내용을 이해하고 극으로 표현하였는가? • 친구와 함께 무대를 꾸미고, 동극 준비에 참여하였는가?

유아들의 반응

동극을 한 후

유 아: 선생님, 저도 시장에서 엄마 잃어버릴 뻔 한 적 있어요.

교 사: 그래? 정말 큰일날 뻔했구나. 어쩌다가 그런거야?

유 아: 엄마랑 시장에 갔는데 사람이 정말 많이 있었어요. 이것저것 구경하다가 엄마가 잠깐 채소 사온다고 서 있으라고 했는데 엄마가 안오셔서 울었어요.

교 사: 놀랐겠구나.

유 아: 울고 있었는데 시장에서 과일가게 주인 아주머니가 엄마 휴대전화 번호도 물어 보고 전화도 해주셨어요. 저 길 잃는다고 엄마 오실 때까지 그냥 가게에서 기다리라고 해서 과일가게에서 기다린 적 있어요.

교 사: 그래서 다시 엄마를 만날 수 있었구나?

유 아: 네, 시장에 사람이 너무 많이 있어서 그랬어요. 그래도 제가 과일가게에서 기다려서 엄마가 다시 저를 찾으러 와서 다행이었지요.

교 사: 앞으로는 조심해야겠네.

유 아: 시장 사람들은 좋은 것 같아요. 그래서 그때 엄마께서 과일가게 아줌마한테 감사하다고 인사도 하셨어요.

활동모습

활동의 유의점

동극을 준비하는 과정에서 유아들이 협력의 중요성을 알 수 있도록 한다.

동극을 관람할 때 바른 자세로 관람할 수 있도록 한다.

우리 동네 기관 찾기

활동 선정 배경

유아들이 우리 동네의 모습에 대한 활동을 하면서 우리 동네에 있는 기관들에 대해 관심이 많아졌다. 동네에 여러 기관이 있음을 게임을 통해 알고, 협력하여 게임을 하면서 질서를 지키고 다른 사람을 배려하는 마음을 기르고자 이 활동을 선정하였다.

활동목표

우리 동네의 모습에 대해 안다.

게임 규칙을 알고 질서를 지킨다.

친구와 함께 협력하며 게임을 한다.

활동계획안

<table>
<tr><td>활동명</td><td>우리 동네 기관 찾기</td><td>활동형태</td><td>게임</td><td>생활주제</td><td>우리 동네</td></tr>
<tr><td>대상연령</td><td colspan="5">만 4세</td></tr>
<tr><td>인성요소</td><td colspan="5">협력, 질서, 배려</td></tr>
<tr><td>활동자료</td><td colspan="5">우리 동네 기관 사진, 신호악기, 훌라후프 3개, 우리 동네 기관(우체국, 경찰서, 소방서, 구청 등), 유니바</td></tr>
<tr><td>활동과정</td><td colspan="5">활동내용</td></tr>
<tr><td>도입</td><td colspan="5">• 우리 동네 기관 사진을 보고 이야기를 나눈다.
– 우리 동네 주변에는 무엇이 있을까요?
– (사진을 보여주며)우체국도 있어요.
• 같은 방법으로 우리 동네 기관에 대해 이야기 나눈다.</td></tr>
<tr><td>전개</td><td colspan="5">• 게임에 필요한 준비물에 대해 이야기를 나눈다.
– 게임을 할 때 어떤 도구가 필요할까요?
• 게임방법을 소개한다.

〈활동방법〉
① 두 팀으로 나눈다.
② 한 팀에 두 명의 유아가 나와 훌라후프 기차를 만든다.
③ 상자에서 우리 동네 기관 사진이 있는 카드를 고른다.
④ 신호가 울리면 출발한다.
⑤ 유니바를 잘 피해 기관을 돌아 출발선으로 돌아오면 승리한다.</td></tr>
</table>

	• 팀 이름을 정한다. − 팀의 이름을 무엇으로 정하면 좋을까요? • 시범 경기를 한다. • 게임 규칙을 정한다. • 게임을 한다. • 점수판의 점수를 보며 점수를 세어 본다.
마무리	• 활동 후 느낌에 대해 이야기를 나눈다. − 친구와 함께 기차를 만들어 우리 동네에 있는 기관을 돌아보았는데 어떠했나요? − 어떤 점이 재미있었나요? − 다음에는 어떻게 하면 좋을까요?
표상하기 (사후활동)	• 우리 동네 기관에서 하는 일을 조사해 본다.
평가	• 친구와 함께 규칙을 지켰는가? • 친구와 함께 협력하며 게임을 즐겼는가?

유아들의 반응

친구와 함께 짝을 이루어서 하는 게임에 유아들은 불편해하기도 하였고, 약간의 마찰이 생기기도 하였다. 교사가 협력을 잘하는 팀에게 점수를 주자 유아들이 서로를 배려하며 게임에 참여하는 모습이 보이기 시작했다.

게임을 두 번째 진행할 때 어떻게 해야 짝과 불편하지 않게 이동할 수 있는지 알게 되어 첫 번째 게임보다는 수월하게 게임이 진행되었다.

유아들도 처음에는 친구와 호흡이 맞지 않아 불만이 있었지만 서로가 배려하여 호흡을 맞추면 움직임이 불편하지 않다는 것도 알게 되어 게임에 즐겁게 참여할 수 있었다.

활동모습

우리 동네 가게 간판 만들기

활동 선정 배경

유아들은 우리 동네에 위치한 시장에서 현장체험을 하고, 시장과 관련된 활동을 하며 우리 동네 시장에 관심이 높아졌다. 이에 유아들이 교실 안에 직접 시장을 구성하고 가게에 알맞는 이름을 지은 후 간판 만드는 활동을 하였다.

활동목표

가게의 특성에 따라 가게의 이름이 지어진다는 것을 안다.
다른 사람의 의견을 존중하고 협력하여 미술작품을 만든다.
자신이 맡은 일에 책임을 다한다.

활동계획안

활동명	우리 동네 가게 간판 만들기	활동형태	미술	생활주제	우리 동네
대상연령	만 4세				
인성요소	협력, 존중, 배려, 책임				
활동자료	전지, 색상지, 색연필, 크레파스, 사인펜				
활동과정	활동내용				
도입	• 현장체험 다녀온 사진을 보며 이야기 나눈다. – 이곳은 어디 인가요? – 어떤 가게들이 보이나요? – 어떤 가게 이름이 눈에 띄나요? • 만약 가게의 주인이 된다면 짓고 싶은 가게 이름과 만들고 싶은 가게 간판을 생각해 본다. – 여러분이 만약 가게를 한다면 어떤 가게를 하고 싶은가요? – 가게 이름은 무엇이 좋을까요? • 선호하는 가게별로 조를 나눈다. • 조별로 가게 이름을 짓고 만들 간판을 구상해 본다. – 가게 이름은 무엇으로 하면 사람들이 많이 올까요? – 어떻게 간판을 만들어야 사람들 눈에 잘 보일까요? – 간판을 만들기 위해서는 어떤 재료가 필요한가요?				

전개	• 조별로 간판을 만든다. • 만든 간판을 소개한다. - ○○조가 만든 가게의 이름은 무엇인가요? - 어떤 의미를 담고 있나요? - 간판은 어떻게 만들었나요? - 가장 신경 쓴 부분은 어디인가요? - 만들 때 어려웠던 점은 없었나요?
마무리	• 완성된 간판에 대해 이야기 나누어 본다. - 친구들과 함께 향기장터의 가게 간판을 만들어 보았는데 어떠했나요? - 활동을 하며 좋았던 점(어려웠던 점)은 무엇인가요?
표상하기 (사후활동)	• 완성된 간판을 가게에 걸고 시장놀이를 준비한다.
평가	• 즐겁게 미술활동에 참여하였는가? • 다른 사람 의견을 존중하였는가? • 자신이 맡은 임무에 책임을 다하였는가?

유아들의 반응

가게와 가게의 간판을 구성하면서 조원들간의 의견 충돌도 간혹 일어나긴 했지만 유아들이 조금씩 자신의 의견을 굽혀가며 조정해 가기도 하였다. 이렇게 해서 완성된 시장놀이에 형님반과 동생반의 유아들이 찾아오자 자신의 가게를 소개하며 만족스러워하는 모습도 나타났다.

활동모습

어떻게 해야 할까요?

활동 선정 배경

유아들은 생활 속에서 나와 가족뿐만 아니라 이웃에게도 관심을 보이기 시작한다. 이웃의 어려움에 공감을 하며 이웃을 도울 수 있는지, 어떻게 도와야 하는지에 대해 알고자 이 활동을 선정하게 되었다.

활동목표

어려움에 처한 사람의 상황과 입장을 이해한다.
어려운 상황에 처한 친구들을 이해하고 도와줄 수 있다.

활동계획안

활동명	어떻게 해야 할까요?	활동형태	이야기나누기 (토의)	생활주제	우리 동네
대상연령	만 5세				
인성요소	배려, 나눔				
활동자료	'어떻게 할까' 상황 그림카드, 등장인물 머리띠				
활동과정	활동내용				
도입	• 상황 이야기를 들려준다. 오늘 성호는 기분이 매우 좋아요. 왜냐하면 친구들과 실내놀이터(키즈까페)에 가서 함께 놀기로 했거든요. 빨리 놀고 싶어서 친구들과 부지런히 걸어가고 있는데 길에서 옆집에 사는 어린 동생 민수가 길을 잃고 울고 있었어요. 성호는 민수를 집으로 데려다 주려고 했어요. 민수네 집은 성호네 옆집이기 때문에 성호가 길을 잘 알고 있었거든요. 그런데 친구들이 빨리 가자고 조르는 거예요. 실내놀이터에는 사람이 많아서 지금 가지 않으면 들어갈 수가 없대요. 성호는 고민이 되었어요. 성호는 어떻게 해야 할까요?				
전개	• 상황에 대해 토의한다. – 친구들과 실내놀이터에서 놀기로 한 성호의 마음은 어땠을까요? – 길을 잃어서 울고 있는 어린 동생은 어떤 마음이었을까요? – 성호는 울고 있는 어린 동생을 보고 어떻게 생각했나요? • 내가 성호라면 어떻게 행동했을 지에 대해 이야기한다. – 내가 성호라면 어떻게 했을까요?				

	– 왜 그렇게 행동했을까요? – 울고 있는 동생을 도와준다면 그 동생은 어떤 기분이 들까요? – 울고 있는 동생을 도와주지 않고 그냥 간다면 어떻게 될까요? • 내가 길을 잃은 어린 동생 민수라면 어떤 기분이었을지 이야기해 본다. – 여러분이 길을 잃은 동생 민수라면 어떤 기분이었을까요? – 만약에 성호가 민수를 집에 데려다 주었다면 민수는 어떤 마음이었을까요?
마무리	• 민수와 성호에게 해 주고 싶은 이야기를 종이에 적어 교실 벽면에 게시한다. – 여러분은 민수(또는 성호)에게 해 주고 싶은 이야기가 있나요? – 어떤 이야기를 해 주고 싶나요?
표상하기 (사후활동)	• 내가 성호와 민수라면 어떻게 행동했을지 상황극을 해 보고 소감을 이야기한다.
평가	• 어려움에 처한 사람의 상황과 입장을 이해하는가? • 어려운 상황에 처한 친구들을 이해하고 도와줄 수 있는가?

유아들의 반응

내가 만약 성호라면

교　사: 여러분이 성호라면 어떤 생각을 할 것 같나요?

유아 1: 실내놀이터에 못가는게 아쉽기는 하지만 민수를 도와줄 것 같아요.

교　사: 그래요? 실내놀이터를 못가게 되는데도 괜찮은가요?

유아 2: 실내놀이터는 다음에도 갈 수 있지만 성호를 지금 당장 도와주지 않으면 영영 집을 못 찾아올 수도 있잖아요.

교　사: 그렇군요. 정말 마음이 따뜻하네요.

민수에게 하고 싶은 말

교　사: 여러분이 혹시 민수를 만난다면 하고 싶은 말이 있나요?

유아 1: 민수야, 마음대로 돌아다니면 안 돼.

유아 2: 민수야, 앞으로는 조심해. 이번에는 성호형을 만나서 다행이지만 그러다가 길 잃어서 나쁜 사람이 잡아갈 수도 있어.

활동모습

어려운 이웃을 도와요

활동 선정 배경

유아들이 이웃들의 어려움을 알고 어려운 이웃들과 더불어 건강하고 행복하게 살아갈 수 있는 세상을 만들고자 하는 바램으로 유아들이 이웃의 어려운 상황에 공감하고 도울 수 있는 방법을 실천하고자 이 활동을 선정하였다.

활동목표

어려운 이웃을 돕는 방법에 대해 관심을 가진다.
서로 더불어 살아가야함을 이해하고 나누는 행복을 안다.
캠페인 활동에 적극적으로 참여한다.

활동계획안

<table>
<tr><th>활동명</th><td>어려운 이웃을 도와요</td><th>활동형태</th><td>이야기나누기(미술)</td><th>생활주제</th><td>우리 동네</td></tr>
<tr><th>대상연령</th><td colspan="5">만 5세</td></tr>
<tr><th>인성요소</th><td colspan="5">나눔</td></tr>
<tr><th>활동자료</th><td colspan="5">그림책「아기를 업은 소녀」(도서출판 아람, 글 김유리/그림 이덕진), 캠페인 활동 자료(포스터, 표어 등)</td></tr>
<tr><th>활동과정</th><th colspan="5">활동내용</th></tr>
<tr><td>도입</td><td colspan="5">• '아기를 업은 소녀' 동화를 듣고 내용을 회상한다.

〈동화내용〉
난주는 동네 여느 아이들처럼 놀고 싶지만 동생 개똥이를 돌봐야 하기 때문에 함께 어울릴 수가 없었어요. 난주네 가정형편이 어려워 난주네 엄마는 두부를 팔러 다니고 두부를 판 돈으로도 생활이 어려워 난주네는 결국 개똥이를 부잣집에 입양보내려 해요. 이 사실을 알게 된 난주는 동생 개똥이가 입양되지 않도록 막고, 다시 난주네 가족은 어렵지만 생활하지만 행복하게 지내게 되었어요.

- 등장인물은 누구인가요?
- 등장인물이 겪고 있는 어려움은 무엇이었나요?
• 우리가 도와주어야 할 이웃에 대해 이야기 나눈다.
- 우리 주변에 도움을 필요로 하는 이웃들이 있나요?
- 어떤 사람을 도움이 필요한 이웃이라고 할 수 있을까요?</td></tr>
</table>

전개	- 어떤 방법으로 이웃을 도와줄 수 있을까요? • 어려운 이웃을 도울 수 있는 방법에 대해 이야기 나눈다. - 어려움을 겪는 이웃들을 돕는 방법에는 어떤 것들이 있을까요? - 모둠별로 모여 어려운 이웃을 돕는 방법에 대해 알아봐요. - 어려운 이웃을 돕는 방법을 사람들에게 어떻게 알릴 수 있을까요? • 이야기 나눈 내용을 토대로 포스터, 표어를 만든다. - 어려운 이웃을 돕는 방법에 대해 생각한 내용을 어떤 방법으로 알리면 좋을까요? - 여러 사람이 함께 볼 수 있으려면 어떻게 하는 것이 좋을까요? • 도화지, 사인펜, 색연필 등으로 포스터, 표어를 만들어 본다. • 캠페인 활동을 하는 방법과 필요한 약속을 정한다. - 우리가 만든 포스터와 표어의 내용은 어떻게 소개하면 좋을까요? - 여러분이 직접 만든 포스터, 표어를 가지고 캠페인 활동을 하도록 해요. - 우리가 준비한 것들로 어떻게 캠페인을 할 수 있을까요? - 캠페인을 하려면 어떤 역할이 필요할까요? - 우리가 '어려운 이웃 돕기' 내용을 잘 전달하려면 어떤 약속이 필요할까요?
마무리	• 유치원 밖으로 나가 캠페인 활동을 한다. • 캠페인 활동을 마치고 난 느낌에 대해 이야기 나눈다. - 사람들에게 무엇을 알릴 수 있었나요? - 캠페인 활동을 하며 아쉬웠던 점이 있었나요?
표상하기 (사후활동)	• 어려운 이웃 돕기 모금 활동을 준비한다.
평가	• 어려운 이웃을 돕는 방법에 대해 관심을 가지는가? • 토의 과정에서 서로의 의견을 존중하였는가?

유아들의 반응

난주네처럼 어려운 이웃을 도울 수 있는 방법을 토의하는 중

유아 1: 돈을 주자.

유아 2: 우리가 돈을 어떻게 주냐?

유아 3: 저번에 선생님이랑 어려운 사람 도와줄 수 있는 기관 알아봤었잖아.

유아 1: 선생님, 저번에 선생님이랑 같이 봤던 어려운 사람 도와주는 기관에 부탁하는 건 어떨까요?

교　사: 지난 이야기나누기 시간에 알아보았던 구호기관을 말하는 것인가요?

유아 3: 네! 그 기관에 돈을 주면 그 기관이 우리 대신 도와 주잖아요.

교　사: 그래요, 우리가 직접 구호기관을 통해 기부하는 방법도 있어요.

유아 2: 근데 우리 반이 모두 같이 해야 하잖아.

유아 4: 그거 하자. 동물 괴롭히지 말라고 했던 것(동물 사랑 캠페인을 말함).

유아 2: 오, 좋아!
유아 3: 캠페인! 어려운 사람을 도와주자고 캠페인해요!
유아 1: 맞아. 캠페인하면 다른 사람들도 알 수 있어.
교 사: 캠페인을 하는 방법으로 어려운 이웃을 돕고 싶은가요?
유아 1: 다른 사람들한테도 알리고 싶어요.
유아 2: 어려운 이웃을 도와주는 캠페인!
유아 4: 어려운 이웃을 도와주세요.
교 사: ○○모둠은 다른 많은 사람들이 어려운 이웃에게 관심을 갖고 도울 수 있도록 어려운 이웃돕기 캠페인을 하자는 의견이 나왔군요.

유아들은 캠페인을 준비하기 시작한다.

활동모습

활동의 유의점

환경이나 생활이 어렵다고 하여 불행한 것이 아님을 알게 한다.
다른 사람의 시선을 의식하여 돕기에 참여하기보다는 자발적으로 참여할 수 있는 분위기를 만든다.

노인정 방문

활동 선정 배경

효는 모든 행동의 근본이며 그것이 단순히 부모 자식 간의 관계에 머무르지 않는다. 부모에 대한 공경이 사회로 확대되면 노인을 공경하는 경로 정신으로 나타나게 된다. 따라서 '효' 실천의 대상을 부모에게만 국한하는 것이 아니라 할아버지, 할머니, 이웃어른들에게 확대하여 실시하기 위해 지역사회 내의 노인정을 방문하였으며 할아버지, 할머니께 효를 실천하기 위해 이 활동을 선정하였다.

활동목표

우리 동네 노인정에 대해 안다.
어른을 공경하는 방법을 알고 실천한다.

활동계획안

활동명	노인정 방문	활동형태	현장체험	생활주제	우리 동네
대상연령	만 5세				
인성요소	효				
활동자료	노인정 사진, 도화지, 그리기 도구				
활동과정	활동내용				
도입	• 우리 동네에서 어르신들이 모여 계신 곳에 대해 이야기 나눈다. – 우리 동네에 어르신들이 모여서 음식도 해 드시고, 대화도 하는 곳이 있어요. 어디일까요? • 노인정에 대해 이야기 나눈다. – 노인정에 가 본 적이 있나요? – 노인정에서 무엇을 보았나요?				
전개	• 노인정 방문에 대해 이야기 나눈다. – 할머니, 할아버지를 뵌다면 우리는 어떤 것을 할 수 있을까요? – 우리가 무엇을 준비해 가면 기뻐하실까요? (꽃다발 선물하기, 공연 보여드리기, 안마하기, 편지 써 드리기 등) • 웃어른께 인사하는 예절에 대해 이야기한다. – 어른들을 만나면 어떻게 인사해야 하나요? • 노인정을 방문하여 바르게 인사한 후 준비한 공연을 보여드린다. – 유아들이 선정한 노래 : 고향의 봄, 나물노래 – 할머니, 할아버지들께 준비한 꽃다발과 편지 드리기				

	– 할머니, 할아버지 어깨 주물러드리기 – 오래오래 건강하시라는 마음을 담아 절하기 • 유아들이 만든 꽃다발을 보여 드리고 유아들이 할아버지, 할머니께 드린다. • 할아버지, 할머니와 대화하며 안마해 드린다. • 준비한 선물(다과)을 나누어 드린 후 건강을 기원하는 마음을 담아 절한다. • 유치원으로 돌아온다.
마무리	• 유치원으로 돌아와 노인정 방문에 대한 것을 회상한다. – 할머니, 할아버지를 뵙고 오니 어떤 기분이 들었나요? – 할아버지, 할머니가 어떤 말씀을 하셨나요? • 다음 노인정 방문 시 어르신들을 위해 할 수 있는 것들을 이야기 나눈다.
표상하기 (사후활동)	• 노인정 방문에서 기억에 남는 장면을 그림으로 표현한다. • 추후에도 노인정을 방문하도록 계획한다.
평가	• 어르신께 효를 실천하였는가? • 웃어른께 예의바르게 행동하였는가?

유아들의 반응

현대시장 현장체험 활동 중 이웃 어르신들을 만난 상황

유아 1: 유아 2야. 우리 걸어가니까 힘들다.
할머니: (유아 2를 바라보며) 아이고, 너희들 어디 구경가니?
유아 1: …… (멀뚱히 바라만 보다가 유아 2 옆구리를 찌른다.)
유아 2: (아주 작은 목소리로) 뭐 사러 가요.
할머니: 잘 다녀와.
유 아: ……
교 사: 할머니가 해오름반이 어디 가는지 궁금하셨나봐. 〈유아 1, 2〉야! 인사도 드리고 대답도 크게 해 드리자.

노인정 방문 후 유치원 오는 차 안에서

교 사: 오늘 노인정에서 할아버지, 할머니를 만나 효를 실천하고 왔는데 어떠했나요?
유아 1: 아까 노래 부를 때 조금 떨렸지만 재미있었어요.
유아 2: 할아버지가 내가 안마해 드리니까 시원하대요. (웃음)
유아 3: 응. 내가 팔 주물러 드린 할머니도 “아이고, 착해라. 고마워.” 했어요.
유아 1: (유아 3을 바라보며) 우리 할아버지도 내가 주물러 드릴 때 “아이고 시원하다.” 이러시던데……
유아 3: 계속 웃으시면서 나 팔 아프니까 그만하라고 하셨어요.

유아 1: 재미있다고 하셨어요.

교　사: 할아버지, 할머니를 만나고 오니 여러분의 마음은 어떤가요?

유아 2: 우리 할머니 같아서 좋았어요.

유아 4: 행복해 보이셨어요.

쑥골 어린이도서관 방문 중

유　아: 어 저기 할머니 계신다. 선생님 저 할머니 누구세요?

교　사: 도서관에서 함께 책도 읽어 주시고 너희 책도 함께 찾아 주시는 분이셔.

유　아: (할머니 앞에 서서) 안녕하세요. 저희 책 읽으러 왔어요.

할머니: 어서와요. 아유. 인사도 잘하네. 무슨 책 읽으러 왔어요?

교　사: 유아 미술에 관련 된 책을 보고 싶어서요.

할머니: 그래요? 저기서 찾아봐요.

노인정 방문 전 유아들과 현장체험 등 원외활동을 나갈 때 웃어른을 보면 먼저 인사하는 경우가 많지 않았고 어르신들이 먼저 인사를 하며 다가와도 어색해하거나 인사를 피하는 경우도 있었다. 그러나 주기적으로 노인정을 방문하면서 유아들은 웃어른 공경하는 방법을 자연스럽게 배울 수 있었다. 유아들과 노인정 방문을 하면서 어르신들께 안마해 드리기, 공연 보여 드리기 등을 실시하였고 방문 횟수가 늘어나면서 생활 주제에 맞는 효를 찾아 실천하기 시작하였다. ‘봄꽃’ 주제로 활동을 할 때는 어르신들께 꽃다발을 만들어 선물해 드리거나 봄꽃 화분을 구입하여 노인정을 꾸며 드리기도 하였고, ‘건강과 안전’ 주제를 다룰 때 노인정을 깨끗하게 정리해 드리고 청소해 드리자는 이야기가 나와 노인정 환경 미화를 도와 드리기도 하였다. 또 추석 명절에는 웃어른에 대한 감사의 마음을 담아 유아들이 직접 빚은 송편을 전달해 드리기도 하였다. 노인정 방문을 통해 어린이들이 유치원 근처에서 어르신들을 만나면 먼저 예의바르게 인사하는 횟수가 많아졌고 어른들을 공경하는 마음이 커진 것을 알 수 있었다.

활동모습

활동의 유의점

웃어른께 예의바르게 행동할 수 있도록 돕는다.

【동식물과 자연】

동물들이 공룡을 어떻게 키웠을까?

활동 선정 배경

어려운 일을 해결할 때 유아들이 서로 도움을 주고받을 수 있도록 하고자 이 활동을 선정하게 되었다.

활동목표

어려운 일은 서로 협력하면 해결할 수 있음을 안다.

친구와 서로 도움을 주고받을 수 있다.

활동계획안

활동명	동물들이 공룡을 어떻게 키웠을까?	활동형태	이야기나누기	생활주제	동식물과 자연
대상연령	만 3세				
인성요소	협력, 나눔				
활동자료	그림책 「누가 좀 도와줘」(이미애 글 · 이덕진 그림, 한국아카데미 출판사)				
활동과정	활동내용				
도입	• 고양이가 혼자 땅을 파는 그림을 보여주며 도입을 한다. – 하나 둘 하나 둘! 어유 힘들어 혼자 땅을 파려니까 팔도 아프고 너무 힘들어서 나 혼자서는 못할 것 같은데…… 이럴 땐 어떻게 해야 하지? – 고양이가 무엇을 하고 있었나요? – 고양이가 너무 힘들어서 혼자서는 못할 것 같다고 했어요. 어떻게 하면 좋을까요? – 고양이는 어떻게 했는지 동화를 잘 들어 보세요.				
전개	• 동화를 듣고 내용을 회상한다. 〈동화내용〉 숲 속을 걸어가던 고양이가 무언가를 발견하고 삽으로 파내기 시작해요. 고양이가 힘들어하자 강아지도 토끼도 와서 힘을 모아 크고 둥근 것을 파냈어요. 그 후 얼룩말이 와서 그것의 흙을 닦았어요. 그 순간 알이 깨지더니 아기공룡이 나왔어요. 넷은 모두 힘을 모아 아기공룡을 함께 키우기로 했어요. – 동화 속에 누가 나왔나요?				

	- 고양이가 혼자 땅을 파고 있을 때 너무 힘들어서 어떻게 했나요? - 그러자 누가 도와주러 왔나요? - 고양이, 강아지, 토끼 셋이서 땅을 팠더니 무엇이 나왔나요? - 얼룩말이 나타나 무엇을 해 주었나요? - 커다랗고 동그란 것에는 무엇이 들어 있었나요? - 아기공룡을 어떻게 하기로 했나요? • 동물들이 아기공룡을 어떻게 키울지 이야기 나눈다. - 엄마와 아빠는 우리 어린이들이 아기였을 때 어떻게 키웠을까요? - 동물을 키워 본 경험이 있나요? - 동물을 키울 때 필요한 것은 무엇인가요? - 동물들이 어떻게 아기공룡을 키울까요? - 아기공룡을 키울 때 필요한 것은 무엇일까요? • 아기공룡이 잘 자랄 수 있도록 도울 수 있는 일을 생각해 본다. - 아기공룡이 잘 자랄 수 있게 우리가 도와줄 일은 없을까요?
마무리	• 아기공룡이 나중에 어떻게 되었을지 생각해 본다. - 아기공룡이 잘 자라 어떻게 되었을까요? - 아기공룡이 잘 자랄 수 있도록 어떤 말을 해 줄 수 있나요?
표상하기 (사후활동)	• 아기공룡을 위한 장난감을 만들어 본다.
평가	• 서로 협력하는 방법을 알고 있는가?

유아들의 반응

자유선택활동 시간에 유아 2명이 쌓기놀이영역에서 놀이하려고 온다.

〈유아 1〉이 블록통을 들고 카펫으로 오려고 하자 부피가 커서 혼자 드는 것이 조금 힘들어 보인다. 그 때 〈유아 2〉가 〈유아 1〉에게 다가가더니 블록통 드는 것을 돕는다. 〈유아 1〉은 〈유아 2〉에게 고맙다는 말을 하고 둘은 함께 쌓기놀이영역에서 놀이한다.

동화를 듣고 난 후 유아들은 부피가 크거나 무게가 무거운 물건을 옮길 때 도움을 요청하기도 하고, 도움을 요청하지 않더라도 물건을 함께 옮겨 주는 행동이 자주 나타났다.

활동의 유의점

혼자서 할 수 있는 것은 다른 사람의 도움을 의지하지 않도록 유의한다.

도움을 받고 나서 감사의 표현을 할 수 있도록 지도한다.

줄무늬 물고기를 보호하라

활동 선정 배경

유아들이 서로의 다름을 인정하고 놀이를 통해 서로를 돕는 경험을 할 수 있도록 이 활동을 선정하게 되었다.

활동목표

친구간의 서로 다름을 인정하고 함께 놀이할 수 있다.
친구를 소중히 여기고 사랑하는 마음을 갖는다.

활동계획안

<table>
<tr><th>활동명</th><td>줄무늬 물고기를 보호하라</td><th>활동형태</th><td>신체</td><th>생활주제</th><td>동식물과 자연</td></tr>
<tr><th>대상연령</th><td colspan="5">만 3세</td></tr>
<tr><th>인성요소</th><td colspan="5">협력</td></tr>
<tr><th>활동자료</th><td colspan="5">그림책 「날 좀 도와줘, 무지개 물고기」(머르쿠스 피스터 글 · 그림, 우미경 옮김, 시공주니어 출판사), 지느러미 모양, 빨간색 머리띠, 파란색 머리띠</td></tr>
<tr><th>활동과정</th><th colspan="5">활동내용</th></tr>
<tr><th>도입</th><td colspan="5">• 동화 내용을 회상하며 이야기를 나눈다.

〈동화내용〉
반짝이 비늘이 있는 물고기들은 헤엄칠 때도, 놀 때도 뭐든지 같이 했어요. 반짝이 비늘 잡기 놀이를 하고 있는데, 줄무늬 물고기 한 마리가 다가와 같이 놀자고 말을 했어요. 하지만 줄무늬 물고기에게는 반짝이 비늘이 없어 놀이에 끼워 주지 않았어요. 무지개 물고기는 친구가 없을 때의 기분을 예전에 느껴 본 적이 있어 잘 알고 있지만 새로 생긴 친구들을 잃을까봐 줄무늬 물고기에게 쉽게 다가가지 못했어요. 친구들과 재미있게 놀고 있는데 갑자기 상어가 나타났어요. 줄무늬 물고기만 빼고 다른 물고기들은 산호초 좁은 틈새로 숨었어요. 무지개 물고기는 줄무늬 물고기가 걱정되어 숨어 있던 곳에서 뛰쳐나왔어요. 다른 친구들도 무지개 물고기를 따라 뛰쳐나왔어요. 줄무늬 물고기가 상어를 피해 도망다니자 친구들은 상어 머리가 어질어질하도록 이리저리 헤엄쳤어요. 무지개 물고기는 줄무늬 물고기를 안전한 곳으로 데리고 갔어요. 상어는 지쳐 달아나고 줄무늬 물고기와 함께 지느러미 잡기놀이를 하며 다 같이 푸른 바다 속으로 헤엄쳐 갔어요.</td></tr>
</table>

	– 반짝이 비늘을 가진 물고기들은 왜 줄무늬 물고기와 같이 놀이를 하지 않았나요? – 다른 물고기들이 재미있게 노는 모습을 보며 줄무늬 물고기는 어떠했을까요? – 다른 물고기들이 재미있게 놀고 있을 때 누가 나타났나요? – 줄무늬 물고기가 숨지 못하자 누가 도와주러 나왔나요? – 반짝이 비늘을 가진 물고기와 줄무늬 물고기는 어떤 놀이를 하기로 했나요?
전개	• 지느러미 모형를 제시한다. – 이것은 무엇일까요? – 이것으로 어떤 놀이를 할 수 있을까요? – 우리가 물고기가 되었다고 생각하고 바깥으로 나가 지느러미 잡기놀이를 해 볼까요? • 지느러미 잡기놀이 방법을 설명한다. **〈활동방법〉** ① 줄무늬 물고기를 할 4명의 유아를 정한 후 허리에 띠를 두르고 스카프를 고정시킨다. ② 줄무늬 물고기를 보호하는 유아는 파란색 머리띠를 한다. ③ 줄무늬 물고기를 잡으려는 유아는 빨간색 머리띠를 한다. ④ 지느러미를 잡힌 유아는 자리에 앉는다. ⑤ 역할을 바꾸어 놀이한다. – 줄무늬 물고기들은 지느러미 스카프가 잡히지 않도록 도망가야 해요. 줄무늬 물고기를 보호하는 역할의 어린이는 지느러미가 잡히지 않도록 막아 주어야 해요. • 지느러미 잡기놀이를 할 때 지켜야 할 약속을 정한다. • 역할을 정하고 놀이를 한다.
마무리	• 지느러미 잡기놀이를 한 후 느낌이 어떠했는지 이야기한다. – 친구들과 함께 놀이를 해 보니 어떠했나요?
표상하기 (사후활동)	• 함께 할 수 있는 놀이는 무엇이 있는지 이야기 나눈다.
평가	• 다름을 인정하고 협력하여 놀이하였는가? • 함께하는 놀이에 즐거움을 느꼈는가?

활동결과

여자 유아들이 역할놀이영역에서 공주놀이를 하고 있다.
이때, 〈유아 2〉가 역할놀이영역으로 들어오려고 한다.

유아 1: 여기 역할놀이영역은 치마 입은 사람만 들어올 수 있어.
바지를 입고 온 〈유아 2〉는 당황스러운 표정을 짓는다.
유아 2: 난 치마를 안 입었지만 여기서 놀거야.

유아 3: 안돼, 오늘은 치마 입은 사람들만 공주할 수 있거든.
〈유아 2〉는 시무룩한 표정으로 다른 영역을 향해 간다.
유아 4: 그런데 왜 치마 입은 사람만 공주할 수 있어? 공주도 바지 입을 수 있어. 그리고 너희가 〈유아 2〉한테 치마 안 입었다고 같이 못 논다고 하면 〈유아 2〉가 속상하잖아. 바지 입어도 공주놀이할 수 있어.
이야기를 들은 〈유아 1〉이 잠시 무언가를 생각한다.
유아 1: 그래 공주님도 바지 입을 수 있어. 〈유아 2〉 너도 같이하자.
유아 1, 2, 3, 4는 함께 역할놀이영역에서 놀이한다.

활동모습

커다란 물고기를 만들어요

활동 선정 배경

또래간의 도움을 통해 문제상황을 해결하는 방법을 알고 협력하는 활동을 통해 서로를 협력하고 배려하는 마음을 가질 수 있도록 이 활동을 선정하게 되었다.

활동목표

서로 협력하고 배려하면 어려움을 극복할 수 있다는 것을 안다.

협력하여 공동작품을 만들 수 있다.

활동계획안

<table>
<tr><th>활동명</th><td>커다란 물고기를 만들어요</td><th>활동형태</th><td>미술</td><th>생활주제</th><td>동식물과 자연</td></tr>
<tr><th>대상연령</th><td colspan="5">만 3세</td></tr>
<tr><th>인성요소</th><td colspan="5">협력, 배려</td></tr>
<tr><th>활동자료</th><td colspan="5">그림책 「으뜸헤엄이」(레오 리오니 글 · 그림, 이명희 옮김, 마루벌 출판사), 물고기 모형 도안, 빨간색 스탬프, 검은색 스탬프</td></tr>
<tr><th>활동과정</th><th colspan="5">활동내용</th></tr>
<tr><th>도입</th><td colspan="5">• 물고기 모형이 나와 인사한다.
– 얘들아, 안녕? 너희들 내가 어디 살고 있는지 아니? 응. 난 저 깊은 바닷속에 살아. 그런데 그 바닷속엔 헤엄을 멋지게 잘 치는 으뜸헤엄이가 산단다. 오늘 선생님께서 으뜸헤엄이가 나오는 동화를 들려주신대. 잘 들어 보렴. 안녕!

〈동화내용〉
바닷가 한구석에 작은 물고기들이 떼를 지어 행복하게 살고 있는데 모두 빨간 물고기들이었어요. 그 가운데 홍합 껍질처럼 새까만 색의 물고기가 한 마리 있었는데 헤엄을 잘 쳐서 '으뜸헤엄이'였어요. 다랑어 한 마리가 빨간 물고기 떼를 한 입에 꿀꺽 삼켜 버리고 으뜸헤엄이는 겨우 도망쳤어요. 으뜸헤엄이는 외롭고 슬펐어요. 하지만 신기한 바닷속을 보고 행복해졌어요. 바닷속 여행 중 으뜸헤엄이와 똑같은 빨간 물고기 떼가 숨어 있는 것이 보였어요. 으뜸헤엄이가 기뻐서 같이 구경 다니자고 했지만 빨간 물고기들은 큰 물고기한테 잡아 먹힌다며 숨어만 있었어요. 으뜸헤엄이는 생각하고 생각하여 제일 큰 물고기 모양을 만들어 헤엄치기로 했어요. 빨간 물고기들은 물고기 모양을 이루며 헤엄쳤고 으뜸헤엄이는 눈이 되었어요. 그리하여 작은 물고기들은 언제나 큰 물고기 모양으로 헤엄을 치며 큰 물고기들을 쫓아 버렸답니다.</td></tr>
</table>

전개	•「으뜸헤엄이」 동화를 듣고 내용을 회상한다. – 동화 속에서 어떤 등장인물들이 나왔나요? – 으뜸헤엄이는 어떤 물고기인가요? – 으뜸헤엄이가 숨어 있는 빨간 물고기들에게 무슨 말을 해 주었나요? – 으뜸헤엄이가 알려준대로 했더니 어떻게 되었나요? – 빨간 물고기들이 으뜸헤엄이가 이야기 한대로 하지 않고 숨어만 있었으면 어떻게 되었을까요? • 으뜸헤엄이와 빨간 물고기들이 만든 커다란 물고기 모형을 만들 것을 이야기한다. – 우리도 으뜸헤엄이처럼 커다란 물고기 모형을 만들어 볼 거예요. 무엇으로 만들 수 있을까요? • 커다란 물고기 모형을 만들 재료를 소개한다. – 여기 있는 검은색 스탬프와 빨간색 스탬프, 종이, 여러분의 손만 있으면 멋진 물고기를 만들 수 있어요. 어떻게 하는 것일까요? • 만드는 방법을 소개한 후 협동하여 만들어 본다. **〈활동방법〉** ① 커다란 종이를 가운데에 두고 유아들이 소그룹으로 나눠 앉는다. ② 물고기 모형 안에 빨간 스탬프에 엄지 손가락을 찍어 지문이 나타나게 한다. ③ 친구들과 함께 빨간 물고기 떼를 다 찍으면 마지막으로 검은색 스탬프에 손가락을 찍어 커다란 물고기의 눈을 만든다.
마무리	• 소그룹별로 나와 유아가 만든 으뜸헤엄이의 커다란 물고기를 소개한다. – 어느 조가 나와서 유아가 만든 커다란 물고기를 소개해 줄 수 있나요? – 함께 커다란 물고기를 만드니 기분이 어떠했나요? – 함께 만들면서 어려운 점은 없었나요?
표상하기 (사후활동)	• 친구들과 협력하여 만든 작품을 교실 벽면에 게시한다.
평가	• 동화의 내용을 이해하였는가? • 서로 협력하고 배려하여 작품을 만들었는가?

유아들의 반응

동화를 듣고 미술활동을 할 때 유아들은 서로 자신이 먼저 지문을 찍으려고 하였다. 하지만 다같이 하려고 할 때 작품이 엉망이 되는 것을 보며 유아들은 순서를 정해 지문을 찍기 시작했고, 먼저 찍으려고 했던 유아들도 다른 친구의 배려를 경험하며 자신도 다른 친구에게 배려하려는 모습을 볼 수 있었다.

완성된 작품을 보며 작품 안에 있는 자신의 지문을 찾기도 했고, 다른 친구의 지문을 찾아보며 즐거워하는 모습을 보였다.

활동모습

도둑쥐의 집을 만들어 주세요

활동 선정 배경

유아들이 친구의 어려운 상황을 이해하고 용서해 주며 친구가 겪고 있는 어려움을 협력하여 해결해 줄 때의 기쁨을 경험하기 위해 이 활동을 선정하였다.

활동목표

친구의 잘못을 용서할 수 있다.
상대방이 처한 어려움을 알고 협력하여 함께 해결한다.

활동계획안

<table>
<tr><th>활동명</th><td>도둑쥐의 집을 만들어 주세요</td><th>활동형태</th><td>바깥놀이활동</td><th>생활주제</th><td>동식물과 자연</td></tr>
<tr><th>대상연령</th><td colspan="5">만 3세</td></tr>
<tr><th>인성요소</th><td colspan="5">협력, 나눔, 배려</td></tr>
<tr><th>활동자료</th><td colspan="5">그림책 「너구리와 도둑쥐」 (오토모 야스오 글 · 그림, 한림 출판사), 모래놀이 도구, 물 등</td></tr>
<tr><th>활동과정</th><th colspan="5">활동내용</th></tr>
<tr><th>도입</th><td colspan="5">• 동화 내용을 회상하며 이야기한다.

〈동화내용〉
너구리 가족이 냇가에서 설거지를 하고 집으로 돌아오니 감자도 없어지고 콩자루도 없어졌어요. 콩이 마구 흩어져 있어 콩을 따라가다 보니 쥐들이 보이는데 바로 도둑쥐였어요. 그곳에는 그동안 없어진 너구리 가족의 물건들이 모두 있었고 화가 난 너구리들은 도둑쥐를 잡게 되었어요. 뚱보쥐는 모두 돌려주겠다고 했으나 어린쥐가 그렇게 하고 나면 먹을 것이 없다고 하였어요. 먹을 것이 없다는 쥐들의 사정을 들은 너구리들은 불쌍한 생각이 들었어요. 너구리들은 쥐들에게 감자를 심어 키우는 법을 알려주고 집을 지어 주었어요. 이에 감사해 하며 쥐들은 감자를 열심히 키워 너구리에게 돌려 주었어요.

– 너구리 가족이 도둑쥐에게 무엇을 만들어 주었나요? (밭, 집, 곳간, 화장실 등)
– 도둑쥐들은 어떤 집을 만들어 달라고 하였나요?
• 도둑쥐의 집을 만들어 줄 수 있는 방법을 생각해 본다.
– 우리도 너구리 가족처럼 도둑쥐의 집을 만들어 주면 어떨까요?</td></tr>
</table>

	– 무엇으로(어떻게) 만들어 줄까요?
전개	• 모래를 이용하여 도둑쥐의 집을 지을 때 지켜야 할 규칙을 정한다. – 모래놀이를 할 때 어떤 약속을 지켜야 할까요? • 모래놀이 도구와 물, 모래를 사용하여 도둑쥐의 집을 만들어 본다. – 텃밭은 어떻게 꾸미면 좋을까요? – 도둑쥐들의 부엌은 어떻게 꾸밀까요? (화장실, 곳간 등) – 미끄럼틀은 누가 만들어 볼까요? – 00를 도와 미끄럼틀을 만들어 볼 어린이가 있나요? – 도둑쥐의 미끄럼틀은 어떤 것을 이용하여 만들까요? • 도둑쥐 모형을 배치하여 놀이해 본다. – 도둑쥐들이 목욕탕에서 어떻게 놀이하도록 할까요? – 도둑쥐들에게 미끄럼틀을 태워 볼까요?
마무리	• 도둑쥐들에게 집을 지어 주고 난 후 느낌을 이야기해 본다. – 우리 모두가 힘을 합쳐 도둑쥐들에게 멋진 집을 지어 주었는데 어떠했나요?
표상하기 (사후활동)	• 너구리가 도둑쥐를 용서해 주고 도움을 준 것처럼 자신이 친구를 용서하고 도울 수 있는 일은 무엇이 있을지 생각해 본다.
평가	• 모래와 도구를 이용하여 도둑쥐들의 집을 구성하였는가? • 도둑쥐들의 집을 지어 줄 때 서로의 의견을 반영하여 구성하였는가?

유아들의 반응

유아들이 동화를 듣고 나서 도둑쥐와 너구리 가족에 대해 이야기 나누는 모습

유아 1: 선생님, 저는 도둑쥐 때문에 화가 났어요.

교 사: 그래요? 왜 화가 났을까요?

유아 1: 도둑쥐 때문에 너구리 가족의 감자가 없어지고 다른 것들도 훔쳐갔잖아요. 나도 지난번에 친구가 내가 사용하던 블록을 몰래 가져가서 화났었거든요. 도둑쥐를 보니 갑자기 그 일이 생각나서요.

유아 2: 그래도 도둑쥐가 나중에는 잘못했다고 했잖아.

유아 1: 그런데 ○○이는 저한테 미안하다고 사과도 안했어요.

교 사: 그랬군요. 친구에게 잘못한 일이 있을 땐 어떻게 해야 할까요?

유아 3: 미안하다고 말해야지요. 그러면 화가 나더라도 용서해 줄 수 있잖아요.

유아 4: 도둑쥐도 사과하니까 너구리 가족들도 용서해 주잖아요.

교 사: 그러면 우리 숲속토끼반도 앞으로 친구에게 잘못한 일이 있으면 어떻게 하면 좋을까요?

유아들: 미안하다고 사과해요.

교 사: 사과를 받고 나서는 어떻게 할까요?

유아들: 용서해 주면 좋겠어요.

유아들이 협력하여 도둑쥐의 집을 만들어 주는 상황

유아 1: ○○야, 너는 집 만들거야? 그러면 나는 화장실 만들게.
유아 2: 너희가 땅을 팔 동안에 나는 화장실 욕조에 넣어 줄 물을 좀 받아올게.
유아 3: ◇◇야, 너가 사용하던 삽, 내가 좀 사용해도 될까?
유아 4: 잠깐만, 이쪽 조금만 더 파내고.

유아들이 도둑쥐의 집을 만들어 주며 서로를 배려하는 모습을 볼 수 있었다. 도둑쥐의 집을 완성하고 나서 도둑쥐가 이제는 더 이상 도둑쥐로 불리지 않았으면 좋겠다는 이야기도 하였다.

활동모습

돼지의 꼬리를 펴 주세요

활동 선정 배경

유아들이 함께 동화의 내용을 구성하고 표현해 보는 과정을 통해 협동심을 기르고, 다른 사람 앞에서 여러 가지 표현을 연기해 보는 경험을 함으로써 사회성을 기를 수 있도록 이 활동을 선정하였다.

활동목표

돼지 생김새의 특징을 안다.

친구와 협력하여 동극을 준비한다.

자신이 맡은 역할에 최선을 다한다.

활동계획안

<table>
<tr><th>활동명</th><td>돼지의 꼬리를 펴 주세요</td><th>활동형태</th><td>동극</td><th>생활주제</th><td>동식물과 자연</td></tr>
<tr><th>대상연령</th><td colspan="5">만 4세</td></tr>
<tr><th>인성요소</th><td colspan="5">협력, 책임</td></tr>
<tr><th>활동자료</th><td colspan="5">동물그림 자료, 동극용 목걸이, 돼지꼬리 모형</td></tr>
<tr><th>활동과정</th><th colspan="5">활동내용</th></tr>
<tr><th>도입</th><td colspan="5">• 동물들의 꼬리 모형을 보며 탐색한다.
– 어떤 동물의 꼬리일까요?</td></tr>
<tr><th>전개</th><td colspan="5">• 동화의 제목을 보고 동화내용을 추측한다.
– 동화의 제목은 「꼬부랑 꼬리 아기돼지」예요. 어떤 내용일 것 같나요?
• 동화를 듣는다.

〈동화내용〉
어느 마을에 꼬리가 꼬불꼬불한 아기돼지가 살고 있었어요. 아기돼지는 자기 꼬리가 꼬불꼬불해서 언제나 속이 상했어요. 그래서 꼬리를 쭉 펴려고 동물친구들에게 부탁해요. 동물친구들이 힘을 합쳐 아기돼지 꼬리가 쭉 펴졌어요.

• 동화의 내용과 대사를 회상한다.
– 아기돼지는 어떤 꼬리를 가지고 있었나요?
– 꼬불꼬불한 꼬리가 싫은 아기돼지는 누구를 찾아갔나요?
– 아기돼지가 의사선생님에게 무엇이라고 이야기했나요?
• 동극 무대 꾸미기에 대해 의논하고 무대를 꾸민다.</td></tr>
</table>

	– 동극을 하려면 어떤 장소들이 필요할까요? – 아기돼지가 동물들을 만나서 이야기하는 숲 속 길은 어떻게 꾸미면 좋을까요? • 동극에 필요한 소품을 준비하고, 동극을 할 준비를 한다. – 동극을 하려면 어떤 물건이 필요할까요? – 돼지꼬리는 무엇으로 하면 좋을까요? – 소품은 누가 준비할까요? • 동극의 배역을 정한다. – 동화에 누가 나왔나요? • 배역을 맡은 유아들이 나와 한 줄로 서서 자기소개를 한다. • 동극을 한다.
마무리	• 동극에 대한 평가를 하며 활동을 마무리한다. – 친구와 함께 동극을 해 보았는데 어떠했나요? – 동물 친구들이 아기돼지를 도와준 것처럼 여러분도 친구를 도와준 적이 있나요?
표상하기 (사후활동)	• 친구와 힘을 합해 이룰 수 있는 것들을 생각해 본다.
평가	• 동화의 내용을 이해하고 극으로 표현하였는가? • 친구와 함께 무대를 꾸미고, 동극을 준비하였는가?

유아들의 반응

유아들은 동극을 준비하면서 첫 번째 유아가 돼지꼬리를 한 번에 많이 펴게 되면 뒤에 등장하는 친구가 펼 수 있는 돼지꼬리가 적다는 것을 알게 되었다. 그래서 유아들은 동극을 할 때 돼지꼬리를 조금씩 펴면서 다른 사람의 차례가 와도 돼지꼬리를 조금씩 잡아당겨 펼 수 있도록 친구를 배려하는 모습과 대사를 잊어 이야기하지 못하는 유아가 멋쩍어하자 작은 목소리로 알려주는 모습을 보였다.

무대를 준비하면서도 자신의 의견만을 고집하지 않고 다른 친구의 의견을 경청하며 받아들이는 모습을 보며 유아들이 협력하고 친구를 배려하는 마음이 커졌다는 것을 느낄 수 있었다.

활동모습

활동의 유의점

동극에 참여하는 것을 어려워하는 유아는 비중이 적은 배역부터 시작하여 서서히 비중이 높은 배역을 맡아 자신감을 주도록 한다.

동극을 관람하는 유아도 관객이 지켜야 할 예절을 알고 실천할 수 있도록 한다.

동물들의 축제

활동 선정 배경

같은 조가 된 친구들과 함께 동작을 정하고 정한 동작을 같이 표현함으로써 친구의 의견을 존중하고 같은 조의 조원으로서 책임을 다할 수 있도록 이 활동을 선정하였다.

활동목표

동물들이 움직일 때의 특징을 관찰하고 표현한다.
친구들과 협동하면서 신체 각 부분을 움직일 수 있다.

활동계획안

활동명	동물들의 축제	활동형태	신체	생활주제	유치원과 친구
대상연령	만 4세				
인성요소	협력, 배려, 책임				
활동자료	동물들의 움직임을 보여주는 동영상 자료, 동물 머리띠 또는 목걸이				
활동과정	활동내용				
도입	• 동영상 자료를 보면서 동물들의 특징적인 움직임을 관찰한다. – 어떤 동물들이 나왔나요? – 동물들이 어떻게 움직이나요?				
전개	• 유아들과 함께 동물의 움직임을 표현하는 방법에 대해 이야기 나눈다. – 동물들이 축제를 한다고 생각하고 동물들의 움직임을 몸으로 표현해 보도록 해요. – 강아지처럼 움직이려면 어떻게 움직일 수 있을까요? – 손뿐 아니라 다리를 이용하면 어떻게 표현할 수 있을까요? – 팀은 어떻게 정할까요? – 친구들과 이야기를 나눠서 표현하고 싶은 동물을 선택해 보도록 해요(4가지 동물 중 한 가지를 협의를 통해 선택한 후 머리띠 또는 목걸이를 한다). • 동물들의 움직임을 친구들과 함께 표현한다. – 친구와 함께 동물들의 움직임을 표현해 보도록 해요. – 또 어떤 방법으로 표현해 보고 싶나요? • 실이 바늘을 따라 가듯 앞 사람이 표현하는 것을 나머지 사람들이 따라 한다. – 친구가 표현하는 동물을 똑같이 따라 해 볼 수 있나요? • 한 번 해 본 후에 동물의 어떤 모습을 표현했는지를 이야기해 보고 재미있는 표현,				

	움직이는 장소, 지켜야 할 약속에 대해 다시 한 번 확인한 후에 역할을 바꾸어 해 본다. – 역할을 바꿔서 표현해 보도록 해요.
마무리	• 활동이 끝나면 동물을 흉내낸 느낌에 대해 이야기하고 마친다. – 어떤 동물 흉내가 재미있었나요? – 친구들의 모습을 따라 하니 어떠했나요?
표상하기 (사후활동)	• 자신이 표현한 동물의 움직임을 그림으로 표현해 본다.
평가	• 동물 움직임의 특징을 관찰하고 표현할 수 있는가? • 친구들과 협동하면서 신체 각 부분을 움직였는가?

유아들의 반응

조마다 동물을 정하고 동작을 정하는데 남자 유아들은 원숭이, 사자, 호랑이와 같이 움직임이 재미있거나 힘이 센 동물들의 모습을 표현하고자 하였고, 여자 유아들은 토끼, 새 등 움직임이 귀엽거나 작은 동물들을 표현하고 싶어하여 활동 초기에는 의견충돌이 일어났다. 활동을 반복하며 진행하자 유아들은 자신의 생각을 조금씩 굽히기도 하였고, 동물 흉내내기를 부끄러워하던 유아도 친구와 함께 활동하자 점점 자신감 있는 모습으로 활동하기도 하였다.

활동모습

활동의 유의점

활동에 소극적인 유아들도 자신의 의견을 낼 수 있도록 격려한다.

발자국을 따라 걸어 보아요

활동 선정 배경

유아들은 동물의 다양한 특징을 조사하며 동물마다 발자국이 다름을 알게 되었다. 유아들이 동물 발자국 모양을 그리며 즐거워하였고, 유아들이 흥미로워하는 것을 게임으로 만들어서 활동하고자 하였다. 단순히 동물의 발자국만 따라 가는 게임이 아닌 친구와 협력하여 게임에 참여할 수 있도록 이 활동을 선정하였다.

활동목표

공동의 목표를 가지고 함께 협력하는 방법을 알고 실천한다.
협력을 통해 공동체 의식을 가진다.

활동계획안

활동명	발자국을 따라 걸어 보아요	활동형태	게임	생활주제	동식물과 자연
대상연령	만 4세				
인성요소	협력				
활동자료	동물사진 자료, 발자국 모형(토끼 발자국 7개, 돼지 발자국 7개, 오리 발자국 7개, 닭 발자국 7개), 동물 발자국 그림자료, 신호악기				
활동과정	활동내용				
도입	• 동물의 발자국에 대해 이야기한다. – 이것은 누구의 발자국일까요? – 발자국 모양이 어떻게 생겼나요? (토끼, 오리, 돼지, 닭)				
전개	• 게임에 필요한 준비물에 대해 이야기를 나눈다. – 게임을 할 때 어떤 것들이 필요할까요? • 팀을 나눈다. • 게임방법을 소개한다. 〈게임방법〉 ① 두 팀으로 나눈다. ② 한 팀에 한 명의 유아가 동물 가면을 쓴다. ③ 다른 유아들은 동물의 발자국을 하나씩 나누어 갖는다. ④ 동물 가면을 쓴 유아는 신호가 울리면 다른 유아들이 놓아주는 발자국을 따라				

	반환점을 돌아온다. ⑤ 릴레이로 먼저 반환점을 돌아오는 팀이 승리한다. • 팀 이름을 정한다. • 시범경기를 해 본다. • 약속을 정한다. • 게임을 시작한다.
마무리	• 활동을 끝낸 후 느낌에 대해 이야기를 나눈다. – 게임을 해 보니 느낌이 어떠했나요? – 친구들과 함께 발자국을 놓아주면서 해 보았는데 어떠했나요?
표상하기 (사후활동)	• 동물들의 발자국을 조사해 본다.
평가	• 친구와 협동하여 게임을 하였는가?

유아들의 반응

게임을 3회에 걸쳐 진행하였는데 첫 번째 게임은 유아들이 이기려는 욕심이 생겨 서로 발자국판을 놓으려고 하면서 발자국판이 일정한 간격으로 배치되지 않고 멀리 배치되어 발자국판을 밟는 유아가 힘들어하며 오히려 게임의 속도가 느렸다. 두 번째 게임을 할 때는 유아들이 첫 번째 게임에서 실패하였던 것을 생각하여 발자국판의 간격을 좁게 하였는데 간격이 좁아도 발자국판을 밟는 것이 불편하다는 것을 알게 되었다. 세 번째 게임에서는 발자국판을 알맞은 간격으로 놓았더니 발자국판을 밟는 유아도 수월하게 발자국을 밟을 수 있었고, 게임도 수월하게 진행되었다. 유아들은 협력하여 게임을 하면서 자신의 뜻대로만 고집을 부리면 오히려 게임에 방해가 된다는 것을 알게 되었다.

활동모습

활동의 유의점

서로 함께 협동할 수 있는 활동을 준비한다.

활동을 하며 협동하는 즐거움을 느낄 수 있도록 격려한다.

공작새 꾸미기

활동 선정 배경

친구와 협력하여 책임감 있게 공동의 작품을 완성할 수 있도록 이 활동을 선정하였다.

활동목표

다양한 동물에 관심을 갖는다.

친구와 협력하여 공동의 작품을 완성한다.

활동계획안

활동명	공작새 꾸미기	활동형태	미술	생활주제	동식물과 자연
대상연령	만 4세				
인성요소	협력, 배려, 책임				
활동자료	그리기 및 꾸미기 재료(전지, 색연필, 크레파스, 사인펜, 물감, 뽕뽕이, 수수깡, 한지 지끈 등)				
활동과정	활동내용				
도입	• 공작새 사진을 보며 이야기 나눈다. - 공작새의 날개는 어떤 색인가요? - 날개의 크기는 어떤가요? • 공작새를 다양한 방법으로 만들어 볼 것을 제안한다. - 소그룹으로 나누어 공작새를 만들어 볼 거예요. - 공작새를 어떤 방법으로 표현하면 좋을까요?				
전개	• 5~6명으로 조를 나눈다. • 조 친구들과 함께 어떤 방법으로 공작새를 만들지 의논한다. - 날개는 어떤 것으로 꾸며 볼까요? • 다양한 방법으로 공작새를 만들어 본다. 〈활동방법〉 ① 손바닥으로 찍어 공작새 모양을 만들어 본다. ② 공작새를 그린 뒤 꾸민다. - 다양한 꾸미기 재료(지끈, 빨대, 뽕뽕이)로 붙여 만든 공작새 - 스크래치 기법으로 만든 공작새				

마무리	• 친구들과 함께 만든 공작새를 감상한다. • 미술활동을 하며 느낀점을 이야기 나누어 본다. – 친구들과 함께한 공작새 만들기 활동 어떠했나요? – 좋았던 점(어려운 점)은 없었나요?
평가	• 다양한 동물에 대해 알았는가? • 친구와 협동하여 미술활동에 참여하였는가? • 자신이 맡은 부분의 책임감을 가지고 참여하였는가?

유아들의 반응

미술활동이 공동 작품 만들기로 이루어질 때 유아들의 의견충돌이 가장 많이 나타난다. 이번 공작새 꾸미기 활동도 마찬가지로 유아들이 자신의 의견을 좁히지 않았다. 그러자 한 유아가 공작새의 날개를 부분으로 나누어 꾸미자는 의견을 냈다. 이에 다른 유아들도 그 유아의 의견을 따르기로 하였다. 유아들이 자신이 맡은 부분을 꾸밀 때는 서로 색이나 재료가 겹쳐지지 않도록 의견을 조율하는 모습도 볼 수 있었다. 협동활동이 유아들에게는 조금은 어려운 활동이기는 하지만 협동활동의 경험이 늘수록 유아들도 친구와 자신의 의견을 존중하며 조금씩 변해 가는 모습이 나타났다.

활동모습

북극곰의 눈물

활동 선정 배경

지구 온난화와 멸종위기 동식물에 대한 관심과 보호가 요구되는 현재 유아들이 '지구는 우리가 함께 사용하는 소중한 공간'임을 알고 환경을 지키는 방법을 실천할 수 있도록 이 활동을 선정하였다.

활동목표

북극곰들의 서식지 상황에 대해 이해하고 공감한다.

북극곰을 위해 우리가 할 수 있는 일을 알고 실천한다.

활동계획안

활동명	북극곰의 눈물	활동형태	이야기나누기	생활주제	동식물과 자연
대상연령	만 5세				
인성요소	배려, 존중, 책임				
활동자료	동영상(지식채널-e, 얼음위를 걷고 싶어요), 수조, 얼음, 북극곰 모형, 전기포트, 지구 삼각대, 노랑/빨강 투명판				
활동과정	활동내용				
도입	• 북극에 사는 북극곰에 대해 수수께끼로 설명한다. - 나는 다리가 4개 있어요. 나는 흰색이고 털이 많아요. 나는 추운 곳에서 살아요.				
전개	• '얼음 위를 걷고 싶어요' 동영상을 시청한다. [지구의 온난화로 북극곰의 서식지인 처칠만에는 이제 눈이 내리지 않는다. 북극곰은 먹이를 찾기 위해 다니지만 북극곰이 디딜 수 있는 얼음은 없다. 처칠만의 얼음은 점점 녹아만 가고 이제 더 이상 북극곰이 살 수 있는 공간은 서서히 없어지고 있다.] - 동영상을 보고 나니 어떤 생각이 드나요? - 북극곰은 왜 물에 빠졌을까요? - 물에 빠진 북극곰은 어떤 생각을 했을까요? • (수조 안의 얼음이 녹아내리는 것을 보며)지구 온난화에 대해 이야기한다. - 북극의 얼음은 왜 녹아내릴까요? - 지구를 덥게 만드는 공기는 어디에서 나올까요? • 북극곰을 위해 할 수 있는 일에 대해 이야기 나눈다. - 북극곰을 돕기 위해 무엇을 해야 할까요?				

	– 지구를 덥게 만드는 공기를 줄이기 위해 우리가 할 수 있는 일에는 무엇이 있을까요? • 우리가 실천할 수 있는 일들을 생각해 본다. – 유치원/집에서 할 수 있는 일은 무엇일까요? – 지구를 위해 모든 사람들이 지켜야 할 것에는 무엇이 있을까요?
마무리	• 지구 온난화를 방지하기 위한 방법을 실천한다.
표상하기 (사후활동)	• 북극곰에게 편지쓰기 활동을 한다. – 우리가 느끼고 생각한 것을 북극곰에게 어떻게 전달해 줄 수 있을까요? – 여러분들이 이야기한 것처럼 북극곰에게 편지를 쓰고 전해 주도록 해요.
평가	• 곰들이 사는 북극의 환경에 대해 관심을 가지는가? • 북극곰들의 상황에 대해 이해하고 공감하는가? • 지구의 온난화에 대해 알고 지구를 위해 할 수 있는 일을 실천하는가?

유아들의 반응

이야기 나누기 시간에 대집단으로 모여 앉아 북극곰의 현재 상황에 대한 동영상을 관람한 후

교　사: '얼음 위를 걷고 싶어요' 영상을 보고나니 어떤 생각이 드나요?
유아 1: 북극곰이 불쌍해요.
유아 2: 얼음이 없으면 왜 북극곰이 살기 힘들어요?
유아 1: 헤엄치다가 쉴 곳이 없어서 힘들다고 했잖아.
교　사: 북극해에서 물고기를 사냥하다 쉴 수 있는 빙하가 점점 녹아 사라지면서 북극곰이 익사하는 경우도 많다고 그랬지요?
유아 1: 익사가 뭐예요?
유아 3: 물에 빠져 죽는 것을 말하는 거야. 선생님, 저는요, 옛날에 수영하다가 물에 빠진 적이 있는데 숨막혀서 힘들었어요.
유아 2: 북극곰도 물에 빠지면 숨 막혀서 힘들 것 같아요.
교　사: 우리가 지난번에 이야기 나누었던 온난화 현상 때문에 빙하가 많이 녹고 있대요.
유아 1: 전기 아껴쓰기!
교　사: 그래요. 온난화를 예방하기 위해 우리가 지켜야 할 약속들도 이야기했었죠? 전기 아껴쓰기도 있었고 또 어떤 약속도 있었나요?
유아 3: 가까운 거리는 걸어 다녀요.
유아 2: 분리수거요.
교　사: 공기가 깨끗해지도록 가까운 거리는 자동차를 타지 않고 걸어 다니기, 쓰레기를 줄이기 위해 분리수거하고 재활용하기 등의 약속을 우리 ○오름반 어린이들이 잘 기억하고 있네요.
유아 2: 선생님, 지금 교실 불 꺼요.

교 사: 전기 절약하기를 바로 실천하려고요? 우리 ○○가 북극곰을 도와주고 싶은 마음이 큰 것 같네요(웃음).

유아 3: 어두우면 우리 눈이 나빠지니까 안 돼.

유아 2: 그럼 교실에서 나갈 때 불 끄면 되잖아.

교 사: 오늘 바깥놀이를 나갈 때, 식당이나 체험놀이장에 갈 때 교실 불을 끄고 가는 건 어떨까요?

유아 2: 제가 끌래요.

교 사: 좋아요. 우리 ○○가 오늘의 전기절약 도우미가 되어 주세요.

〈2014. 06. 02.〉

활동모습

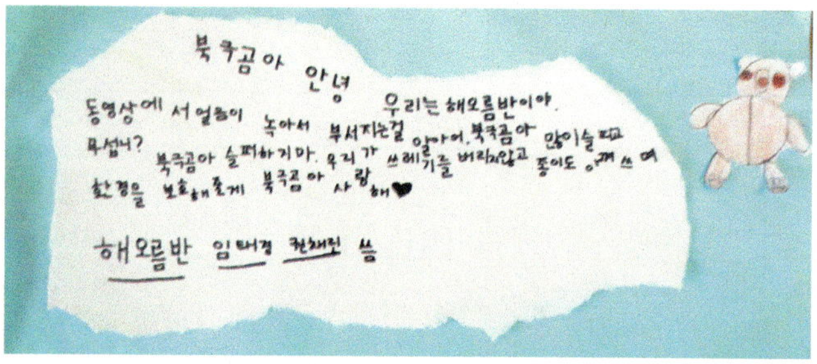

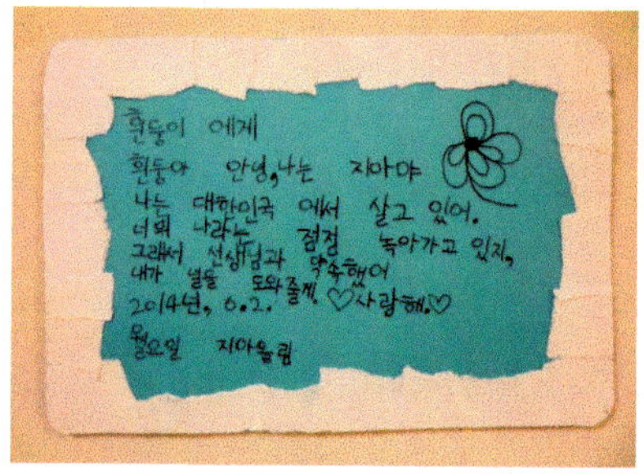

활동의 유의점

환경오염을 줄이기 위한 방법은 유아들이 실생활에서 실천 가능한 것으로 이야기한다.

* 출처: 5세 누리과정 교사용 지도서, 4. 동식물과 자연, p. 191
 동영상출처: 지식채널-e, 얼음 위를 걷고 싶어요

공룡의 마음

활동 선정 배경

공룡이 사라진 이유를 알고, 공룡의 입장이 되어 공감하며 공룡처럼 어려움에 처한 사람들이 있다는 것을 알고 도울 수 있는 방법을 알아보고자 이 활동을 선정하였다.

활동목표

공룡이 사라진 이유에 대해 알고, 공룡의 입장에 공감한다.
공룡처럼 어려운 상황에 처한 친구들을 이해하고 도와줄 수 있다.

활동계획안

활동명	공룡의 마음	활동형태	이야기나누기 (토의)	생활주제	동식물과 자연
대상연령	만 5세				
인성요소	존중, 나눔				
활동자료	공룡 손인형, 공룡의 멸종 동영상				
활동과정	활동내용				
도입	• 공룡 손인형으로 흥미를 유발한다. – 얘들아, 안녕? 잉잉잉~ 내가 잠을 자고 일어나니 우리 집이 없어졌지 뭐야. 우리 집 좀 찾아줄 수 있겠니?				
전개	• 공룡이 살았던 시대에 대해 알아본다. • '공룡의 마음'에 대해 공룡의 입장이 되어 생각해 본다. – 지금은 왜 공룡이 사라지고 없나요? – 공룡이 사라지게 되었을 때 공룡의 마음은 어떠했을까요? • '공룡의 마음'에 대하여 토의한다. – 내가 공룡들의 친구라면 공룡에게 어떤 위로의 말을 해 줄 수 있나요? – 공룡 친구들에게 어떤 도움을 줄 수 있을까요? – 우리 주변에 공룡처럼 어려움을 당해서 힘들어하는 친구들이 있나요? – 어려움을 겪고 있는 친구들을 어떻게 도와줄 수 있을까요?				
마무리	• 토의한 내용을 기록하여 다양한 생각들을 살펴본다. – 다른 조들은 공룡의 멸종에 대해 어떠한 생각을 가지고 있는지 들어 볼까요? – 어느 조부터 발표해 볼까요?				
표상하기 (사후활동)	• 토의한 내용을 기록하여 다양한 생각들을 살펴보도록 한다. • 유아들의 의견에 따라 공룡에게 위로와 도움을 준다.				

	(예: 편지쓰기 등) • 어려움을 당한 친구들에게 도움을 줄 수 있는 방법을 실천한다. (예: 아름다운재단 기부하기 등 어려움에 처한 친구들을 돕고자 하는 의견에 따라 실행함)
평가	• 공룡들이 사라지게 되었을 때 공룡의 입장에서 공룡의 마음을 이해할 수 있었는가? • 공룡들과 같이 주위에 어려움에 처한 친구들을 도와줄 수 있는가?

유아들의 반응

공룡의 멸종에 대한 유아들의 생각을 물어 보니, 유아들은 '슬퍼요', '공룡들이 무서워할 것 같아요', '엄마 · 아빠가 보고 싶을 것 같아요'라는 반응을 많이 보였다.

공룡에게 어떠한 도움을 줄 수 있느냐는 물음에는 '집을 지어 줘요', '위로해 줘요', '엄마 · 아빠를 찾아 줘요'라는 대답을 많이 하였다.

터전을 잃은 공룡의 이야기를 토의한 후 실제로 우리 주변에 산사태나 홍수, 전쟁 등으로 집과 가족을 잃은 사람들에 대해 알아보았고, 그들을 돕기 위한 모금을 진행하기도 하였다.

활동모습

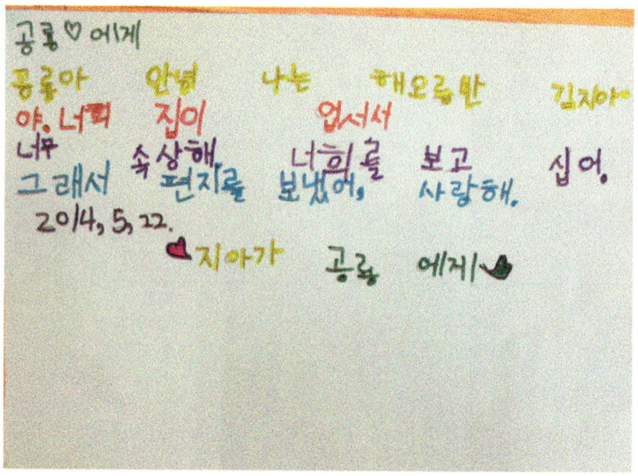

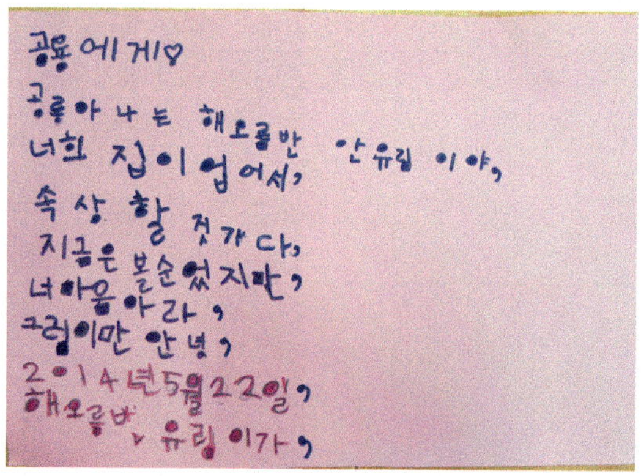

활동의 유의점

공룡의 멸종설에 대한 여러 가지 내용들을 쉽게 이해할 수 있도록 이야기한다.

나눔은 기쁨이에요

활동 선정 배경

무지개 물고기 동화를 듣고 동극을 하여 유아들이 나눔의 기쁨이 무엇인지 느끼고 직접 자신이 가진 것을 친구, 동생들과 나누는 경험을 하고자 이 활동을 선정하게 되었다.

활동목표

자신의 것을 다른 사람과 함께 나누는 경험을 한다.

나눔의 기쁨을 알고 나눔을 실천한다.

활동계획안

<table>
<tr><td>활동명</td><td>나눔은 기쁨이에요</td><td>활동형태</td><td>동극</td><td>생활주제</td><td>동식물과 자연</td></tr>
<tr><td>대상연령</td><td colspan="5">만 5세</td></tr>
<tr><td>인성요소</td><td colspan="5">존중, 나눔</td></tr>
<tr><td>활동자료</td><td colspan="5">그림책 「무지개 물고기」(마르쿠스 피스터 글/그림, 시공주니어 출판사), 각색대본, 동화 속 주인공이 필요로 하는 소품들, 등장인물 머리띠, 배경</td></tr>
<tr><td>활동과정</td><td colspan="5">활동내용</td></tr>
<tr><td>도입</td><td colspan="5">• 「무지개 물고기」 그림책의 표지를 살펴본다.
• 「무지개 물고기」 그림책을 읽어 본다.

〈동화내용〉
무지개 물고기는 반짝반짝 빛나는 은빛 비늘이 박혀 있어요. 다른 물고기들은 빛나는 비늘의 모습이 예뻐 무지개 물고기와 놀고 싶어하지만 무지개 물고기는 잘난 체하며 지나가 버렸어요. 파란 물고기가 다가와 반짝이는 비늘 하나만 줄 수 있는지 물어 보지만 무지개 물고기는 소리를 지르며 싫다고 말을 했어요. 그 후 무지개 물고기와 놀아 주는 친구는 하나도 없고 모두 피하기 시작했어요. 외로워진 무지개 물고기는 문어할머니에게 찾아가 왜 날 아무도 좋아하지 않는지 물어보는데 문어할머니는 너의 비늘을 친구들에게 나누어 주면 좋아할 것이라고 말씀해 주셨어요. 무지개 물고기는 많은 고민을 하지만 반짝이 비늘 한 개쯤 없어도 괜찮다고 생각하며 물고기들에게 반짝이는 비늘을 나누어 주었어요. 무지개 물고기는 가장 아끼는 보물을 나누어 주며 마음이 무척 행복했고, 친구들과도 사이좋게 놀게 되었어요.</td></tr>
</table>

전개	• 동화의 내용에 대해 이야기 나눈다. – 무지개 물고기는 비늘을 왜 친구들에게 나누어 주지 않았나요? – 왜 물고기들은 무지개 물고기와 놀지 않았나요? – 문어할머니는 무지개 물고기에서 어떤 말을 해 주었나요? – 무지개 물고기가 친구들에게 예쁜 비늘을 나누어 주었을 때 어떤 기분이었을까요? • 동극에 필요한 역할과 소품에 대해 이야기한다. – 어떤 역할이 필요할까요?/ 무엇이 필요할까요?/ 무대를 어떻게 꾸미면 좋을까요? • 동극을 한다. – 지금부터 ○○반 어린이들의 "무지개 물고기" 동극을 시작하겠습니다. • 동극이 끝난 후 자신이 맡았던 역할을 이야기한 후 인사한다. – 저는 ○○역할을 맡았던 ○○○입니다.
마무리	• 동극을 본 느낀점을 이야기한다. – 동극을 보니 어떠했나요? • 동극을 하고 난 후의 소감을 이야기한다. – 여러분이 무지개 물고기라면 친구들에게 예쁜 비늘을 나누어 줄 수 있나요? – 그때 기분이 어떠할까요? – 여러분도 남에게 나의 것을 나누어 준 적이 있나요? – 언제 나누어 주었나요? 그때 기분은 어떠했나요? – 무지개 물고기에게 예쁜 비늘을 받았던 친구들의 마음은 어떠했을까요?
표상하기 (사후활동)	• 친구들이나 동생들과 함께 나누어 주고 싶은 것에 대해 이야기하고 실천한 후 발표한다. (예; 요리활동을 한 후 동생들에게 나누어 주기 등)
평가	• 친구를 위해 나의 감정을 조절하는가? • 친구와 나누는 기쁨에 대해 아는가? • 나눔을 실천하는가?

유아들의 반응

무지개 물고기 동화 동극을 하고 난 후 유아들의 소감을 들어 보았다. 유아들은 무지개 물고기가 자신은 많은 것을 가지고 있으면서 다른 친구들에게 나누어 주지 않은 점에 대해 비판을 많이 하였다. 그러면서 자신들은 다른 친구들에게 나누어 줄 수 있는 사람이 되어야겠다고 이야기하였는데 그 중 평소 욕심을 많이 부렸던 ○○가 갑자기 벌떡 일어나더니 "선생님, 저 이제 친구들이 잘 놀아 줘요. 이제 욕심 많이 안 부려서요."라고 이야기하며 동화와 자신의 상황을 접목시키며 자신의 잘못을 반성하기도 하였다.

활동 후 유아들은 무지개 물고기처럼 많은 것을 가지고 있을 때는 나누어 줄 수 있지만 소중한 것이 하나 밖에 없을 때에는 어떻게 하는 것이 옳은 것인지 의문을 갖기도 하여 의미있는 나눔에 대한 토론을 진행하기도 하였다.

아기캥거루와 장애물 넘기

활동 선정 배경

조원 간에 협력하고 서로를 배려하며 질서를 지키며 게임에 참여하는 것이 의미 있는 것이라는 것을 알게 하기 위해 이 활동을 선정하였다.

활동목표

규칙을 지키며 게임에 참여한다.
짝이 된 친구를 배려하고 협력하며 게임한다.

활동계획안

활동명	아기캥거루와 장애물 넘기	활동형태	게임	생활주제	동식물과 자연
대상연령	만 5세				
인성요소	협력, 배려, 질서				
활동자료	아기캥거루를 안고 있는 캥거루 사진, 주머니가 달린 앞치마, 유니바, 신호악기, 점수판, 출발선 표시				
활동과정	활동내용				
도입	• 캥거루 사진을 보며 이야기 나눈다. – 캥거루를 본 적 있나요? – 엄마캥거루의 배 앞의 주머니는 어디에 쓸까요?				
전개	• 게임 자료를 보며 게임방법을 설명한다. – 이것들을 가지고 어떤 게임을 할 수 있을까요? 〈게임방법〉 한 사람은 엄마캥거루가 되고, 또 한 사람은 아기캥거루가 되어 둘이 서로 안고 유니바를 넘어서 안전하게 돌아온다. – 아기캥거루를 데리고 유니바를 넘을 때 엄마캥거루는 어떤 마음일까요? – 아기캥거루와 함께 짝을 지어 장애물을 넘어올 때 아기캥거루가 다치지 않도록 하려면 어떻게 해야 할까요? • 팀을 나눈 후 게임대형으로 앉는다. (두 팀이 카펫을 중심으로 양쪽으로 나누어 앉는다.)				

	• 게임 시범을 보인다. • 규칙을 정한다. • 게임 방법대로 게임을 실시한다.
마무리	• 게임에 대한 평가를 한다. – 친구와 함께 짝을 이루어 게임을 했는데 좋았던 점은 무엇인가요? – 친구와 함께 짝을 이루어 게임을 했는데 어려웠던 점은 무엇인가요? – 엄마캥거루 역할을 맡은 어린이들은 아기캥거루를 잘 보호해 주었나요? – 엄마캥거루의 보호를 받았을 때 느낌이 어떠했나요?
표상하기 (사후활동)	• 엄마캥거루와 아기캥거루 인형을 역할영역에 놓아 주어 역할놀이를 해 본다.
평가	• 질서와 규칙을 지키며 게임하였는가? • 짝 친구를 배려하고 협력하여 게임에 참여하였는가?

유아들의 반응

게임을 2회에 걸쳐 진행하였는데 첫 번째 게임은 유아들에게 게임방법을 설명해 주었음에도 불구하고 서로를 배려해 주지 않아 넘어지거나 호흡이 맞지 않는 바람에 뜀뛰기를 하여 유니바 넘는 것을 힘들어하였다. 첫 번째 게임 후 유아들에게 어떠한 점이 어려웠는지, 왜 불편했는지 물어 보았더니 친구와 힘을 합치지 않아서, 친구와 속도가 달라서 등 친구를 배려해 주지 않았다는 것을 이야기하기도 하였다. 그래서 두 번째 게임을 진행할 때는 유아들이 첫 번째 게임에서 힘들었던 것을 생각하며 보완하여 할 수 있도록 하였는데 유아들이 첫 번째 게임보다 쉽게 유니바를 넘을 수 있었다. 게임을 평가하며 첫 번째 게임과 두 번째 게임을 비교해 보았는데 유아들이 서로 배려를 하며 협력하였을 때 수월하였다고 이야기하며 유아들 스스로가 배려와 협력의 중요성을 알게 되었다.

동물을 보호해요

활동 선정 배경

사랑을 받는 동물도 있지만 반대로 학대받는 동물들이 있다는 것과 동물들의 생명을 소중히 여기고 돌봐야 한다는 것을 알게 하기 위해 이 활동을 선정하였다.

활동목표

동물도 생명이 있음을 알고 소중하게 여긴다.
동물을 보호하는 방법을 알고 실천한다.
동물 보호 캠페인 활동에 적극적으로 참여한다.

활동계획안

활동명	동물을 보호해요	활동형태	이야기나누기, 미술, 현장체험	생활주제	동식물과 자연
대상연령	만 5세				
인성요소	존중, 배려, 질서, 책임				
활동자료	학대당한 동물들의 사진이나 영상, 캠페인 사진, 도화지, 그리기도구 등				
활동과정	활동내용				
도입	• 동물이 다친 사진과 버려진 동물(유기견)의 사진을 보여 준다. – 여기 동물을 보세요. 어떤가요? – 왜 이렇게 다쳤을까요? – 왜 버려졌을까요?				
전개	• 동물을 보호하는 방법에 대해 토의한다. – 다친 동물의 마음은 어떠할까요? – 버려진 동물들의 마음은 어떠할까요? – 만일 여러분이 다치거나 버려졌다면 마음이 어떠했을까요? – 동물을 왜 보호해야 할까요? – 동물을 보호하는 방법은 어떤 것들이 있을까요? – 모둠별로 모여 동물을 보호하는 방법에 대해 알아봐요. – 동물을 보호하는 방법을 사람들에게 어떻게 알릴 수 있을까요? • 토의한 내용을 토대로 포스터, 표어를 만든다. – 여러분이 불쌍한 동물들에 대해 생각한 내용을 어떤 방법으로 알리면 좋을까요? – 여러 사람이 함께 볼 수 있으려면 어떻게 해야 할까요? – 도화지, 색연필 등으로 포스터, 표어를 만들어 보도록 해요.				

	• 완성된 포스터, 표어를 발표해 본다. – 모둠별로 만든 포스터, 표어를 친구들에게 소개해 보도록 해요. • 캠페인 활동을 소개하고 활동을 마무리한다. – 우리가 만든 포스터, 표어 내용은 어떻게 소개하면 좋을까요? – 여러분이 만든 포스터, 표어를 가지고 캠페인 활동을 하도록 해요. • 동생반과 유치원 입구에서 캠페인 활동을 한다.
마무리	• 교실로 돌아와서 캠페인 활동사진을 보며 이야기한다. – 캠페인을 해 보니 어떠했나요? – 어떤 점이 잘 되었다고 생각하나요? – 어떤 점이 어려웠나요? – 다른 사람들이 뭐라고 이야기를 했나요? • 더 많은 사람들에게 전달할 수 있는 방법에 대해 알아본다. – 어떻게 하면 더 많은 사람들에게 알릴 수 있을까요?
평가	• 동물을 왜 보호해야 하는지 아는가? • 동물을 보호하는 방법에 대해 아는가? • 동물 보호 캠페인 활동에 적극적으로 참여했는가?

유아들의 반응

동물들이 다친 사진이나 유기된 모습이 담긴 동영상을 볼 때 유아들은 끔찍하고 슬프다며 두 눈을 가리기도 하였다. 눈물을 흘리며 동물들이 불쌍하다고 이야기하기도 하였으며 동물들을 학대하는 사람들의 태도에 화를 내기도 하였다. 모둠별로 모여 캠페인을 준비하는데 아직도 자신의 의견만을 고집하는 유아들이 있기도 하였지만 조금씩 나아지고 있는 듯하다.

'동물사랑 캠페인'을 하고 난 후

유아들이 '동물사랑 캠페인'을 하고 난 후 집에서 키우는 동물들을 아끼며 사랑해 주는 모습을 보인다고 학부모님과 함께 전화로 이야기를 하였다.

교 사: 네. 요즘 주제가 '동물'이라 동물의 소중함도 느끼고 보호하는 방법에 대해 이야기를 나누고 있어요. 동물을 사랑하는 마음을 잘 지키고 있어서요. 유치원에서 키우는 토끼에게도 밥도 잘 주고 잠은 잘 자는지 걱정도 했어요.

학부모: 다행이예요. 처음에는 '까꺄'를 무서워했었고, 가까이 오면 오지 말라고 '까꺄'를 밀어냈는데 지금은 '까꺄'에게 다가가고 예뻐도 해 줘요. 이렇게 '동물사랑 캠페인'으로 동물을 사랑하는 마음을 갖는게 정말 좋은 것 같습니다.

활동모습

【건강과 안전】

재능 줄넘기대회

활동 선정 배경

줄넘기를 통해 유아들이 자신의 신체 능력을 긍정적으로 인식하며 건강증진을 도모하는 것과 더불어 줄넘기 대회를 통해 질서를 지키며 친구를 존중하는 태도를 기르기 위해 이 활동을 선정하였다.

활동목표

자신의 신체 능력을 긍정적으로 인식한다.

줄넘기활동을 통하여 유아들의 건강증진 및 건강생활실천 분위기를 조성한다.

활동계획안

활동명	재능 줄넘기대회	활동형태	체험활동	생활주제	건강과 안전
대상연령	만 3, 4, 5세				
인성요소	질서, 존중				
준비물	줄넘기, 상품				
활동방법	• 매월 둘째 주 화요일 줄넘기대회를 실시한다. • 반별 대회를 통해 각 반 대표 2명을 선출하고 연령별 줄넘기대회를 실시한 후 1등, 2등, 3등의 유아에게 소정의 상품을 수여한다. • 매달 열리는 줄넘기대회에서 1등을 한 어린이들이 모여 2월에 '줄넘기대회 왕중왕전'을 실시한다.				
평가	• 유아들이 자신의 신체 능력을 긍정적으로 인식하고 줄넘기대회에 참여하였는가? • 줄넘기대회를 통해 존중과 질서를 실천하는가?				

유아들의 반응

교　사: ○○가 요즘 유치원 체험놀이장에서 활동할 때 놀이터에서 놀이하는 것보다 줄넘기하는 것을 더 즐거워해요.

학부모: 요즘 집에서도 많이 연습하고 있어요. 집에서는 아랫집 때문에 하면 안 된다고 이야기했더니 밖에 나가서 연습하자고 해요. 놀이터에서 놀다가도 줄넘기를 찾아요.

교 사: 줄넘기 실력이 많이 늘었어요. 한 달 사이에 많이 넘고 자세도 안정적이에요.
학부모: 줄넘기를 하니 밥도 잘 먹고 밤에 잠도 잘 자고, 그래서인지 키도 부쩍 컸어요.
교 사: 우와, 그래요? 우리 ○○가 잘 할 수 있도록 많이 격려해 주도록 할게요.

〈2014. 05. 21. 전화상담 일지 중〉

활동모습

활동의 유의점

유아 신체능력의 개인차에 따라 알맞게 지도한다.

도서대여

활동 선정 배경

유아기 때부터 올바른 독서습관을 형성하고 창의적인 사고력을 길러 줄 수 있도록 우리 유치원 내 도서관을 활용하고 있다. 도서관에서 유아들이 책을 가까이 할 수 있는 환경과 기회를 제공하여 주 1회 도서대여를 실시하여 책읽기를 지속적으로 실천할 수 있도록 하였다.

활동목표

책을 읽는 즐거움을 느낀다.

독서 의욕을 고취하여 올바른 독서습관을 형성한다.

활동계획안

<table>
<tr><th>활동명</th><td>도서대여</td><th>활동형태</th><td>특색활동</td><th>생활주제</th><td>건강과 안전</td></tr>
<tr><th>대상연령</th><td colspan="5">만 3, 4, 5세</td></tr>
<tr><th>인성요소</th><td colspan="5">배려, 책임</td></tr>
<tr><th>활동자료</th><td colspan="5">도서, 도서대출카드</td></tr>
<tr><th>활동방법</th><td colspan="5">• 유치원 내 도서관에서 읽고 싶은 책 1권을 고른다.
• 교사에게 책과 도서대출카드를 보여 준다.
• 가정에서 책을 읽은 후 연령에 따른 독후활동을 한다.
• 만 4세, 만 5세 유아는 독서 후 가장 기억에 남는 장면을 그림으로 그리거나 글로 적는다.
• 만 3세 유아는 대여한 책의 이름을 적고 읽은 횟수를 체크한다.
• 다 읽은 책은 정해진 날짜에 반납한다.
• 반납한 책은 도서관 책꽂이에 바르게 정리한다.</td></tr>
<tr><th>표상하기
(사후활동)</th><td colspan="5">• 대여한 책을 읽어 본 후 독서통장에 기록한다.</td></tr>
<tr><th>평가</th><td colspan="5">• 책을 깨끗하게 사용하였는가?
• 책을 정해진 날에 반납하였는가?</td></tr>
</table>

유아들의 반응

교　사: ○○가 요즘 나라 이름을 많이 알고 있어요.
학부모: 지난번에 나라 이름들이 소개되는 책을 빌려 왔었는데 그 책을 여러 번 읽고 국기를 보며 이건 무슨 나라인지 궁금해하고 많이 물어 보고 있어요.
교　사: 책 반납할 때 가져오면서 다시 유치원에서 한 번 더 보기도 했어요. 저에게 나라 소개도 해 주며 이야기해 주네요.
학부모: 요즘 글자에 관심도 많아지더니 책읽는 모습도 자주 보이고 있어요.
교　사: ○○가 책에 흥미를 많이 느낄 수 있도록 저도 많이 신경쓰고 격려해 주도록 할게요.

활동모습

활동의 유의점

유아가 수준에 맞는 책을 고를 수 있도록 도움을 준다.

엄마 마음 아빠 마음

활동 선정 배경

유아들이 식사시간에 단순히 음식을 먹는 것만이 아니라 그 음식 속에 부모님의 마음이 담겨 있다는 것을 알고 감사하는 마음을 가질 수 있도록 이 활동을 선정하였다.

활동목표

음식을 남기지 않고 골고루 먹는다.

노래를 통해 부모님의 마음을 이해한다.

활동계획안

활동명	엄마 마음 아빠 마음	활동형태	음악	생활주제	건강과 안전
대상연령	만 3세				
인성요소	효				
활동자료	노래 '엄마 마음 아빠 마음'(조일영 작사, 한수정 작곡), 가사판, 악보, 키보드				
활동과정	활동내용				
도입	• 아이가 음식을 골고루 먹지 않아 속상해하는 엄마, 아빠 이야기를 듣는다. – 얘들아, 안녕? 우리는 민수 엄마, 아빠야. 요즘 우리 민수가 음식을 골고루 먹지 않고 음식을 남기려고 해서 우리가 너무 속상하단다. 우리 민수가 음식을 골고루 먹어서 튼튼한 어린이가 되었으면 좋겠는데. 우리 민수에게 이러한 엄마, 아빠의 마음을 전해 줄 수 있겠니?				
전개	• 노래의 전곡을 들려준다. • 노래를 듣고 난 느낌을 이야기한다. – 부모님이 맛있게 해준 음식을 남겼을 때 부모님의 마음은 어떠실까요? – 어떻게 하면 부모님을 기쁘게 해드릴 수 있을까요? – 우리가 골고루 먹으면 부모님의 마음은 어떠실까요? • 노래의 제목과 노랫말을 알아본다. • 멜로디를 들어 본다. • 교사와 유아가 나누어 불러 본다. • 노래의 전곡을 들어 본다.				

	엄마 마음 아빠 마음 조일영 작사 한수성 작곡 
마무리	• 앞으로 음식을 남기지 않고 골고루 먹기로 약속한다.
표상하기 (사후활동)	• 부모님이나 조리사님께 감사하는 마음을 담아 그림편지를 써 본다.
평가	• 음식을 골고루 먹어야 하는 것을 알고 있는가? • 노래를 통해 부모님의 마음을 이해하는가?

유아들의 반응

학부모와의 전화상담 중

학부모: 어제는 ○○가 집에 와서 저녁식사 전에 음식에는 무엇이 담겨 있는지 물어 봤어요. 그러면서 '이 음식 속에는 엄마 마음이 들어 있지?'라고 이야기하던데요?

교　사: 어제 음식 골고루 먹기에 대해 이야기하면서 '엄마 마음 아빠 마음' 노래를 배웠어요. 그 노래에 음식 속에 부모님의 마음이 담겨 있어서 감사하는 마음을 갖고 골고루 먹기로 약속했어요.

학부모: 그랬군요. 그 노래도 흥얼거리더라고요. 어제 이야기 때문인지 어제 저녁은 반찬 투정 없이 음식도 잘 먹었어요. 제가 안 먹는 음식에 '여기에도 엄마 마음이 담겨 있는데'라고 이야기했더니 투정 없이 먹었나 봐요.

교　사: 우리 ○○ 대견하네요. 많이 칭찬해 주어야겠어요.

활동모습

활동의 유의점

사전에 음식의 영양에 대해 이야기하며 음식을 골고루 먹어야 하는 이유에 대해 이야기 나눈다.

우리 유치원을 깨끗이 청소해요

활동 선정 배경

유아들이 스스로 유치원을 깨끗이 가꾸고 정리할 수 있도록 하기 위해 활동을 계획하고 실천하였다.

활동목표

주변을 깨끗이 해야 하는 이유와 방법을 안다.

유치원 청소에 즐겁게 참여한다.

활동계획안

활동명	우리 유치원을 깨끗이 청소해요	활동형태	신체	생활주제	건강과 안전
대상연령	만 3세				
인성요소	책임				
활동자료	유아들이 만든 먼지털이개, 청소하는 모습을 찍은 사진				
활동과정	활동내용				
도입	• 미술활동에서 만든 먼지털이개 사용방법을 알아본다. – 우리가 어떤 청소도구를 만들었나요? – 이 먼지털이개는 어떻게 사용하는 청소도구일까요? – 사진 속에서 어떻게 사용하고 있나요?				
전개	• 우리 유치원을 깨끗이 청소하기 위한 방법을 이야기한다. – 청소를 해 본 적 있나요? – 어디를 청소했나요? – 우리 유치원은 어떻게 청소할 수 있을까요? – 어떤 도구로 청소할 수 있을까요? – 오늘은 우리가 만든 먼지털이개로 유치원의 먼지를 청소해 줄 거예요. • 유치원에서 청소를 해 줄 곳을 이야기한다. – 우리 유치원 중에서 어떤 곳들을 청소할 수 있을까요? • 먼지털이개를 이용하여 교실을 청소한다. • 유치원 복도, 계단, 도서관, 2층 체험놀이장 등을 이동하며 청소한다.				
마무리	• 청소를 하고 난 느낌을 이야기한다. – 우리 유치원을 청소했는데 기분이 어떠한가요? – 우리가 생활하는 유치원을 깨끗하게 해 주도록 해요.				

표상하기 (사후활동)	• 유아들이 만든 먼지털이개를 이용해 가정에서도 실천해 볼 수 있도록 이야기한다.
평가	• 내 몸과 주변을 깨끗이 해야 하는 이유와 방법을 아는가? • 유치원 청소에 즐겁게 참여하였는가?

유아들의 반응

자유선택활동 시간 미술영역에서

유 아: 선생님 어제 만들었던 먼지털이개 하나 더 만들고 싶어요.
교 사: 새로 만든 먼지털이개로 어디 청소하고 싶어요?
유 아: 어제 집에서 청소하다가 먼지털이개가 망가졌어요.
교 사: 속상했겠네요. 어제 만든 먼지털이개로 집 청소도 했어요?
유 아: 네. 그런데 다 못했어요. 그래서 오늘 다시 만들어서 가지고 가고 싶어요.
교 사: 그래요. 선생님이랑 같이 만들어 봐요. 선생님이 도와줄게요.
유 아: 네. 다 만들면 우리 교실도 청소할게요.

활동모습

활동의 유의점

유아들이 청소하기 적합한 곳을 활동장소로 정한다.

공을 옮겨요

활동 선정 배경

자신의 신체부분을 긍정적으로 인식하는 것 뿐만 아니라 친구와 함께 호흡을 맞춰 가며 협력하여 공을 옮기는 것을 통해 배려하는 마음과 협동심을 길러 볼 수 있도록 이 활동을 선정하였다.

활동목표

신체부위를 이용해 공을 옮긴다.

친구와 협동하여 규칙을 지켜서 게임한다.

활동계획안

활동명	공을 옮겨요	활동형태	게임	생활주제	건강과 안전
대상연령	만 4세				
인성요소	협력, 배려, 질서				
활동자료	궁금이 상자, 신체부위 그림카드(손, 발, 허리, 배, 팔꿈치), 탱탱볼, 신호악기				
활동과정	활동내용				
도입	• 우리 신체부위를 이용해 공을 옮길 수 있는 방법에 대해 이야기한다. – 우리 신체부위를 이용해서 공을 옮길 수 있는 방법은 어떤 것들이 있을까요? – 손을 사용하지 않고 어떤 방법으로 옮길 수 있을까요?				
전개	• 게임에 필요한 준비물에 대해 이야기한다. – 공을 옮기기 위해서는 어떤 것이 필요할까요? • 두 팀으로 나눈다. • 게임방법을 소개한다. 〈활동방법〉 ① 두 팀으로 나눈다. ② 한 팀 당 두 명의 유아가 나온다. ③ 한 팀의 유아 한 명이 궁금이 상자에서 종이를 꺼낸다. ④ 종이에 적혀 있는 신체부분을 보고 그 신체부분으로 공을 잡는다. ⑤ 교사의 신호에 맞춰 출발한다. ⑥ 유니바를 넘어서 반환점을 돌아 출발선으로 먼저 돌아오는 팀이 승리한다. • 팀 이름을 정한다.				

	– 팀의 이름을 무엇으로 정하면 좋을까요? • 시범경기를 한다. • 게임을 하기 전에 약속을 정한다. • 게임을 시작한다. – 친구와 함께 협동을 하며 게임을 해 보도록 해요.
마무리	• 점수를 알아본다. • 게임을 하고 난 후 느낌에 대해 이야기한다. – 친구와 함께 신체부위를 이용해 공을 옮겼는데 어떠했나요? – 손을 이용하지 않고 공을 옮겼을 때는 어떠했나요?
표상하기 (사후활동)	• 공을 이용하여 친구와 함께 할 수 있는 다양한 놀이를 한다.
평가	• 신체부위를 이용해 공을 옮겼는가? • 친구와 협동하여 규칙을 지켜서 게임을 하였는가?

유아들의 반응

유아 1: 우리 게임했던 것처럼 공 옮기기 하자.
유아 2: 그래. 우리 그럼 공 전달하기 놀이하자.
유아 1: 좋아. 그런데 우리 둘이서만 하면 너무 짧잖아. 친구들한테 하자고 이야기하자.
유아 2: 그래. (친구들을 부르며) 우리 같이 공놀이 하자.
유아 1: 우리 공 전달하기 놀이 할건데 하고 싶은 사람 빨리 여기로 와.

(유아 4~5명이 모였다.)
유아 3: 우리 그럼 공 던져서 전달해 주기 하자.
유아 1: 그래. 그럼 가까이서 하면 공을 못 던지니까 우리 조금씩 떨어져서 하자.
유아 2: 그래. (체험놀이장의 선을 보며) 그럼 우리 다섯 걸음씩 떨어져서 해 보자. 내가 먼저 설게.
유아 3: (다섯 발자국 이동하며) 나도 다섯 번 떨어졌어. 너도 다섯 번 가.

유아들이 다섯 발자국씩 이동한 후 공 던져서 전달하기 놀이를 시작한다.

활동모습

활동의 유의점

유아의 신체능력에 따라 조절해서 활동할 수 있도록 지도한다.

더러워진 옷을 깨끗하게 해요

활동 선정 배경

유아들이 건강한 생활을 위해서 청결과 위생이 중요함을 알게 되면서 생활 속에서 실천할 수 있는 것 중 빨래에 대한 이야기가 나오게 되었다. 이에 따라 유아들이 친구와 함께 협력하여 빨래하는 활동을 선정하였다.

활동목표

빨래를 하는 방법에 대해 안다.

친구들과 협력하여 게임을 한다.

활동계획안

<table>
<tr><th>활동명</th><td>더러워진 옷을 깨끗하게 해요</td><th>활동형태</th><td>신체</td><th>생활주제</th><td>건강과 안전</td></tr>
<tr><th>대상연령</th><td colspan="5">만 4세</td></tr>
<tr><th>인성요소</th><td colspan="5">협력</td></tr>
<tr><th>활동자료</th><td colspan="5">옷, 신호악기</td></tr>
<tr><th>활동과정</th><th colspan="5">활동내용</th></tr>
<tr><th>도입</th><td colspan="5">• 더러워진 옷을 깨끗하게 하는 방법에 대해 이야기를 나눈다.
- 더러워진 옷을 어떻게 하면 깨끗하게 할 수 있을까요?
• 빨래를 하는 방법에 대해 이야기를 나눈다.
- 빨래를 어떻게 할까요?
- 빨래를 하기 위해서는 어떤 것들이 필요할까요?</td></tr>
<tr><th>전개</th><td colspan="5">• 신체활동을 소개한다.

〈활동방법〉
① 네 팀으로 나눈다.
② 순서를 정해 앉는다.
③ 더러워진 가족들의 옷을 차례대로 순서에 맞게 빤다.
(전달하는 방식: 물에 적시기- 비누칠하기- 빨래비비기- 헹구기-짜기- 말리기- 빨래개기)

• 활동에 필요한 준비물을 이야기한다.
- 우리 가족의 더러워진 옷을 빨기 위해서는 어떤 것들이 필요할까요?</td></tr>
</table>

	• 네 팀으로 나눈다. • 신체활동을 한다.
마무리	• 활동을 하고 난 느낌에 대해 이야기 나눈다. – 우리 가족의 옷을 직접 빨아 보니 어떤 느낌이 들었나요? – 친구들과 함께 맞추어서 하니 어떤 느낌이 들었나요?
표상하기 (사후활동)	• 효 체험활동으로 '가족을 위해 빨래하기'를 해 본다.
평가	• 친구들과 협력하여 게임을 하였는가? • 빨래하는 방법을 이해하고 활동하는가?

유아들의 반응

유 아: 선생님, 저 어제 엄마랑 같이 빨래했어요.
교 사: 우와 정말이요? 정말 멋져요.
유 아: 네. 어제 우리가 빨래한 것처럼 손으로 빨래하고 빨래 돌려서 짜 보기도 했어요.
교 사: 우리 ○○가 엄마를 도와드려서 엄마가 정말 기뻐하셨겠네요.
유 아: 네. 엄마가 칭찬도 해 주시고 맛있는 간식도 해 주셨어요.
교 사: ○○는 엄마 도와드리니까 기분이 어땠어요?
유 아: 좋았어요. 그리고 도와드리는 것 하나도 힘들지 않았어요.
교 사: 앞으로도 엄마께서 빨래를 하시거나 일 하실 때 우리 ○○가 조금 도와드리면 엄마께서 더 좋아하시겠어요.
유 아: 네, 다음에는 설거지도 도와드릴 거예요.

활동모습

활동의 유의점

활동 시 각 팀원끼리 차례를 지켜 활동할 수 있도록 한다.
빨래하는 순서를 사전에 이야기하고 활동한다.

미디어 약속판 만들기

활동 선정 배경

유아들의 올바른 미디어 사용을 위해 함께 정한 약속을 지킬 수 있도록 이 활동을 선정하였다.

활동목표

미디어 사용 규칙과 예절에 대해 안다.

올바른 미디어 사용을 실천한다.

활동계획안

<table>
<tr><th>활동명</th><td>미디어 약속판 만들기</td><th>활동형태</th><td>미술</td><th>생활주제</th><td>건강과 안전</td></tr>
<tr><th>대상연령</th><td colspan="5">만 5세</td></tr>
<tr><th>인성요소</th><td colspan="5">협력, 정직</td></tr>
<tr><th>활동자료</th><td colspan="5">약속판, 매직</td></tr>
<tr><th>활동과정</th><th colspan="5">활동내용</th></tr>
<tr><th>도입</th><td colspan="5">• 올바른 미디어 사용법을 다시 한 번 회상하고 이야기한다.
– 우리가 사용하는 미디어는 무엇이 있을까요?
– 우리가 미디어를 사용할 때 어떤 약속을 지켜야 할까요?
– 우리 교실에서는 어떤 약속을 지켜야 할까요?
• 미디어를 사용할 때 지켜야 할 약속을 정해 본다.</td></tr>
<tr><th>전개</th><td colspan="5">• 미디어 사용 시 지켜야 할 약속을 약속판에 적어 본다.
– 우리가 지켜야 할 약속으로 약속판을 만들어 볼까요?
– 어떻게 만들면 좋을까요?
• 팀을 나누어 약속판을 만들어 본다.
– TV사용 약속판은 누가 만들어 볼까요?
– 컴퓨터 사용 약속판은 누가 만들어 볼까요?
– 휴대폰 사용 약속판은 누가 만들어 볼까요?
– 친구들과 함께 어떻게 약속판을 만들면 좋을지 이야기 나누고, 약속판을 만들어 보도록 해요.</td></tr>
<tr><th>마무리</th><td colspan="5">• 팀별로 맡은 약속판을 소개해 본다.
– 우리 팀의 약속판을 소개해 볼까요?
– 약속판을 어디에 게시해 두면 좋을까요?</td></tr>
</table>

	• 약속판을 교실에 게시한다. – 앞으로 유치원에서, 집에서 약속을 지키며 사용하도록 해요.
표상하기 (사후활동)	• 내가 미디어 사용 시 실천할 수 있는 계획표를 만들어 본다.
평가	• 미디어 사용 규칙과 예절을 잘 지켰는가? • 협력하여 약속판을 만들었는가?

유아들의 반응

유 아: 선생님, 저 어제 엄마 핸드폰 10분만 사용했어요.
교 사: 어제 정한 약속을 잘 지켰네요?
유 아: 네, 어제 유치원에서처럼 약속판 만들어서 집에도 붙였어요. 핸드폰은 10분만 사용하기로 했어요.
교 사: 우와~ 우리 ○○ 너무 멋져요. 앞으로도 잘 지킬 수 있나요?
유 아: 네. 잘 지킬 수 있어요.

【생활도구】

요리도구를 찾아 주세요

활동 선정 배경

게임활동을 통해 협력하는 경험을 할 수 있도록 이 활동을 선정하였다.

활동목표

친구와 협력하여 게임한다.

요리에 필요한 도구를 안다.

자석의 성질을 안다.

활동계획안

활동명	요리도구를 찾아 주세요	활동형태	자유선택활동 (수 · 조작영역)	생활주제	생활도구
대상연령	만 3세				
인성요소	협력				
활동자료	게임활동판, 게임말, 자석이 있는 손막대 2개, 요리도구 그림카드				
활동과정	활동내용				
도입	• 요리도구가 필요한 친구의 이야기를 들어 본다. – 이야기 속 친구는 무엇을 하려고 했나요? – 이야기 속 친구에게 어떤 요리도구가 필요했나요? • 요리에 필요한 도구에 대해 알아본다. – 요리를 하기 위해 우리는 어떤 도구를 사용할까요? • 게임 자료를 보며 게임방법에 대해 알아본다. – 이 게임 자료로 어떤 게임을 할 수 있을까요? • 게임규칙과 방법에 대해 이야기한다.				
전개	〈활동방법〉 ① 출발칸에 게임말을 올려놓는다. ② 두 어린이가 손막대자석을 하나씩 가진 후 손막대자석으로 게임말의 양 손을 잡아 준다.				

	③ 두 어린이가 함께 손막대자석을 이용해 게임말을 한 칸씩 이동시킨다. ④ 이동한 칸에 요리도구가 있으면 요리도구를 떼어 도착 칸의 요리도구 그림자에 찾아 붙여 준다. ⑤ 이동한 칸에 요리도구가 아닌 다른 물건이 있으면 다음 칸으로 이동한다. (※ 요리도구가 있는 칸은 게임말이 바닥에 붙고, 요리도구가 아닌 다른 물건이 있는 칸은 게임말이 바닥에 붙지 않는다.)
마무리	• 활동 후 평가한다. - 요리도구를 찾아보니 어떠했나요? - 친구와 함께 요리도구를 찾아보았는데 어떠했나요?
표상하기 (사후활동)	• 요리도구에 사용하는 도구와 사용하지 않는 도구 그림카드를 구분해 본다.
평가	• 친구와 협력하여 게임하였는가? • 요리에 사용하는 도구의 종류를 알고 있는가? • 자석의 성질을 아는가?

유아들의 반응

'요리도구를 찾아 주세요' 교구활동 중

'요리도구를 찾아 주세요' 교구활동을 하고 있는 중 계속해서 게임말이 한쪽으로 기울어진다.

유아 1: 이게 왜 자꾸 넘어지려고 하지?

유아 2: 우리가 다시 잘 잡아 주자.

유아 1: 조금 천천히 옮겨 주자.

(다시 한 번 말을 양쪽에서 잡고 게임말을 한 칸 이동시킨다.)

유아 2: 천천히 하니까 잘된다.

유아 1: 그럼 우리 빨리 하지 말고, 천천히 해 보자.

활동모습

활동의 유의점

자석의 성질을 알고 놀이할 수 있도록 한다.

활동 전 말을 움직일 때 두 유아가 동시에 움직일 수 있는 방법을 이야기 나누고 활동한다.

토끼의 의자

활동 선정 배경

유아들은 자기중심적인 성향이 강하여 학기 초 친구들과 놀잇감을 나누어 쓰거나 타인의 마음을 생각하는 것에 어려움을 느끼는 경우가 많다. 동화에 내포된 나눔과 배려, 협력을 동극을 통하여 일상생활에서도 실천할 수 있도록 이 활동을 선정하였다.

활동목표

동화를 통해 서로 나누고 배려하는 마음을 갖는다.
등장인물의 특성에 맞게 말과 행동으로 표현한다.
친구와 협력하여 동극을 할 수 있다.

활동계획안

활동명	토끼의 의자	활동형태	동극	생활주제	생활도구
대상연령	만 3세				
인성요소	나눔, 배려, 협력				
활동자료	그림책 「토끼의 의자」(고우야마 요시코 글, 가키모토 고우조 그림, 북뱅크 출판사), 등장인물 목걸이, 동화 속 소품 (의자, 바구니, 도토리, 꿀병, 빵, 알 등)				
활동과정	활동내용				
도입	• 동화를 듣는다. 〈동화내용〉 토끼가 작은 의자를 만들어 '아무나'라는 팻말을 꽂아 두었어요. 나귀가 지나가던 길에 아무나 의자를 발견하고 친절한 의자라고 생각하며 도토리를 의자 위에 올려두고 나무에 기대어 잠이 들었어요. 그 때 곰이 다가와 발견한 도토리를 아무나 먹어도 된다고 생각하고 다 먹었어요. 빈 바구니만 올려놓기 미안해진 곰은 꿀병을 올려 두었어요. 그 다음으로 다가온 여우가 꿀을 보더니 다 먹고 의자만 비어 두기 미안해 빵 하나를 올려두었어요. 다음으로 다람쥐가 다가와 빵을 먹고 알밤을 가득 채워 두었어요. 잠에서 깬 당나귀는 바구니를 보고 도토리가 알밤이 되었다고 생각했답니다. • 동화내용을 회상하며 이야기 나눈다. - 동화 속에서 토끼는 무엇을 만들었나요?				

	– 토끼는 어떤 마음으로 의자를 놓았을까요? – 만든 의자에 무엇이 적힌 팻말을 만들었나요? – 당나귀는 '아무나' 의자 위에 무엇을 올려두었나요? – 동물들이 의자 위에 어떤 음식을 올려놓았나요? – 만약 동물들이 음식을 놓지 않았다면 당나귀는 어떤 마음이 들었을까요?
전개	• 동극을 준비한다. –「토끼의 의자」 동화를 동극으로 해 볼 거예요. • 동화 속에서 가장 기억에 남는 장면이나 대사를 이야기하며 회상한다. – 동화 속에서 어떤 장면이 가장 재미있었나요? – 주인공들이 한 이야기 중 기억에 남는 것이 있나요? – 선생님께서 이번에는 이야기를 들려주지 않고 동화의 장면만 보여 주실 거예요. 여러분이 동화 속 주인공이 되어서 어떤 말을 할지 생각해 보도록 해요. • 동극에 필요한 소품을 준비한다. – 동극을 위해 어떤 것들이 필요할까요? – 토끼가 만든 의자는 어떤 것으로 하면 좋을까요? (의자, 바구니, 팻말, 동화 속에서 나왔던 음식 소품들 등) • 역할을 정한다. – 토끼의 역할은 누가 해 볼까요? – 의자는 어디에 두면 좋을까요? – 동극의 시작은 어떻게 알려 줄까요? • 자신의 역할을 소개한다. – 저는 토끼를 맡은 ○○입니다. • 동극 준비 후 동극을 한다. – 지금부터「토끼의 의자」 동극을 시작하겠습니다.
마무리	• 동극을 평가한다. – 동극을 하면서 어려웠던 점은 없었나요? – 어떤 점이 재미있었나요? – 동화 속 주인공이 되어 보니 어떠했나요?
표상하기 (사후활동)	• 친구들을 위해 만들 수 있는 것을 생각해 보고 재활용품을 이용하여 만들어 본다.
평가	• 친구와 협력하여 동극을 하였는가? • 다른 사람의 공연을 즐겁게 관람하고 격려해 주는가? • 동화 · 동극 활동을 통해 서로 배려하는 마음을 배웠는가?

유아들의 반응

○○가 미술영역에서 재활용품을 이용하여 만들기를 하고 있다.
교 사: ○○는 무엇을 만들고 있어요?
유 아: 컴퓨터를 만들고 있어요. 여기에 상자가 필요한데……
교 사: 어떤 상자가 필요해요?
유 아: 큰 상자가 필요해요.
교사가 재활용품이 담긴 종이봉투에서 큰 상자를 꺼내어 준다.
유 아: 멋지게 만들 수 있겠다. 그런데 이제 재활용품이 없어요. 내가 넣어야지.
○○가 재활용품이 담긴 종이봉투에서 구분하여 재활용품 바구니에 담는다.
유 아: 선생님, 제가 친구들 만들 수 있게 담았어요.
교 사: 우리 ○○는 친구들을 생각하는 마음이 정말 멋지군요.
유 아: 얘들아, 내가 너희들 만들 수 있게 재활용품 넣어 뒀어. 만들기 해.
○○가 사용했던 도구들을 정리한다.

활동모습

활동의 유의점

유아가 동극의 대사를 말할 수 있도록 동화의 내용을 간단하게 수정하여 활동한다.

달라서 좋아요

활동 선정 배경

동화의 내용을 통해 서로 부족한 점을 존중하고 배려하며 협력할 수 있다는 것을 이해하기 위해 이 활동을 선정하였다.

활동목표

서로 달라서 좋은 점이 있음을 안다.

배려하고 협력하여 문제해결 및 더 나은 상황을 만들 수 있음을 이해한다.

활동계획안

<table>
<tr><td>활동명</td><td>달라서 좋아요</td><td>활동형태</td><td>동화</td><td>생활주제</td><td>생활도구</td></tr>
<tr><td>대상연령</td><td colspan="5">만 3세</td></tr>
<tr><td>인성요소</td><td colspan="5">존중, 배려, 협력</td></tr>
<tr><td>활동자료</td><td colspan="5">그림책 「 달라서 좋아요 」(후세 야스코 글 · 그림, 김향금 역, 대교출판사)</td></tr>
<tr><td>활동과정</td><td colspan="5">활동내용</td></tr>
<tr><td>도입</td><td colspan="5">• 동그라미와 세모, 네모 도형을 이용하여 만들 수 있는 것을 탐색해 본다.
– 여기 다양한 세모, 네모, 동그라미 도형이 있어요. 무엇을 만들 수 있을까요?
– 누가 나와서 만들어 볼까요?
– 한 가지 모양으로는 만들 수가 없었지만 여러 모양을 합치니 이런 멋진 모양들이 나왔네요.</td></tr>
<tr><td>전개</td><td colspan="5">•「달라서 좋아요」 동화를 듣는다.

〈동화내용〉
서로 닮은데라고는 요만큼도 없는 동그라미와 세모가 만났어요. 세모는 동그라미가 데굴데굴 구르는 모습을 보고 난 후 세모에게 같이 다니자고 말했어요. 어느 날 데굴데굴 구르던 동그라미가 멈출 수 없자 세모는 동그라미가 멈출 수 있도록 도와주었어요. 둘은 배가 고파서 무언가를 만들어 먹기로 했어요. 동그라미는 동그란 빵을 만들고 세모는 깡통을 따요. 곧 피자가 완성되었고, 둘은 서로 맛있게 나누어 먹었어요. 둘은 서로 달라서 정말 좋다고 생각했어요.

•「달라서 좋아요」 동화의 내용을 회상해 본다.
– 동화 속에서 누가 나왔나요?
– 동그라미(세모)는 무엇을 잘하나요?</td></tr>
</table>

	− 왜 달라서 좋다고 이야기했을까요? − 동화 속에서 동그라미(세모) 모양만 있다면 어떻게 되었을까요? − 동화 속에서 동그라미가 세모를 이고 다닐 때 세모에게 아무것도 하지 않는다고 탓했다면 어떻게 되었을까요? • 내가 만약 동그라미라면(세모라면) 어떤 것을 도와줄 수 있을지 이야기한다. − 내가 만약 동그라미라면 세모에게 어떤 도움을 줄 수 있을까요? − 내가 만약 세모라면 동그라미에게 어떤 도움을 줄 수 있을까요? − 서로 달라서 좋은 기분을 어떻게 표현할 수 있을까요? • 친구와 나의 다른 점을 찾아보고 서로 도와줄 수 있는 것을 알아본다. − 동그라미와 세모처럼 나와 친구는 어떤 점이 다른가요? − 친구를 위해 내가 어떤 것을 도와줄 수 있을까요?
마무리	• 연계하여 다음 활동을 소개한다. − 이번에는 내가 동그라미가 되어 보고 세모가 되어서 친구와 함께 동화의 내용을 몸으로 표현해 보도록 해요.
표상하기 (사후활동)	• 동그라미, 세모가 되어 동화의 내용을 신체로 표현해 본다. • 동그라미, 세모, 네모 도형을 이용하여 다양한 꾸미기 활동을 해 본다.
평가	• 문제를 해결하기 위해 배려와 협력이 필요함을 아는가? • 서로 다름을 이해하는가?

유아들의 반응

자유선택활동 시간

동그라미, 세모, 네모 도형을 이용하여 미술활동을 하고 있다.

교 사: ○○는 어떤 모습을 꾸며준 거예요?

유 아: ○○랑 신체활동 했던 것처럼 데굴데굴 굴러가는 동그라미를 세모가 굴러가지 않게 막아 주는 거예요.

교 사: 그래요? 이렇게 세모가 도와주면 동그라미는 세모에게 뭐라고 이야기할까요?

유 아: '나 도와줘서 고마워.' 이렇게 세모에게 말해요.

교 사: 그러면 동그라미는 세모를 위해 어떤 일을 해 줄 수 있을까요?

유 아: 세모가 멀리 다른 곳에 가야할 때 동그라미가 바퀴처럼 태워 주고 빨리 갈 수 있어요.

교 사: 멋진 생각인데요? 그렇게 서로 도와줄 수 있겠네요.

아프리카에 우물파기

활동 선정 배경

물이 부족해 어려움을 겪고 있는 아프리카 사람들에게 어떠한 도움이 필요하고 우리가 어떤 도움을 줄 수 있는지 간접경험을 통해 알 수 있도록 이 활동을 선정하였다.

활동목표

아프리카에 물이 부족함을 알고 어떤 도움을 줄 수 있는지 안다.
나눔을 실천해야 하는 이유를 안다.
규칙을 지키며 즐겁게 게임에 참여한다.

활동계획안

<table>
<tr><th>활동명</th><td>아프리카에 우물파기</td><th>활동형태</th><td>자유선택활동
(수 · 조작영역)</td><th>생활주제</th><td>생활도구</td></tr>
<tr><th>대상연령</th><td colspan="5">만 4세</td></tr>
<tr><th>인성요소</th><td colspan="5">나눔, 존중</td></tr>
<tr><th>활동자료</th><td colspan="5">게임판, 돌림판, 삽모형 말</td></tr>
<tr><th>활동과정</th><th colspan="5">활동내용</th></tr>
<tr><td>도입</td><td colspan="5">• 물이 부족한 아프리카에 대해 이야기한다.
– 아프리카는 물이 부족하다고 해요. 물이 없다면 어떤 점이 불편할까요?
– 물이 없는 아프리카를 위해 우리가 어떤 일을 도와줄 수 있을까요?
• 게임자료를 보며 게임방법에 대해 알아본다.
– 이 게임자료로 어떤 게임을 할 수 있을까요?
• 게임규칙과 방법에 대해 이야기한다.</td></tr>
<tr><td>전개</td><td colspan="5">〈활동방법〉
① 각자 자신의 삽 색깔을 정하고, 삽을 나눠 갖는다.
② 게임판의 가장 바깥줄 (분홍색 원)에 삽을 하나씩 올려놓는다.
③ 게임 순서를 정하고, 돌림판을 돌린다.
④ 나오는 수만큼 삽을 선에 따라 움직여 놓는다.
⑤ 남은 땅의 구멍이 없으면 맨 위에 판을 꺼낸다.
⑥ 두 번째 판도 같은 방법으로 게임을 한 다음 마지막 판으로 이동한다.
⑦ 마지막 판에 있는 한 개의 구멍에 삽을 넣어 우물이 완성되면 게임이 끝난다.</td></tr>
</table>

마무리	• 활동을 평가한다. – 마지막에 우물이 완성되었을 때 기분이 어떠했나요?
표상하기 (사후활동)	• 아프리카 사람들을 위해 할 수 있는 일을 그림으로 그린 후 소개한다.
평가	• 규칙을 지켜 게임에 참여하였는가? • 아프리카를 위해 도울 수 있는 일을 생각하고 이야기할 수 있는가? • 나눔을 실천해야 하는 이유를 이해하였는가?

유아들의 반응

바깥놀이 활동 후 화장실에서 손을 씻고 있다.

유아 1: ○○야, 비누칠할 때는 물 잠가 놔야 해.
유아 2: 그래. 우리 물 아껴 쓰자.
유아 1: 선생님 우리 물 아껴 쓰고 있어요.
교 사: 멋진 생각이에요. 비누칠하거나 물을 쓰지 않을 때에는 잠가 놓으면 아껴 쓸 수 있어요.
유아 1: 아프리카 친구들 도와줄 수 있겠죠?
교 사: 그래요. 우리가 이렇게 아껴 쓰면 조금은 도와줄 수 있겠지요?
유아 2: 네. 우리가 친구들한테도 이야기해 줄게요.

활동모습

활동의 유의점

게임방법을 이해할 수 있도록 활동 전 방법을 이야기 나눈다.
교구활동과 아프리카를 연관시켜 이해하고 활동할 수 있도록 이야기 나눈다.

신문지 놀이

활동 선정 배경

활동을 통해 친구와 협력하고 서로 배려하며 함께 목표를 달성하는 과정에서 성취감도 느껴볼 수 있도록 이 활동을 선정하였다.

활동목표

대근육을 조절하여 신체의 균형을 유지한다.
서로 협력하고 배려하여 게임에 참여한다.

활동계획안

활동명	신문지 놀이	활동형태	신체	생활주제	생활도구
대상연령	만 4세				
인성요소	협력, 배려				
활동자료	신문지				
활동과정	활동내용				
도입	• 몸을 가장 크게, 가장 작게 만들어 본다. – 손을 벌려 몸을 가장 크게 만들어 볼까요? – 가장 작게 만들려면 어떻게 해야 할까요?				
전개	• 활동 자료를 보고 이야기 나눈다. – 이 신문을 가장 크게 하려면 어떻게 해야 할까요? – 신문을 접으면 어떻게 될까요? • 신문지 위에서 중심을 잡아 보는 활동을 한다. – 가장 크게 만든 신문에 올라가 볼까요? – 반으로 접은 후 올라가 보도록 해요. – 바닥에 발이 닿지 않도록 올라가요. • 친구와 협동하여 신문지 놀이를 한다. – 짝꿍과 함께 신문지에 올라가 볼까요? – 둘이 손을 잡고 콩콩콩 뛰어 볼까요? – 짝과 함께 신문지를 반으로 접어 함께 올라가 볼까요? – 짝과 함께 신문지를 한 번 더 접어 봐요. – 작아진 신문지에 어떻게 함께 올라갈 수 있을까요? – 바닥에 떨어지지 않으려면 어떻게 해야 할까요? – 둘이 꼭 껴안아 볼까요? – 점점 작아지는 신문지에 어떻게 하면 함께 올라갈 수 있을까요?				

마무리	• 친구와 함께 협동하여 놀이를 한 후 느낀점을 이야기 나눈다. – 신문지 위에서 중심을 잡아 보니 어떤 느낌이었나요? – 친구와 함께 중심을 잡아 보니 어떠했나요? – 놀이를 하면서 친구에게 어떤 도움을 받았나요?
표상하기 (사후활동)	• 신체활동에 사용한 신문지를 이용해 친구와 함께 어떤 놀이를 할 수 있는지 이야기 나눈다.
평가	• 대 · 소근육을 이용하여 신체의 균형을 유지하였는가? • 서로 협력하고 배려하며 게임에 참여하였는가?

유아들의 반응

신문지 놀이를 하던 중

유아 1: (신문지 위에 올라서며) ○○야, 나 떨어질 것 같아.
유아 2: 내가 조금 더 옆으로 갈게.
유아 1: 그래. 내가 한 발로 서 볼게.
유아 2: 그럼 우리 이렇게 안고 있으면 둘 다 올라갈 수 있겠다.
〈유아 1〉과 〈유아 2〉가 서로 안으며 신문지 위에 올라선다.

활동모습

활동의 유의점

활동 전 신문지 놀이를 안전하게 할 수 있는 방법에 대해 이야기 나눈 후 활동한다.

우리 반 깃발 만들기

활동 선정 배경

반 전체 유아들이 함께 협력하고 배려하여 우리 반 깃발을 만들고 성취감을 느낄 수 있도록 이 활동을 선정하였다.

활동목표

친구와 협력하고 배려하여 우리 반 깃발을 만든다.
깃발을 만드는 과정에서 친구의 의견을 존중한다.

활동계획안

활동명	우리 반 깃발 만들기	활동형태	미술(협동활동)	생활주제	생활도구
대상연령	만 5세				
인성요소	협력, 배려, 존중				
활동자료	광목천, 미술도구 (크레파스, 매직, 색연필, 물감, 붓 등), 긴 막대				
활동과정	활동내용				
도입	• 우리 반을 나타낼 수 있는 것에는 무엇이 있는지 알아본다. – 우리 반을 상징해서 나타낼 수 있는 것에는 무엇이 있을까요? – 무엇으로 우리 반을 알릴 수 있을까요? – 우리 반 깃발을 친구와 함께 만들어 보도록 해요.				
전개	• 깃발을 만들 때 필요한 재료를 살펴본다. – 어떤 재료들이 있나요? – 어떤 미술도구를 이용하여 깃발을 꾸며 볼까요? • 깃발을 어떻게 꾸밀지 이야기 나눈다. – 우리 반 깃발을 어떻게 꾸미면 좋을까요? – 깃발 안에는 어떤 그림이나 글을 넣으면 좋을까요? – ○○는 깃발을 어떻게 꾸미고 싶은가요? – △△는 깃발을 어떻게 꾸미고 싶은가요? – 깃발을 어떻게 만들고 싶은지 친구들의 생각이 다를텐데 어떻게 하면 좋을까요? • 우리 반을 나타내는 깃발을 어떻게 만들지 친구들의 의견을 존중하며 토의한다. • 친구들의 다양한 생각을 모으고 조정하여 반 깃발의 모양 및 내용을 정한다. • 다함께 협력하여 여러 가지 재료를 이용하여 광목천에 모양을 꾸며 본다. • 광목천을 긴 막대와 연결하여 완성한다.				

마무리	• 깃발을 이용하여 어떤 활동을 하면 좋을지 이야기한다. – 우리가 만든 깃발을 이용하여 무엇을 할 수 있을까요? • 깃발을 어디에 전시하면 좋을지 이야기한다. – 우리 반 깃발을 어디에 전시하면 좋을까요?
표상하기 (사후활동)	• 다른 반에 우리 반 깃발을 소개한다. • 교실이나 복도에 깃발을 전시한다.
평가	• 서로 협력하고 배려하여 깃발을 만들었는가? • 깃발을 만드는 과정에서 서로 의견을 존중하였는가?

유아들의 반응

깃발 만들기 토의 중

유아 1: 우리 여기에 우리 얼굴 그리자.
유아 2: 그래. 그럼 우리 반은 어떻게 표시하지?
유아 3: 우리 반 이름을 쓰자.
유아 1: 우리 해오름반 글자를 쓰고 색칠할까?
유아 2: 우리 반 로고 그리자. 그럼 우리 반 깃발인지 바로 알 수 있을거야.
유아 4: 그래. 우리 가운데에 우리 반 로고 그리자.
유아들: 그래 좋아.
유아 3: 그럼 우리 가운데 로고 그리고 옆에다가 내 얼굴 다 그리자.
(토의 후 함께 그림을 그리고 색칠하며 깃발을 꾸며 준다.)

활동모습

활동의 유의점

반 전체의 유아가 참여할 수 있도록 지도한다.

와우기가 필요한 친구들

활동 선정 배경

평소 유아들이 나와 다른 사람, 친구에 대한 활동을 하였을 때 유아들은 상대방의 마음을 어떻게 이해하고 어떻게 행동해야 하는지 알고 있었다. 그러나 실제 나와 다른 장애인을 만났을 때 이야기했던 것과 다르게 행동이 나타남을 볼 수 있었다. 때문에 유아들이 장애유아를 자주 만나서 시간을 가짐으로써 나와 다르지 않음을 충분히 스스로 느낄 수 있도록 이 활동을 계획하게 되었다.

활동목표

나와 모습이 다른 사람이 있음을 안다.
우리 주변의 장애인에 대해 관심을 갖는다.
도움이 필요한 사람들을 도울 수 있는 방법에 대해 안다.
도와줄 때에도 배려가 필요함을 안다.

활동계획안

활동명	와우기가 필요한 친구들	활동형태	이야기나누기	생활주제	생활도구
대상연령	만 5세				
인성요소	배려, 존중				
활동자료	특수학교 장애우들의 모습이 담긴 사진(와우기 착용)				
활동과정	활동내용				
도입	• 와우기를 착용한 특수학교 친구들의 모습이 담긴 사진을 살펴본다. • 특수학교 친구들의 모습에 대해 이야기 나눈다. – 특수학교 친구들이 귀에 무엇을 꽂고 있나요? – 귀에 꽂고 있는 것은 무엇일까요? – 왜 와우기를 꽂고 있을까요?				
전개	• 소리가 들리지 않는다면 어떨지 이야기해 본다. – 귀에 손을 대어 막아 보세요. 소리가 들리나요? – 다시 귀에서 손을 떼어 보세요. 소리가 들리지 않으니 어떠한가요? • 이야기를 할 때 말을 할 수 없으면 어떠한 기분일지 이야기해 본다. – 여러분이 말을 자유롭게 할 수 없다면 어떠할 것 같나요? – 어떻게 대화하면 좋을까요? • 특수학교 친구들의 마음이 어떨지 이야기 나눈다.				

	• 특수학교 친구들과 함께 놀이하는 방법에 대해 이야기 나눈다. – 귀가 들리지 않고 말을 자유롭게 할 수 없는 특수학교 친구들과 놀이할 때 어떻게 배려해 주면 좋을까요? – 특수학교 친구들이 잘 듣지 못할 땐 어떠한 방법으로 대화할 수 있을까요? – 친구의 몸이 불편하다고 해서 무조건 도와주면 몸이 불편한 친구의 기분은 좋을까요? – 어떻게 놀이하는 것이 친구와 내가 서로 기분이 좋아지는 것일까요?
마무리	• 특수학교 친구들이 방문할 것을 이야기하며 어떻게 함께 지낼지 생각한다.
표상하기 (사후활동)	• 특수학교 친구들과 함께 놀이한다.
평가	• 청각장애를 가진 친구들을 입장을 이해하는가? • 장애우에 대한 올바른 배려가 무엇인지 알고 실천할 수 있는가?

유아들의 반응

사전에 특수학교 교사들과의 만남을 통해 청각장애우의 특성, 유의해야 할 점, 돕는 정도와 방법에 대해 대화를 하였고, 통합교육 전 주에 유아들의 어색함을 없애기 위해 유치원에서 각각 제작한 유아들의 사진과 소개를 이메일로 주고받아 어린이들과 함께 보며 새롭게 만나게 될 친구들에게 호감을 가질 수 있었다.

직접 특수학교 친구들을 만나니 처음에는 어색해 하기도 하였지만 이내 친해져서 스스럼없이 놀이하는 모습을 볼 수 있었고, 장애우의 뒤에서 이야기하기보다는 어깨를 가볍게 친 후 얼굴을 마주 보고 입모양을 정확하게 하여 대화하는 행동이 자연스러워졌다.

활동의 유의점

사전에 충분히 장애를 가진 친구들에 대해 이야기를 나눈다.

와우기에 물이 닿지 않도록 주의한다.

다리가 불편한 친구를 돕는 것처럼 장애유아를 돕는 것도 특별한 것이 아니라 단지 불편한 친구를 돕는 일이란 것을 인식할 수 있도록 함께 이야기 나눈다.

생명을 살리는 줄

활동 선정 배경

우리 주변의 다양한 줄의 종류와 쓰임에 대해 알아보던 중 우리의 생명과 안전을 지켜 주는 줄을 소재로 한 동시를 유아들이 자연스럽게 구상하게 되었다.

활동목표

우리 몸과 주변에 있는 다양한 줄에 관심을 가지고 탐구한다.

생명을 살리는 줄에 대해 알고 소중함을 느낀다.

활동계획안

활동명	생명을 살리는 줄	활동형태	동시	생활주제	생활도구
대상연령	만 5세				
인성요소	존중, 나눔				
활동자료	생명을 살리는 줄 동시판, 생명을 살리는 줄 그림 활동자료				
활동과정	활동내용				
도입	• 우리 몸을 살펴보며 우리 몸의 줄에 대해 이야기한다. – 우리 몸의 줄에는 어떤 것들이 있을까요? – 이런 줄은 왜 있는 것일까요?				
전개	• 우리의 소중한 몸을 지켜 주고 생명을 지켜 주는 줄에 대해 이야기 나눈다. – 우리의 생명을 지켜 주는 줄에는 무엇이 있을까요? (아프리카 어린이들을 위한 털모자 뜨기 캠페인 이야기) • '생명을 살리는 줄' 동시를 낭송한다. • 동시 교구를 이용하여 동시를 낭송한다. • 다양한 방법으로 동시를 낭송한다. 생명을 살리는 줄 인천재능대학교부속유치원 오름반 생명을 살리는 줄 무엇이 있을까? 소화를 도와주는 대장과 소장 영양분 흡수하는 핏줄과 탯줄				

	생명을 살리는 줄 무엇이 있을까? 우리를 지켜 주는 아기띠와 안전벨트 안전을 지켜 주는 구조로프와 소방호스 생명을 살리는 줄 무엇이 있을까? 한겨울 따뜻하게 실로 만든 털옷들 새 생명 아가들을 살려 주는 털모자 주변의 줄들이 우리를 지켜 줘요 줄들아, 고마워 앞으로도 잘 부탁해
마무리	• 생명을 살리는 줄에 대해 더 생각나는 것을 이야기하며 마무리한다. – 동시에 나왔던 줄 말고 또 생명을 살리는 줄에 대해 생각나는 것이 있나요?
평가	• 우리 주변의 줄에 관심을 갖고 있는가? • 생명을 살리는 줄의 쓰임을 알고 있는가?

유아들의 반응

생명을 살리는 줄에 대해 이야기 나눈 후

교 사: 우리 주변의 생명을 살리는 줄에 대해 이야기 나눠 보았는데 우리에게 도움을 주는 줄을 우리가 어떻게 생각하면 좋을까요?

유아 1: 고마운 마음을 가지면 좋을 것 같아요.

교 사: 우리의 고마운 마음을 어떻게 표현해 볼 수 있을까요?

유아 2: 이 줄로 우리를 도와주시는 분들에게 감사 편지를 써요.

유아 3: 우리가 생명을 살리는 줄을 다른 사람들에게 알려 줘요. 다른 사람들도 고마운 마음을 가질 수 있도록 알려 줘요.

교 사: 좋은 생각이에요. 우리가 어떻게 알려줄 수 있을까요?

유아 4: 지난번에 했던 것처럼 동시로 만들어서 알려 줘요.

교 사: 그래요. 그럼 우리가 생명을 살리는 줄로 동시를 만들어서 우리 유치원의 동생들, 가족들에게 알려주도록 해요.

활동모습

생명을 살리는 줄

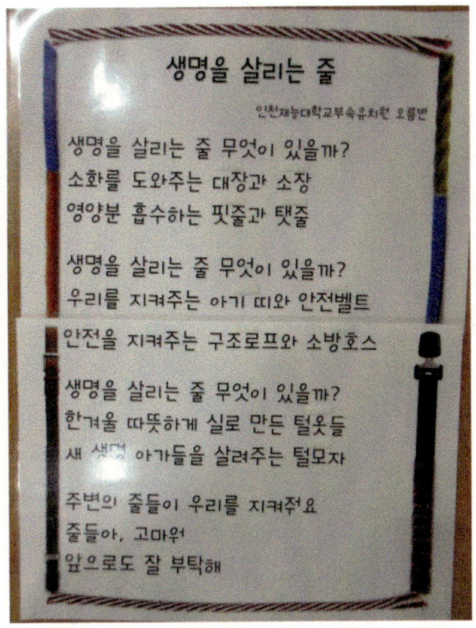
생명을 살리는 줄
인천재능대학교부속유치원 오름반
생명을 살리는 줄 무엇이 있을까?
소화를 도와주는 대장과 소장
영양분 흡수하는 핏줄과 탯줄
생명을 살리는 줄 무엇이 있을까?
우리를 지켜주는 아기 띠와 안전벨트
안전을 지켜주는 구조로프와 소방호스
생명을 살리는 줄 무엇이 있을까?
한겨울 따뜻하게 실로 만든 털옷들
새 생명 아가들을 살려주는 털모자
주변의 줄들이 우리를 지켜줘요
줄들아, 고마워
앞으로도 잘 부탁해

【교통기관】

검피아저씨의 뱃놀이

활동 선정 배경

극활동을 통해 서로 배려하고 협력하며 성취감을 느낄 수 있도록 하고자 이 활동을 선정하였다.

활동목표

검피아저씨의 베푸는 마음을 이해한다.

협력하여 동극을 준비한다.

약속과 규칙을 지키는 것이 타인에 대한 배려임을 안다.

활동계획안

<table>
<tr><th>활동명</th><td>검피아저씨의 뱃놀이</td><th>활동형태</th><td>동극</td><th>생활주제</th><td>교통기관</td></tr>
<tr><th>대상연령</th><td colspan="5">만 3세</td></tr>
<tr><th>인성요소</th><td colspan="5">배려, 협력</td></tr>
<tr><th>활동자료</th><td colspan="5">그림책 「검피아저씨의 뱃놀이」(존 버닝햄 글 · 그림, 시공주니어 출판사), 동극용 머리띠, 등장인물 그림자료</td></tr>
<tr><th>활동과정</th><th colspan="5">활동내용</th></tr>
<tr><td>도입</td><td colspan="5">• 「검피아저씨의 뱃놀이」 동화를 듣는다.

〈동화내용〉
강가에 사는 검피아저씨네 집에 배가 있었어요. 검피아저씨는 어느 날, 배를 끌고 강가에 나왔어요. 동네 꼬마들, 토끼, 고양이, 개가 차례로 배에 올라타요. 배가 강 위를 다니던 중 몸을 마구 움직이고, 큰 소리를 지르는 등 위험한 행동들을 해서 결국 배는 뒤집히고 말았어요. 검피아저씨는 동물들을 집으로 데리고 와서 동물들의 젖은 몸을 말려 주었어요. 또한 케이크와 차 대접을 해 주었지요. 그 후 동물들은 집으로 돌아갔어요.

• 「검피아저씨의 뱃놀이」 동화 내용을 떠올리며 이야기해 본다.
– 「검피아저씨의 뱃놀이」 동화에는 어떤 동물이 나왔나요?
– 검피아저씨는 왜 토끼에게 뛰면 안 된다고 했나요?
– 동물들이 배에서 뒷발질하고 쿵쿵거리고 파닥거리고 하는 바람에 배가 어떻게</td></tr>
</table>

	되었나요? – 물 속에서 나와 검피아저씨와 무엇을 하였나요? • 교통기관에서 지켜야 할 약속에 대해 이야기한다. – 동물들이 왜 물에 빠졌나요? – 어떻게 하면 검피아저씨와 동물들이 안전하게 배를 타고 돌아올 수 있었을까요? – 우리가 배에 타서 지켜야 할 약속에는 무엇이 있을까요? – 다른 교통기관을 탈 때 지켜야 할 약속에는 무엇이 있나요?
전개	• 「검피아저씨의 뱃놀이」 동극에 필요한 소품을 준비한다. –「검피아저씨의 뱃놀이」 동극을 하기 위해 어떤 물건이 필요할까요? – 어떤 것들을 같이 만들면 좋을까요? – 무대는 어디로 할까요? • 관객과 등장인물의 역할을 정해 본다. – 동극을 하기 위해 배우는 몇 명이 필요한가요? – 어떤 어린이가 토끼처럼 잘 흉내낼 수 있나요? – 어떤 어린이가 돼지처럼 표현할 수 있나요? – 「검피아저씨의 뱃놀이」에 나오는 검피아저씨를 누가 해 볼까요? – 관객은 관람할 때 어떤 약속이 필요한가요? • 배역을 맡은 유아들이 나와서 인사를 한다. • 동극할 준비를 한다. • 동극을 한다(대사와 몸짓하기).
마무리	• 동극을 보거나 관람한 후 어떠하였는지 이야기해 본다. – 동극을 해 보니 어떠했나요? – 어떤 부분이 재미있었나요? – 힘든 부분은 없었나요? – 배우는 정말 배우처럼 하였나요? – 관객은 즐겁게 관람하였나요?
표상하기 (사후활동)	• 자유선택활동 중 쌓기놀이영역에서 검피아저씨 배 만들기 놀이를 한다.
평가	• 검피아저씨의 베푸는 마음을 이해하였는가? • 약속과 규칙을 지키는 것이 타인에 대한 배려임을 이해하는가? • 유아들끼리 협력하여 동극을 준비하였는가?

유아들의 반응

검피아저씨의 뱃놀이 동극 활동 중 배역 정하는 장면

교사가 검피아저씨의 뱃놀이 배역을 정하기 위해 먼저 하고 싶은 유아들에게 손을 들게 한다.

교 사: 강아지 역할은 누가 해 볼까요?

두 유아가 동시에 손을 든다.
교 사: 지난번에 동극할 때 〈유아 1〉이 못해 봤으니깐 〈유아 1〉이 강아지 역할을 먼저 하고 〈유아 2〉는 다른 역할을 해 볼까요?
그러자 〈유아 2〉가 앉은 자리에서 고개를 흔든다.
교 사: 그러면 어떻게 역할을 나누면 좋을까요?
교 사: 그럼 〈유아 1〉이랑 〈유아 2〉가 모두 강아지 역할이 하고 싶으니 이번에는 가위, 바위, 보로 정할까요?
두 유아가 고개를 끄덕인다. 〈유아 2〉가 보자기, 〈유아 1〉이 가위를 내서 〈유아 1〉이 이긴다.
교 사: 그러면 강아지 역할은 〈유아 1〉이 해봐요.
그러자 〈유아 2〉가 눈물을 글썽인다. 〈유아 1〉은 〈유아 2〉 얼굴을 한 번 쳐다보고 융판 뒤쪽으로 간다.
교 사: 그럼 〈유아 2〉는 강아지 말고 또 다른 역할해 보고 싶은 것 있어요?
고개를 흔들며 눈물을 흘린다.
교 사: 〈유아 1〉, 〈유아 2〉가 강아지 역할이 너무 하고 싶은가 봐요. 어떻게 할까요?
유아 1: 그럼 나 닭 할래요.
교 사: 정말 양보해 줄 수 있겠어요?
유아 1: 〈유아 2〉야, 너가 강아지 해.
교 사: 〈유아 2〉야, 〈유아 1〉이 양보해 준대요.
유아 2: 고마워.
〈유아 1〉이 꼬끼오~ 소리를 내며 융판 뒤로 가자 유아들이 웃는다.

활동모습

활동의 유의점

배역을 나눌 때 유아들의 의견을 반영하여 정한다.
질서있게 동극에 참여할 수 있도록 유도한다.

청소차가 되어 쓰레기를 치워요

활동 선정 배경

우리 생활에 도움을 주는 교통기관에 관심을 갖고 교통기관에서 일하는 분들에게 감사하는 마음을 갖기 위해 이 활동을 선정하였다.

활동목표

청소차의 역할을 알고 책임감 있게 자신이 맡은 일을 수행한다.

질서를 지켜 게임에 참여한다.

활동계획안

활동명	청소차가 되어 쓰레기를 치워요	활동형태	게임	생활주제	교통기관
대상연령	만 3세				
인성요소	질서, 책임				
활동자료	청소차 머리띠, 쓰레기, 꼬마빗자루, 쓰레받이				
활동과정	활동내용				
도입	• 청소차 부분 그림을 보여 준다. – 이것은 무엇일까요? – 누가 나와서 가려진 부분의 조각을 떼어 볼까요? – 조각을 떼어 보니 무엇이 보이나요? – 조각들을 전부 떼어 볼까요? – 어떤 차인가요?				
전개	• 청소차가 하는 일을 이야기한다. – 청소차는 우리에게 어떤 도움을 주나요? • 게임 자료를 보며 어떤 게임일지 추측해 본다. – 이 게임 자료로 어떤 게임을 할 수 있을까요? • 게임방법을 알아본다. 〈활동방법〉 ① 청소차 머리띠를 쓴다. ② 신호음이 들리면 쓰레기가 있는 곳으로 간다. ③ 쓰레기를 정리한다. ④ 깨끗하게 정리하고 먼저 도착점에 돌아오는 유아에게 점수를 준다.				

	- 여기 있는 청소차 머리띠를 쓰고 청소차가 되어서 앞에 있는 쓰레기를 정리해 주는 게임이에요. • 팀을 나눈 후 팀 명을 정한다. • 시범을 보인다. • 게임할 때 지켜야 할 약속을 이야기한다. - 게임할 때 어떤 약속을 해야 할까요? • 게임 구호를 정한 후 외쳐 본다. • 게임을 한다.
마무리	• 게임 후 평가한다. - 청소차가 되어 보니 어떠했나요? - 쓰레기가 깨끗하게 치워진 것을 보니 어떠했나요? - 만약 청소차가 없다면 어떻게 될까요? - 게임할 때 어려웠던 점은 없었나요?
표상하기 (사후활동)	• 고마운 자동차(고마운 자동차 종사자들)에게 편지쓰기를 해 본다.
평가	• 자신이 맡은 일에 책임을 다하였는가? • 질서를 지키며 게임에 참여하였는가?

유아들의 반응

자유선택활동 정리 정돈 시간 대화하는 장면

교사가 정리 피아노를 치자 유아들이 정리를 시작한다. 한 유아가 정리를 하지 않고 계속 놀이하는 모습을 보인다.

유아 1: 〈유아 2〉야, 너 왜 정리 안해? 모두 제자리 시간이야.
유아 2: (풀로 종이를 붙이며) 나 이거 좀 더 하고, 나 조금 더 놀고 싶은데……
〈유아 1〉이 다른 곳의 정리를 마친다. 교사가 〈유아 2〉에게 정리하라고 이야기한다.
유아 2: 나 이거 혼자하기 너무 많은데.
유아 1: 내가 도와줄까? (청소차 머리띠를 쓰며) 청소차가 되어 정리합시다.
유아 2: 나도 청소차 머리띠 쓰고 싶다.
〈유아 1〉이 머리띠를 가져다준 후 둘이 함께 미술영역을 정리한다.
유아 2: 고마워 〈유아 1〉아. 내가 만든 거 너 줄게.
유아 1: 고마워, 이거 뭐 만든거야? 하트랑 토끼 그려서 붙인거야.

자유선택활동 언어영역에서 편지쓰기 후속활동 하는 장면

교　사: 오늘 우리 게임할 때 어떤 고마운 차에 대해 알아보았지요?
유아 1: 청소차요.
교　사: 그 밖에 또 어떤 차들이 우리에게 도움을 줄까요?
유아 2: 소방차요. 불이 났을 때 불을 끄러와요.
유아 3: 택배차요.
유아 2: 택배차가 왜 도와주냐?
유아 3: 택배차가 내 장난감도 갖다 주잖아.
유아 2: 정말 그러네. (웃음)
교　사: 여러분들이 생각하는 고마운 자동차들 중 하나를 정해서 그려보고 차에게 어떤 이야기를 해 주고 싶은지 그림편지를 써 볼까요?
유아들: 네.

활동모습

양보할 수 있어요

활동 선정 배경

여러 사람들이 함께 이용하는 대중교통에서 노약자에게 자리를 양보해야 함을 알고 간접적으로 실천하는 경험을 해 보고자 이 활동을 선정하였다.

활동목표

웃어른과 노약자를 배려하는 마음을 갖는다.

노약자석의 상징과 의미를 안다.

교통 약자를 위한 교통편의 시설의 종류와 필요성을 안다.

활동계획안

활동명	양보할 수 있어요	활동형태	이야기나누기	생활주제	교통기관
대상연령	만 4세				
인성요소	효, 배려				
활동자료	노약자석 표시 퍼즐, 지하철 안 모습 그림, 버스 안 모습 그림				
활동과정	활동내용				
도입	• 노약자석 퍼즐을 맞춰 본다. – 여기 퍼즐 조각들이 있어요. 이것을 다 맞추면 어떤 모양이 될까요? – 이것을 본 적이 있나요? – 무엇을 나타내는 그림일까요?				
전개	• 노약자석을 본 경험에 대해 이야기 나눈다. – 이런 그림을 본 적이 있나요? – 어디에서 보았나요? • 노약자석의 의미에 대해 이야기 나눈다. – 무슨 표시일까요? – 누가 앉으라고 표시한 자리일까요? – 연세가 많으신 분이나 아기를 가진 분, 장애우들에게 왜 자리를 따로 마련해 드려야 할까요? • 그림을 보면서 노약자석에서 지켜야 할 약속에 대해 알아본다. – 버스(지하철)에서 노약자석이 있을 때 어떻게 하는 것이 좋을까요? – 노약자석이 아닌 곳에 앉아 있는데 할머니께서 버스(지하철)를 타시면 어떻게 할까요?				

	– 또 우리가 배려해야 할 사람들은 누가 있을까요? • 버스(지하철) 안 상황에서 노약자에게 양보하는 상황극을 해 본다. – 여러분이 버스나 지하철에 타서 빈자리가 곳곳에 있어요. 어떤 자리에 앉을 수 있나요? – 노약자석이 아닌데 노약자들이 앉을 자리가 없다면 어떻게 해야 하나요? – 장애우나 어르신, 임산부 등은 누가 되어 볼까요? – 양보하는 사람은 누가 해 볼까요?
마무리	• 웃어른을 공경하고, 노약자를 배려하는 모습을 보면서 느낀 점에 대해 이야기 나눈다. – 노약자석에 대해서 알아보았는데 어떠했나요? – 할머니 할아버지께 자리를 양보할 수 있나요? – 역할극을 통해 양보해 보니 어떠했나요? – 양보를 받아 본 어린이들은 어떤 기분이었나요? – 몸이 불편한 분들이나 어르신들이 여러분들이 양보해 드린 자리에 앉으셨을 때 기분이 어떠실까요?
표상하기 (사후활동)	• 미술활동으로 노약자석 그리기를 해 본다.
평가	• 노약자석의 의미에 대해 이해하였는가?

유아들의 반응

노약자석 구성하기에 대한 이야기 나누는 장면

교사가 노약자석 상황극을 해 보자고 이야기한다.

교 사: 우리 노약자석을 구성할 거예요. 어느 곳을 노약자석으로 정하면 좋을까요?

유아 1: (교실 기둥을 가리키며)저기요.

교 사: 왜 기둥쪽을 노약자석으로 꾸며 보고 싶나요?

유아 1: 거기 기둥이 전철 안의 모습과 우리 교실의 기둥이 있는 곳의 모습이 비슷해요.

교 사: 그렇네요. 또 어떻게 전철 안처럼 꾸며 볼까요?

유아 2: 언어영역에 있는 벤치를 노약자석으로 해요. 언어영역 벤치는 폭신폭신한 방석이 깔려 있어 앉으면 정말 편해요.

교 사: 좋아요. 그런데 벤치가 하나 밖에 없는데 다른 사람들이 앉을 자리는 어떻게 할까요?

유아 3: 노란색 의자로 해요.

유아 2: 〈유아 3〉아. 그건 푹신하지 않잖아.

유아 3: 그럼 방석 가지고 오면 되지.

유아 4: 아니야. 우리 그냥 앉자.

교 사: 방석이 없어도 괜찮을까요?.

유아 4: (미소를 지으며)우린 튼튼하니깐 상관없어요.
유아 3: 맞아. 우리 맨날 여기 앉아도 편하잖아.
교 사: 그래요. 여러분이 생각한 것처럼 전철 안을 꾸미고 상황극을 해 보도록 해요.

유아들과 노약자석 양보하기 상황극을 위해 역할을 나누는 장면

교 사: 노약자 역할을 해 보고 싶은 사람 있나요?
유아 1: (손을 들며)저요.
교 사: 나와서 노약자 역할을 해 볼까요?
유아 1: 나 할머니는 하기 싫어요.
교 사: 그렇다면 할머니 말고 다른 역할을 해 보면 어떨까요?
유아 1: (노약자석 그림을 가리키며) 저는 엄마 역할 해 보고 싶어요.
교 사: 좋아요. 저 그림 속의 엄마는 아직 출산을 하지 않아서 임산부라고 불러요. 그러면 임산부 역할을 하면 좋겠네요.
유아 1: (역할놀이 영역에 가서 인형을 가져오며) 저 이거 배에 넣어요?
교 사: 정말 임산부 같네요.
유아 2: 그러면 전 아기 안고 있는 엄마 할래요.
교 사: 아기를 안고 있는 엄마는 왜 노약자석에 앉을 수 있을까요?
유아 3: 아기가 무겁고 너무 힘드니까요.
교 사: 그래요. 어린 아기를 돌보는 엄마도 임산부처럼 힘들 수 있고 아기도 안전하게 가야 하니까요. 그럼 아기를 안은 엄마에게도 양보하는 상황극을 해봐요.

활동모습

활동의 유의점

노약자, 장애우, 임산부들의 어려움이나 불편한 점에 대해 먼저 이야기한 후 상황극을 해 볼 수 있게 지도해야 한다.

유치원 버스 세차하기

활동 선정 배경

유치원에서 이용하게 되는 유치원 통학버스와 통학버스를 운전해 주시는 운전기사님의 수고로움을 알고 감사하는 마음을 표현하고자 유치원 버스 세차하기 활동을 계획하였다.

활동목표

유치원 버스가 주는 도움을 안다.

친구들과 협력하여 세차하기를 해 본다.

활동계획안

활동명	유치원 버스 세차하기	활동형태	바깥놀이 활동	생활주제	교통기관
대상연령	만 4세				
인성요소	협력, 책임, 존중				
활동자료	수건, 양동이, 물, 호스, 막대걸레				
활동과정	활동내용				
도입	• 유치원 버스 수수께끼를 낸다. – 나는 누구일까요? – 내 위에는 경광등이 달려 있어요. 나는 의자가 아주 많아요. 나는 어린이들이 주로 이용해요. 나는 노란색이에요.				
전개	• 유치원 버스가 주는 도움에 대해 이야기한다. – 유치원 버스는 우리가 언제 이용하나요? – 우리 유치원에 버스가 없다면 어떨까요? • 유치원 버스를 위해 우리가 할 수 있는 일에 대해 이야기한다. – 우리를 목적지까지 안전하게 데려다 주는 유치원 버스를 위해 우리가 무엇을 할 수 있을까요? • 세차를 해 본 경험에 대해 이야기한 후 필요한 도구를 알아본다. – 세차는 왜 해야 할까요 – 세차하는 것을 본 적이 있나요? – 세차장에 가 본 적이 있나요? – 세차할 때 어떤 도구들이 필요할까요? • 유치원 버스 세차하는 방법을 이야기한 후 역할을 나눈다. – 커다란 유치원 버스를 어떻게 나누어 세차할까요? – 어떤 방법으로 세차하면 좋을까요?				

	– 창문을 닦을 때는 어떻게 하면 좋을까요? – 바퀴부분은 어떻게 할까요? • 조 별로 수건을 나누어 갖고 버스 곳곳을 닦는다. • 사용한 수건을 정리하고 교실로 돌아온다.
마무리	• 교실로 돌아와 평가한다. – 우리가 힘을 모아 유치원 버스를 세차하니 버스가 어떻게 되었나요? – 깨끗해진 버스를 보니 기분이 어떤가요? – 혼자서만 청소했다면 어떠하였을까요? – 힘든 점은 없었나요?
표상하기 (사후활동)	• 쌓기놀이영역에서 유치원 버스 만들기를 해 본다.
평가	• 친구들과 협력하여 세차를 하였는가? • 세차 후 청소도구들을 잘 정리하였는가?

유아들의 반응

세차하기 활동 후 교실로 돌아오면서 유아들끼리 이야기하는 장면

유아 1: 세차하니까 팔 아프지.
유아 2: 그래도 난 물 뿌리는거 재미있던데.
유아 1: 맞아. 팔 아픈데도 재미있지?
유아 2: 너희 조는 코끼리차 세차했어?
유아 3: 응. 우리 조는 코끼리차 세차했어.
유아 2: 코끼리차가 더 커서 힘들었지?
유아 1: 아니. 재미있었어.
유아 2: 아까 전에는 팔 아프다며?
유아 1: 그래도 재미있었어. 창문 닦을 때 내가 아랫부분 닦고 00는 키가 크니까 버스 윗부분을 닦았어. 그래서 금세 했어.
유아 3: 기사님들께서 우리가 세차한 거 보시면 깜짝 놀라시겠다.
유아 4: 기사님께 말씀 드리러 갈까?
유아 1: 안 돼. 비밀로 해서 기사님 깜짝 놀라게 해드리자.
유아 2: 진짜 그러자.

활동모습

활동의 유의점

세차 도구 뒷정리까지 유아들이 맡아서 할 수 있도록 지도한다.

민요 '뱃노래' 감상

활동 선정 배경

배는 예로부터 우리 생활에서 밀접하게 이용되는 교통기관이었다. 배와 관련된 민요를 감상하여 배의 쓰임을 알고 배에서 일하는 사람들의 하는 일을 알고 존중하고자 이 활동을 선정하였다.

활동목표

바른 자세로 민요를 감상한다.

어부들이 하는 일을 알고 존중한다.

배의 쓰임을 안다.

활동계획안

활동명	민요 '뱃노래' 감상	활동형태	음악	생활주제	교통기관
대상연령	만 4세				
인성요소	존중, 질서				
활동자료	민요 뱃놀이 음원, 노, 천, 그물, 물고기 모형 등				
활동과정	활동내용				
도입	• '뱃노래' 민요를 감상한다. – 선생님이 오늘 우리나라 민요 중 한 곡을 들려주실게요. 누가 부르는 노래일지 어떤 노랫말이 나왔는지 잘 들어 보세요.				
전개	• 감상 후 곡에 대해 이야기한다. – 어떤 노랫말이 들렸나요? – 그럼 누가 불렀던 노래일까요? – 지금 들려준 노래는 '뱃노래'라는 우리나라 민요예요. 예전에 어부들이 물고기를 잡으며 힘든 몸과 마음을 달래며 부르던 노래예요. 뱃노래는 어부들이 가장 많이 부르는 노래로써 지방에 따라 약간씩 다르게 부르기도 해요. – 가장 많이 반복된 노랫말은 무엇일까요? – '어기야 디어차'는 어떤 동작을 하면서 불렀을까요? – 다시 한 번 들으며 반복되는 부분을 함께 불러 보세요. • 유아들과 어부들이 하는 다양한 동작에 대해 이야기해 본다. – 어부들이 어떻게 물고기를 잡나요? – 옛날 어부들은 물고기를 잡기 전에 무엇을 준비했을까요? – 여러분이 어부라고 생각하고 물고기를 잡을 때 어떤 동작들을 할 수 있을지 표현해 볼까요?				

	– 예전 우리나라 어부들은 어떤 과정을 거쳐 물고기를 잡았을까요? (배 닦기, 닻 올리기, 노 젓기, 그물 당기기, 그물에 담긴 고기 퍼 올리기, 그물에 걸린 고기 털기 등) • 민요에 맞춰 옛날 어부들의 다양한 동작을 표현해 본다. – 처음 배를 띄우기 전 배를 닦는 것을 어떻게 표현할까요? – 닻을 올리는 동작은 어떻게 표현할까요? – 닻을 올릴 때 우리 교실에서 무엇을 이용하여 닻 올리기를 표현해 볼까요? – 노 젓기하는 동작은 어떻게 해 볼까요? – 어부들이 배가 앞으로 잘 나가기 위해서 어떻게 했을까요? – 우리 함께 어부들이 되어 노 젓는 동작을 맞춰서 해 볼까요? – 그물을 당길 때 친구들과 협동하여 그물을 당겨 볼까요?
마무리	• 민요 감상과 신체표현 후 평가한다. – 우리가 '뱃놀이' 민요를 감상해 보았는데 어떠했나요? – 우리가 부르는 동요와 어떤 점이 다른 것 같나요? – 감상했던 노래 중 가장 기억에 남는 노랫말이 있나요? – 노래에 맞춰 어부들의 동작을 해 보았는데 어떠했나요? – 다양한 신체 동작 중 기억에 남는 동작이 있나요? – 왜 그 동작이 기억에 남나요?
표상하기 (사후활동)	• '뱃놀이'와 같은 제목의 다양한 음악을 감상 후 비교해 본다. (차이코프스키 사계 중 뱃노래, 쇼팽의 뱃노래, 러시안 민요 볼가강의 뱃노래 등)
평가	• 배의 쓰임을 알고 있는가? • 올바른 자세로 민요를 감상하였는가? • 어부들이 하는 일을 알고 감사함을 느끼는가?

유아들의 반응

'뱃노래' 감상 후 선택놀이 시간 놀이하는 장면

유아 1: 어기야 디어차. 어기야 디어차.

유아 2: '어야디어. 어야디어' 이런 것도 있었지.

유아 1: 우리 노 가져와서 해 볼까?

유아 2: 그래. 딱딱 맞춰서 하자.

유아 1: 선생님 '뱃노래' 또 틀어 주세요.

교사가 음원을 틀어 준다.

유아 2: 얘들아 우리 아까 한 거 해 보자. 모여봐.

유아 1: (〈유아 2〉에게 노를 나누어 주며) 이거 같이 해 보자.

유아 3, 4: 나도 줘.

유아 2: 그래 대신 딱딱 맞춰야 해. 그래야 배가 빨리 가지.
유아 1: 너네가 그럼 '어기야 디어차'하고 우리가 또 '어기야 디어차' 할게.
유아 2: 그러자.
노래를 부르며 노 젓기 동작을 해 본다.
유아 1: 딱딱 맞춰서 하니까 재밌다.
유아 3: 우리 물고기 잡는 것도 해 보자.
유아 1: 그래 좋아!

활동모습

시각장애우를 위해 만들었어요

활동 선정 배경

시각장애우들이 교통기관을 이용할 때 위험하거나 불편한 상황을 마주치게 되는데 유아들이 시각장애우 체험을 하면서 시각장애우의 불편함을 알고 이러한 교통편의 시설을 소중히 여기고 다룰 수 있도록 이 활동을 선정하였다.

활동목표

시각장애우를 위한 교통편의 시설이 있음을 안다.
시각장애우의 불편함을 느끼고 알고 배려하는 마음을 갖는다.

활동계획안

활동명	시각장애우를 위해 만들었어요	활동형태	신체	생활주제	교통기관
대상연령	만 5세				
인성요소	배려, 존중				
활동자료	유도블록, 휠체어리프트, 신호등 사진, 안대, 끼우기 블록, 점자그림책				
활동과정	활동내용				
도입	• 점자 그림책을 보여주며 이야기 하였다. – 여기에 그림책이 있어요. 그런데 우리가 보는 그림책과는 좀 달라요. 어떤 점이 다른가요? – 이 책은 점자그림책이에요. 우리도 볼 수 있지만 앞이 보이지 않는 사람들도 읽을 수 있도록 되어 있어요.				
전개	• 유도블록 사진을 보며 이야기 나눈다. – 이것을 무엇이라고 부르는지 알고 있나요? – 유도블록을 본 적이 있나요? – 어디에서 보았나요? – 유도블록이 왜 이렇게 울퉁불퉁하게 생긴 것일까요? – 유도블록은 시각장애우를 위해서 시각장애인이 위치와 방향을 제대로 알 수 있도록 유도하는 시설물이에요. 시각장애인이 보도의 형태나 보행 코스에 대해서 알 수 있게 하기 위해 횡단보도나 지하철 타는 곳, 버스 정류장 등 공공장소에 설치되어 있어요. • 시각장애우나 교통약자를 위한 그 밖의 시설물에 대해 이야기한다. – 유도블록 말고도 장애우나 교통약자를 위한 시설물에는 무엇이 있을까요?				

	(휠체어리프트, 엘리베이터 버튼, 호출버튼, 점자 안내판, 시각장애인용 음향 신호기 등) – 교통약자들이 이런 시설물을 이용할 때 우리가 어떻게 도와줄 수 있을까요? • 시각장애우가 되어 유도블록 위를 걸어 가는 신체활동을 해 본다. – 우리가 시각장애우가 되어 유도블록 위를 걸어 볼거예요. – 유도블록을 우리 교실의 무엇으로 만들 수 있을까요? • 블록을 이용하여 유도블록 길을 구성하고 걸어 본다. – 누가 시각장애우가 가는 길을 구성해 줄 수 있나요? – 시각장애우가 되는 어린이는 안대를 하고 걸어 볼까요? – 유도블록 위를 걷는 어린이를 누가 도와줄 수 있나요? (안내를 도와줄 때 장애우는 흰지팡이를 짚게 하고 다른 손으로 안내자의 팔꿈치를 잡게 한 후 인도한다.) • 다양한 유도블록 길을 구성하고 유도블록 길 걷기를 해 본다.
마무리	• 유아들과 활동에 대한 평가를 한다. – 오늘 우리가 시각장애우가 되어 유도블록 위를 걸어 보니 어떠했나요? – 어려운 점은 없었나요? – 다른 어린이가 유도블록 위를 잘 걸을 수 있도록 도와주었을 때 어떤 기분이었나요? – 힘든 점은 없었나요?
표상하기 (사후활동)	• 교통약자들을 위한 창의적 교통편의 시설물 만들기를 해 본다.
평가	• 시각장애우를 배려하는 마음을 갖고 있는가? • 시각장애우를 위한 교통편의 시설에 관심을 갖고 있는가?

유아들의 반응

유도블록 구성하기 위해 이야기 나누는 장면

교 사: (유도블록 사진을 보여주며) 이것을 무엇이라 부르는지 알고 있나요? 어디에서 본 적이 있나요?

유아 1: 엄마랑 도원역에서 본 적 있어요.

교 사: 맞아요. 지하철 역이나 버스정류장 승차지점 등에서 볼 수 있는 유도블록이에요. 왜 이렇게 울퉁불퉁하게 생긴걸까요?

유아 2: 걸어가다가 넘어지지 말라고요.

교 사: 다른 생각 있나요?

유아 3: 멋있으라고요.

유아 4: 안보이는 사람들 위해서요.

교 사: 〈유아 4〉는 왜, 안보이는 사람을 위해서라고 생각했어요?

유아 4: 아까 점자책도 글자가 울퉁불퉁하고 구멍이 뻥뻥 뚫려 있어서 만지면서 읽을 수 있고 이것도 울퉁불퉁하잖아요.
교　사: 맞아요. 시각장애우들이 지하철역이나 횡단보도, 버스정류장 등에서 어디로 가야하는지 알 수 있고 이 곳이 어디인지 위치를 알려주는 유도블록이에요. 우리도 시각장애우 체험을 해 볼거예요. 유도블록 위를 걸어 볼텐데 우리 교실의 무엇으로 유도블록을 구성해 볼 수 있을까요?
유아 5: (커다란 끼우기 블록을 가리키며) 저거요. 폭신하고 위에 울퉁불퉁해요.
교　사: 좋아요. 우리 함께 구성해 봐요.
유아들이 커다란 끼우기 블록으로 길을 구성해 본다.
유아 3: 여기에서 좌회전 하는 걸로 하자.
유아 4: 좌회전 하면 지하철 타는 곳이야?
유아 3: 응.
유아 5: 나는 일자로 길게 하고 싶은데……
교　사: 다른 길은 선택놀이 시간에 더 구성해 보고 시각장애우 체험을 해 보도록 해요.

활동모습

활동의 유의점

시각장애우에게 무조건적인 도움을 주는 것이 아니라 실제 도움이 필요할 때 도움을 주도록 이야기한다(무조건적인 도움은 스스로 해결할 수 있는 일들도 못하게 하는 불필요를 초래할 수 있음).
시각장애우 체험 시 재미로 하거나 장난스럽게 행동하지 않도록 지도한다.

* 참고: 5세 누리과정 교사용 지침서. 교통기관. p. 211~212

매연 줄이기 포스터 제작

활동 선정 배경

사람들이 평소 자주 이용하는 자동차는 우리 생활에 없어서는 안 될 중요한 교통수단이지만 과도한 자동차 이용으로 자동차에서 나오는 매연 때문에 우리의 자연이 훼손되고 더 나아가 사람들에게도 피해를 입히고 매연 줄이기의 필요성에 대해 매연을 줄이기 위한 방법을 실천하고자 이 활동을 선정하였다.

활동목표

자동차 매연을 줄이기 위한 방법을 안다.

자연을 소중하게 지키기 위한 방법을 실천할 수 있다.

활동계획안

활동명	매연 줄이기 포스터 제작	활동형태	미술	생활주제	교통기관
대상연령	만 5세				
인성요소	존중, 질서				
활동자료	쓰기도구, 그리기도구, 도화지 등				
활동과정	활동내용				
도입	• ‘대기오염 곰돌이’ 동영상을 본다. - 곰돌이가 무엇을 하고 있나요? - 왜 곰돌이 털 색깔이 바뀌었을까요? - 자동차에서 나오는 연기를 무엇이라고 할까요?				
전개	• 매연으로 인해 불편했던 경험을 이야기한다. - 길을 지나갈 때 자동차에서 나온 매연 때문에 힘든 적이 있었나요? - 우리 주변에서 매연으로 인해 안 좋은 것을 찾아보기로 해요. • 사진을 보며 이야기 나눈다. - (매연으로 시들은 가로수) 이 사진을 보니 어떠한가요? - 왜 이렇게 시들었을까요? • 자동차의 장단점에 대해 이야기 나눈다. - 우리에게 편리함을 주는 자동차의 좋은점과 나쁜점에는 무엇이 있을까요? - 자동차를 많이 이용해도 매연을 적게 나오게 하는 방법이 있을까요? • 매연을 줄일 수 있는 방법을 생각해 본다. - 우리에게 이렇게 많은 불편을 주는 매연을 줄이려면 어떻게 해야 할까요? (대중교통 이용하기, 자전거 타기, 가까운 곳 걸어가기, 자동차 올바르게 운전하기) • 매연 줄이기 포스터를 살펴본다.				

	– 기존의 매연 줄이기 포스터에 어떤 그림이 있나요? • 포스터를 그릴 때 중요한 점에 대해 이야기한다. – 사람들이 쉽게 알아보기 위해서 어떻게 그리면 좋을까요? – 어떤 글이 들어가면 좋을까요? • 매연 줄이기 포스터를 만들어 본다.
마무리	• 완성된 포스터와 표어를 친구들에게 소개한다. – 누가 나와서 친구들에게 소개해 줄까요? – 다음 번 바깥놀이 활동 때 '매연 줄이기' 캠페인을 해 봐요. • 포스터 제작 활동에 대해 평가한다. – '매연 줄이기' 포스터를 제작해 보았는데 어떠했나요? – 우리반 친구들 외에 누구에게 알려주면 좋을까요?
표상하기 (사후활동)	• 바깥놀이 활동으로 매연 줄이기 캠페인을 벌인다.
평가	• 매연이 우리생활에 미치는 영향을 이해하였는가? • 매연을 줄일 수 있는 방법에 대해 알고 말할 수 있는가?

유아들의 반응

매연줄이기 포스터 제작 중 대화하는 장면

교 사: 포스터 제작할 때 어떤 글과 그림이 들어가면 좋을지 조별로 협력해서 만들어 보세요.
유아 1: 우리 조는 어떤 걸로 만들까?
유아 2: 자동차 타지 말기로 할까?
유아 3: 그런데 우리 아빠 회사 너무 멀어서 아빠 힘드셔.
유아 4: 아! 자전거 타고 가면 되잖아.
유아 3: 그럼 되겠네. 아빠한테 자전거 태워 달라고 해야지.
유아 4: 너네 아빠 자전거 잘 타셔?
유아 3: 응. 그런데 아빠는 아빠 자전거 타고 나는 내 자전거 타.
유아 1: 그러면 자전거 내가 그릴까?
유아 2: 그러면 되겠다.

활동모습

* 동영상 출처: 5세 누리과정 교사용 지도서CD, 교통기관. pp. 206~207.

* 참고: 5세 누리과정 교사용 지침서, 교통기관. pp. 206~207

자전거 운전면허 취득

활동 선정 배경

유아들이 안전한 교통습관을 형성하고 바른 교통규범 질서를 지킬 수 있도록 자전거 면허시험을 계획하였다. 유아들은 운전면허 시험에 정직하게 임하고 책임감 있게 완수하며 자신감을 얻고, 교통규범을 지키며 질서 있는 생활을 할 수 있도록 이 활동을 선정하였다.

활동목표

교통규범을 지켜야 하는 이유를 알고 교통 규범을 지키는 습관을 기른다.

자전거를 안전하게 타는 방법을 알고 실천할 수 있다.

활동계획안

활동명	자전거 운전면허 취득	활동형태	바깥놀이활동	생활주제	교통기관
대상연령	만 3, 4, 5세				
인성요소	책임, 정직, 질서				
활동자료	자전거, 헬멧, 팔꿈치 보호대, 손목 보호대, 무릎 보호대, 실내화				
활동과정	활동내용				
도입	• '안전하게 타요' 자료를 보며 이야기 나눈다. – 자전거를 타기 전에는 어떤 보호 장구가 필요한가요? – 자전거를 탈 때 자전거는 어떤 것을 골라야 하나요? – 자전거 타기를 할 때 끈이 있는 옷이나 치마를 입고 타면 어떨까요? – 그럼 어떤 옷을 입고 타면 좋을까요? – 자전거는 어디에서 타야 할까요?				
전개	• 우리 유치원 자전거 도로에서 지켜야 할 약속에 대해 이야기한다. – 체험놀이장 자전거 도로에서 자전거를 탈 때는 어떤 약속이 필요할까요? – 자전거 면허증을 따기 위해 어떤 규칙들이 있어야 할까요? – 면허 시험은 어떤 방법으로 하면 좋을까요? 〈자전거를 올바르게 타는 방법〉 ① 항상 자전거 안전모를 착용한다. ② 자전거를 타기 전에 30초간 점검한다. ③ 옷은 밝은 색으로 입는다. ④ 차도에서는 자전거를 타지 않는다.				

	⑤ 횡단보도를 건널 때 자전거에서 내려 걷는다. ⑥ 자전거 뒷좌석에는 사람을 태우지 않는다. ⑦ 나란히 달리기, 지그재그 운전, 손 놓고타기, 자전거 경주는 위험한 행동이므로 절대 하지 않는다. ⑧ 신호등과 교통안전 표지를 지킨다. 〈자전거 면허 취득 과정 규칙〉 ① 출발 신호와 함께 자전거를 탄다. ② ◇ 모양이 보이면 속도를 줄이고, 정지선(흰색선) 앞에서 정지한다. ③ 정지선에 정차한 후 횡단보도를 건너는 사람이 없는지 좌우를 살펴본다. ④ 자전거를 운전하는 동안 초록색 선을 밟지 않고 출발전으로 돌아온다. • 차례를 정한 후 보호장구를 착용 후 대기석에서 대기한다. • 자전거를 타고 규칙을 지키며 운전을 한다. – 선생님과 여러분 모두가 운전면허 시험 감독관이에요. 친구들이 면허를 취득할 수 있도록 함께 지켜봐요. • 규칙을 잘 준수한 유아들에게는 자전거 운전 면허증을 발급해 준다. (1회에 자전거 면허 취득을 하지 못한 유아는 다시 한 번 날을 정해 재시험을 치르도록 한다.)
마무리	• 자전거 면허 활동을 회상한다. – 자전거 면허 시험을 쳐보니 어떠했나요? – 어떤 점이 재미있었나요? – 어렵거나 힘든 점은 없었나요?
표상하기 (사후활동)	• 쌓기놀이 영역에서 자전거도로 구성하기를 해 본다.
평가	• 자전거 탈 때 지켜야 할 약속에 대해 알고 실천하는가? • 규칙과 질서를 지키며 자전거 면허를 취득하였는가?

유아들의 반응

자전거 운전 면허 시험 보는 장면

교 사: 자전거 면허를 따기 위해서 우리가 약속한 것들 잘 지킬 수 있겠죠?
다음 차례의 어린이는 대기석에서 보호장구를 착용하고 기다려 주고 다른 어린이들은 면허시험 보는 친구가 약속대로 가는지 같이 지켜봐 줘요.

〈유아 1〉이 자전거를 타고 운전을 시작한다.

유아 2: 〈유아 1〉아, 힘내!

유아 3: 〈유아 1〉아 잘해.

〈유아 1〉이 다시 출발지점으로 도착한다.

교　사: 〈유아 1〉이 약속을 잘 지켰나요?

유아 4: 어! 선생님, 〈유아 1〉이 초록색 선을 밟았어요.

유아 5: 아니에요. 그냥 잘 지나갔는데?

교　사: 〈유아 4〉는 어디에서 초록색 선을 밟았어요?

유아 4: 저기 마름모 지나서요.

유아 5: 거기 나도 봤는데 그건 두발자전거 바퀴 말고 뒤에 달린 보조바퀴가 지나간 거예요.

교　사: 아, 그랬군요. 여러분 그럼 우리 어떻게 할까요?

유아 5: 자전거가 나간 게 아니라 보조바퀴니까 면허증 줘도 좋을 것 같아요.

교　사: 〈유아 1〉은 어떻게 생각하나요?

유아 1: 연습할 때는 보조바퀴로도 초록색 선 안 밟았어요. 그러니까 다시 시험 볼게요.

교　사: 그래요. 두 번째 시험 보는 날 잘해서 면허 꼭 취득하도록 해요. 여러분들이 시험 볼 때도 보조바퀴가 선을 밟지 않도록 할 수 있나요?

유아들: 네.

교　사: 그래요. 이제부터 시험볼 때 보조바퀴가 초록색 선을 밟는지도 살펴보도록 해요

활동모습

활동의 유의점

자전거 면허 시험 2주 전에 시험이 있을 것을 미리 예고해 주어 유아들이 준비할 수 있도록 한다.
1회 차에 면허를 취득하지 못한 유아에게는 실망하지 않도록 격려해 주고 다시 한 번 연습 후 기회를 주도록 한다.

자전거 면허안전수칙

1. 항상 자전거 안전모를 착용한다.
2. 자전거를 타기 전에 30초간 점검한다.
3. 옷은 밝은 색으로 입는다.
4. 차도에서는 자전거를 타지 않는다.
5. 횡단보도를 건널 때 자전거에서 내려 걷는다.
6. 자전거 뒷좌석에는 사람을 태우지 않는다.
7. 나란히 달리기, 지그재그 운전, 손 놓고타기, 자전거 경주는 위험한 행동이므로 절대 하지 않는다.
8. 신호등과 교통안전 표지를 지킨다.

어린이 교통공원 현장체험

활동 선정 배경

교통안전 규범은 유아들의 안전과 직결된 중요한 교육이므로 지속적이며 반복적으로 교육하는 것이 중요하다. 또한 유아들과 원내에서만 활동하기보다는 실제 교통공원 현장체험을 통해 교통안전 규칙을 직접 실천해 볼 수 있는 기회를 제공해 주어 유아들의 교통안전 질서를 확립해 보고자 한다.

활동목표

교통공원 현장체험을 통해 교통안전 규칙을 안다.
안전한 교통생활을 하는 방법을 하는 방법을 알고 실천한다.

활동계획안

활동명	어린이 교통공원 현장 체험	활동형태	현장체험	생활주제	교통기관
대상연령	만 5세				
인성요소	질서, 책임				
활동자료	인터넷 연결이 가능한 컴퓨터				
활동과정	활동내용				
도입	• 인터넷으로 인천중앙어린이교통공원 사진을 보며 현장학습지와 체험할 활동에 대해 알아본다. – 여기는 어디일까요? – 사진 속에 무엇이 보이나요? – 왜 여러 가지 교통표지판과 횡단보도가 있을까요? – 이 곳에서 우리가 무엇을 할 것 같나요?				
전개	• 현장체험 시 지켜야 할 규칙과 약속에 대해 알아본다. – 차 안에서의 약속에는 무엇이 있을까요? (조용히 하기, 바르게 앉기, 안전벨트 매기 등) – 교통공원에서 안전하게 다니기 위해 어떤 약속이 필요한가요? • 유치원 버스를 타고 현장체험지로 이동한다. – 버스를 타고 가는 동안 보이는 신호나 횡단보도, 표지판 등을 살펴보면서 갈까요? • 현장체험지에 차례로 내린다. • 실내로 이동하며 '교통안전교육' 영상을 본다.				

	① 횡단보도를 건너기 전 우선 멈춘다. ② 왼쪽, 오른쪽 다시 왼쪽을 살핀다. ③ 운전자를 보며 손을 든다. ④ 차가 완전히 멈추어 섰는지 다시 확인한다. ⑤ 손을 들고 차를 보며 화살표 표시가 되어 있는 횡단보도 오른쪽으로 건넌다. • 교통공원을 둘러본다. – 육교가 설치된 곳을 지나볼까요? – 횡단보도와 육교 중 어디로 가는 것이 더 안전할까요? – 횡단보도에서는 어떻게 해야 하나요? – 신호등이 없는 횡단보도에서는 어떻게 해야 할까요? • 교통안전 표지판이 있는 곳으로 이동 후 표지판의 기능에 대해 이야기한다. – 교통표지판은 왜 필요할까요? – 교통표지판의 색깔에는 무엇이 있나요? – 이 표지판의 의미는 무엇일까요? • 현장체험지에서 유치원으로 버스를 타고 이동한다.
마무리	• 현장체험 활동을 평가한다. – 오늘 어린이교통공원에 다녀왔는데 어떠하였나요? – 새롭게 알게 된 것이 있나요? – 우리 모두 현장체험지에서 알게 된 것들을 잘 기억하며 잘 지키도록 해요.
표상하기 (사후활동)	• 다양한 표지판의 기능에 대해 이야기 후 유치원에서 조심해야 할 장소에 표지판을 만들어 본다.
평가	• 질서를 지키며 안전하게 현장체험을 다녀왔는가? • 교통규칙을 이해하고 실천하였는가?

유아들의 반응

현장체험 후 사후활동

교　사: 오늘 우리가 어디로 현장체험을 다녀왔나요?

유아들: 인천중앙어린이교통공원이요.

교　사: 교통공원에서 무엇을 보았나요?

유아 1: 육교요.

유아 2: 터널도 있었고 터널표지판도 있었어요.

유아 3: 표지판이요.

유아 4: 횡단보도요.

유아 5: 오늘 현장체험에서 본 것들 때문에 우리가 안전하게 지낼 수 있었어요.

교　사: 맞아요. 우리가 교통표지판을 보고 위험한 곳이나 주의해야 할 곳을 알 수 있어 안전하게 지낼 수 있어요. 우리 유치원에서도 안전에 주의해야 하는 장소가 있나요?
유아 1: 복도요.
교　사: 복도에서는 어떤 약속을 지켜야 하나요?
유아 1: 오른쪽으로 걸어요.
교　사: 또 어떤 약속이 있죠?
유아 2: 걸어다녀요.
교　사: 맞아요. 우리가 복도에 다닐 때 오른쪽으로 안전하게 걸어다니는 것을 표지판으로 만들어 붙여 줄 수 있나요? 또 어떤 곳이 있을까요?
유아 3: 체험놀이장 올라가는 곳이요.
교　사: 체험놀이장 계단이요?
유아 3: (손을 기역자로 꺾으며) 아니 이렇게 꺾이는 곳이요.
교　사: 아 ~ 모퉁이요?
유아 3: 네.
교　사: 그럼 모퉁이에서 조심하라는 표지판도 만들어서 붙여 주면 좋겠네요.

활동모습

활동의 유의점

현장체험지에서 교통시설물을 이용할 때 각각의 기능을 이해할 수 있도록 발문한다.

【우리나라】

자장자장 우리 아기

활동 선정 배경

자장가는 대부분의 유아들이 태어나서 가장 처음 접하는 친숙한 음악이다. 옛날부터 현재까지 전해오는 전래동요 자장가를 통해 유아들이 자연스럽게 우리나라의 옛 음악에 대한 관심과 흥미를 가지고 전래동요 자장가에 담긴 부모님의 사랑을 느끼고 감사하는 마음을 표현할 수 있도록 이 활동을 선정하였다.

활동목표

우리나라의 전래동요 자장가를 알고 불러 본다.
자장가의 쓰임을 알고 활용할 수 있다.

활동방법

<table>
<tr><th>활동명</th><td>자장자장 우리 아기</td><th>활동형태</th><td>자유선택활동
(음률영역)</td><th>생활주제</th><td>우리나라</td></tr>
<tr><th>대상연령</th><td colspan="5">만 3세</td></tr>
<tr><th>인성요소</th><td colspan="5">존중, 배려, 나눔, 효</td></tr>
<tr><th>활동자료</th><td colspan="5">전래동요 자장가 음악, CD플레이어, 헤드폰, 인형, 포대기</td></tr>
<tr><th>활동과정</th><th colspan="5">활동내용</th></tr>
<tr><th>도입</th><td colspan="5">• 엄마가 아기를 재우는 그림을 본다.
- 무엇을 하고 있는 모습일까요?
- 이 그림에서 떠오르는 노래가 있나요?</td></tr>
<tr><th>전개</th><td colspan="5">• 전래동요 자장가를 들은 후 자장가에 대한 경험을 이야기 나눈다.
- 자장가를 들어보거나 불러 본 경험이 있나요?
- 우리나라의 전래자장가를 들으니 어떤 느낌이 드나요?
- 아기가 이 노래를 들으면 어떤 기분이 들까요?
• 전래동요 자장가를 들으며 아기 재우기를 해 본다.
- 여기 있는 아기인형을 어떻게 하면 잘 재울 수 있을까요?
- 전래동요 자장가를 들으며 토닥토닥해 볼까요?
- 안아서/업어서 재워 볼까요?</td></tr>
</table>

마무리	• 전래동요 자장가에 맞춰 아기 재우기를 해 본 기분과 느낌을 이야기 나눈다. – 자장가를 불러 본 느낌이 어떠했나요? – 동요를 부를 때와 전래자장가를 부를 때 어떻게 다른 느낌이 드나요?
표상하기 (사후활동)	• 여러 가지 전래동요 자장가와 외국의 자장가를 듣고 느낌을 비교해 본다. • 전래동요 자장가를 들으며 휴식을 취해 본다.
평가	• 우리나라의 전래동요 자장가에 관심을 갖고 감상할 수 있는가? • 자장가의 쓰임을 알고 활용할 수 있는가?

유아들의 반응

자유선택활동 음률영역 활동 중 관찰

유아 1: 선생님! ○○이 울어요!
교　사: ○○○, 무슨 일 있어요?
유아 2: (작은 목소리로) 엄마 보고 싶어.
유아 1: 엄마 보고 싶대요.
교　사: (안아 주며) 우리 ○○이가 갑자기 엄마 생각이 났군요.
유아 2: 자장가 들으니까.
교　사: 자장가 들으니까 엄마 생각이 났어요?
유아 1: 우리 엄마도 나 자장가 불러 주는데.
교　사: 우리 ○○랑 △△이가 엄마처럼 자장가를 부르면서 아기인형을 토닥토닥 재워 볼까요?
유아 1: (아기인형을 토닥이며) 네! 우리 엄마는 동화책도 읽어 줘요.
교　사: 우리 △△이 어머니께서는 잠잘 때 동화책도 읽어 주시고 자장가도 불러 주시는군요.
유아 1: 네! 그래서 잠이 잘 와요.
유아 2: 자장가도 불러 주고 책도 읽어 주고 업어 주세요.
교　사: 엄마가 잘 때 자장가도 불러 주시고 책도 읽어 주시고 업어 주시면 기분이 어때요?
유아 2: 좋아요.

활동모습

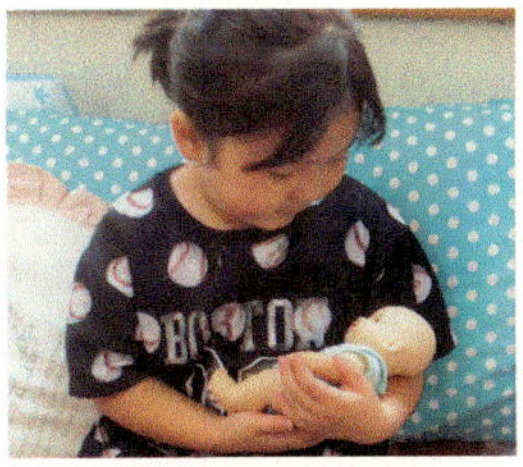

활동의 유의점

음악을 감상할 때 다른 사람에게 방해가 되지 않도록 헤드폰을 사용한다.
편안하게 전래동요 자장가를 감상할 수 있도록 한쪽에 쿠션이나 방석을 마련해 둔다.

* 참고: 3세 누리과정 교사용 지침서, 우리나라. pp. 146~148

풀싸움놀이

활동 선정 배경

상업화된 놀잇감에 익숙하고 매번 새로운 것을 요구하는 유아들에게 자연과 더불어 생활하고 자연에서 놀이를 찾았던 옛날의 놀이문화를 소개함으로써 유아들의 감성을 여유롭고 풍부하게 만들기 위해 이 활동을 선정하였다.

활동목표

우리나라의 전래놀이를 안다.
풀싸움놀이 규칙에 따라 질서를 지키며 놀이해 본다.

활동방법

활동명	풀싸움놀이	활동형태	바깥놀이 활동	생활주제	우리나라
대상연령	만 3세				
인성요소	존중, 질서				
활동자료	다양한 풀잎				
활동과정	활동내용				
도입	• 옛날 어린이들은 어떤 놀이를 했을지 상상해 본다. – 옛날에는 어떤 놀이를 했을까요? – 주변에서 얻을 수 있는 놀잇감은 어떤 것이 있었을까요?				
전개	• 풀싸움에 대해 이야기 나누기를 한다. – 풀싸움에 대해 들어 본 적이 있나요? – 어떻게 하는 놀이일까요? – 풀싸움은 풀 줄기를 서로 엇갈려 당겨 끊는 겨루기를 하는 놀이예요. • 유아들과 함께 산책을 하며 다양한 종류의 풀잎을 탐색한다. – 풀싸움을 하기 위해 어떤 풀이 필요할까요? – 풀을 살펴보고 풀싸움을 할 수 있는 풀을 모아봐요. • 유아들이 모은 풀을 살펴보고 어떤 풀이 풀싸움에서 이길지 예측해 본다. – 여러분이 모은 풀은 어떤 모양인가요? – 길쭉한가요? 잎의 너비는 어떠한가요? – 풀싸움을 할 때는 어떤 풀이 더 힘이 셀까요? • 풀싸움을 할 때 지켜야 할 약속을 정한다. • 약속을 지켜 풀싸움놀이를 해 본다.				
마무리	• 풀싸움놀이를 평가한다.				

	- 풀싸움놀이를 할 때 어떤 모양의 풀이 이겼나요? - 풀싸움이 잘 안되는 경우도 있었나요? 왜 그랬나요? - 풀싸움놀이를 해 보니 어떤 느낌이었나요?
표상하기 (사후활동)	• 풀을 이용한 다른 전래놀이를 찾아 놀이해 본다. (풀피리, 풀엮기놀이 등)
평가	• 자연을 이용한 전래놀이에 대하여 알 수 있었는가? • 질서를 지켜 바깥놀이 활동에 참여하였는가?

유아들의 반응

풀싸움놀이 활동 중 일화기록

유아 1: 선생님, 풀싸움 재밌어요!
교　사: ○○○, 풀싸움놀이 재미있어요?
유아 1: 그런데, 졌는데 재미있었어요.
유아 2: 내가 이겼어요!
교　사: 이겨도 져도 재미있는 놀이네요.
유아 1: 왜 옛날에는 재미있는 놀이가 많았어요?
교　사: 옛날 놀이가 더 재미있는 것 같아요?
유아 2: 아니거든. 또봇놀이가 더 재미있거든.
교　사: △△, 풀싸움놀이는 어떠했어요?
유아 2: 재미있었어요. 그런데 변신을 못하니까.
교　사: 풀은 변신할 수 없을까요?
유아 1: 강아지풀로 수염 만들어요.
교　사: 수염처럼 까슬까슬해서 콧수염으로 어울리네요.
유아 2: 할아버지로 변신할래요!

활동모습

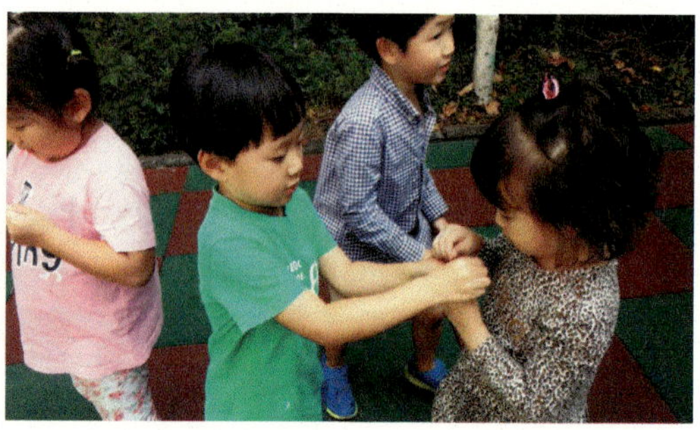

활동의 유의점

풀을 세게 당기거나 거친 풀을 사용할 경우 손가락이 다칠 수 있으므로 유의한다.
풀싸움놀이에 사용하는 풀은 꺾지 않고 바닥에 떨어진 것을 주워 사용하도록 한다.

* 참고: 3세 누리과정 교사용 지침서, 우리나라. pp. 193~194

사물놀이

활동 선정 배경

우리나라의 전통악기 중 꽹과리, 장구, 북, 징을 연주하는 사물놀이는 우리 고유의 흥을 담아낸 풍물놀이로부터 파생되었다. 풍물놀이는 유네스코 세계무형문화재로 등재되어 있을 정도로 가장 세계적인 동시에 가장 한국적인 음악이다. 유아들이 사물악기의 바른 연주법을 알아보고 직접 연주해 보는 경험을 통해 우리 음악에 대한 흥미와 자긍심을 가질 수 있도록 이 활동을 선정하였다.

활동목표

우리나라의 전통악기에 관심을 가진다.
사물악기의 특징과 바른 연주법에 대해 안다.
다른 사람과 함께 악기를 연주하는 경험을 갖는다.

활동방법

활동명	사물놀이	활동형태	음악	생활주제	우리나라
대상연령	만 4세				
인성요소	존중, 협력				
활동자료	사물놀이 공연 동영상, 사물악기 실물 및 사진 자료(꽹과리, 장구, 징, 북)				
활동과정	활동내용				
도입	•유아들이 알고 있는 우리나라의 전통악기에 대해 이야기 나눈다. - 우리나라의 전통악기 연주를 들어 본 적이 있나요? - 여러분이 알고 있는 우리나라 전통악기는 무엇이 있나요? •사물놀이 공연 동영상을 본다. - 사물놀이가 무엇일까요? 어떤 악기가 나왔나요?				
전개	•사물놀이 악기를 직접 보며 악기의 특징과 이름을 알아본다. - 이것은 어떻게 생겼나요? - 이 악기의 이름은 무엇일까요? •연주방법에 대해 소개한다. - 어떻게 연주하는 것일까요? - 악기마다 채는 어떻게 다른가요? 어떻게 잡아야 할까요? - 어떤 소리가 나나요? •사물악기를 연주해 본다. - 누가 나와서 연주해 볼까요? - 바르게 채를 쥐고 연주 방법에 맞게 사물악기를 연주해 봐요.				

마무리	• 다 함께 사물놀이를 해 본다. – 사물악기를 하나씩 맡아 연주해 봐요. – 함께 연주하면 어떻게 들리는지 감상해 보세요.
표상하기 (사후활동)	• 자유선택활동 시간에 음률영역에 사물악기를 제시하고 유아들이 자유롭게 탐색해 본다. • 동요를 부르며 어울리는 사물악기로 연주해 본다.
평가	• 우리나라의 전통악기에 관심을 갖고 연주법을 익힐 수 있었는가? • 사물놀이에 대해 알고 함께 협력하여 연주해 보는 경험에 적극적으로 참여하였는가?

유아들의 반응

사물놀이 활동 전 자유선택활동 관찰

자유선택활동 시간에 ○○가 음률영역에 있는 꽹과리를 만지작거린다. 꽹과리를 바닥에 눕혀 놓고 채를 들어 세게 내리친다. 깽깽 소리가 나자 멈칫했다가 다시 쳐 본다. 쌓기놀이영역에 있는 △△가 ○○를 보며 "시끄러워! 하지 마!" 하고 얼굴을 찡그리며 큰 소리로 말한다. ○○는 주춤주춤 꽹과리를 제자리에 넣어 둔다. 교사가 "○○야, 선생님이랑 같이 꽹과리 쳐 볼까?" 라고 말하자 ○○는 고개를 흔들며 음률영역에 있는 놀이이름표를 뺀다. 쌓기놀이영역에서 블록을 세우고 있던 △△가 "저거는 소리가 너무 커서 귀가 아파요"하고 여전히 찡그린 채로 목소리를 높여 이야기한다.

사물놀이 활동 후 자유선택활동 관찰

유아 1: 우리 사물놀이 할래?
유아 2: 난 시끄러워서 싫어.
유아 3: 채로 너무 세게 두드리지 않으면 되잖아.
유아 1: 맞아, 꽹과리도 잘 잡고 치면 돼. 넌 꽝꽝 두드리니까 그렇지. 별로 안 시끄러워.
유아 2: 그럼 난 북 칠래.
유아 1: 내가 꽹과리 할게. 치는 법 잘 알아.
유아 3: 나는 장구. 우리 별달거리 할래?
유아 2: 그런데, 징은 누가 쳐?
유아 1: 맞다. 징도 있어야 사물놀이 되는데.
유아 3: 아까 징 잘 친다고 ○○이 칭찬받았잖아. ○○이 부를까?

활동모습

활동의 유의점

사물악기마다 놓는 위치, 채의 모양과 쥐는 방법이 다르므로 바른 연주법을 먼저 익히고 사물놀이에 참여할 수 있도록 한다.

다른 사람의 활동에 방해되지 않도록 장소를 정하여 연주한다.

탈춤을 추세

활동 선정 배경

유아들이 다양한 탈과 탈춤에 대해 관심을 가지고 탈춤놀이에 참여하면서 우리나라의 자랑스러운 문화를 되새기고 전통문화를 친근하게 여기는 기회로 삼고자 이 활동을 선정하였다.

활동목표

우리나라의 노래와 춤에 관심을 가진다.
탈춤의 기본동작을 익히고 음악에 맞추어 탈춤을 춰 본다.

활동방법

활동명	탈춤을 추세	활동형태	신체	생활주제	우리나라
대상연령	만 4세				
인성요소	존중, 질서				
활동자료	탈춤 영상, 유아가 만든 탈, 한삼, 탈춤 배경음악(국악동요)				
활동과정	활동내용				
도입	• 탈춤 영상을 보며, 탈춤 동작에 대하여 이야기를 나눈다. – 탈춤놀이를 본 적이 있나요? – 영상 속에서 어떤 동작이 나왔나요? – 어떤 동작이 가장 마음에 들었나요?				
전개	• 탈과 한삼에 대하여 이야기를 나눈다. – 탈춤을 출 때 무엇이 필요할까요? – 어떤 탈을 쓰고 싶나요? – 이 탈의 이름은 무엇일까요? – 한삼은 어떻게 사용하는 것일까요? • 탈을 쓰고 탈춤놀이 노래에 맞추어 탈춤을 춘다. – 신이 날 때는 어떤 춤(또는 동작)을 추나요? – 음악과 어울리는 동작을 표현해 볼까요? – 어떤 동작을 또 표현해 볼 수 있을까요?				
마무리	• 활동을 평가를 한다. – 탈춤을 춰 보니 어떠했나요? – 어떤 동작이 재미있었나요?				
표상하기 (사후활동)	• 유아들이 원하는 모양의 탈을 스스로 미술영역에서 만들어 보고 이름을 지어 본다. • 탈을 만들어 자유선택활동 시간에 음률영역에서 자유롭게 탈춤놀이를 해 본다.				

평가	• 우리나라의 다양한 탈과 탈춤에 관심을 가지고 적극적으로 탈춤놀이에 참여하였는가? • 탈춤의 기본동작을 보고 동작을 익힐 수 있었는가? • 음악에 맞추어 흥겹게 탈춤을 출 수 있었는가?

유아들의 반응

탈춤놀이 후 자유선택활동 음률영역 놀이활동 관찰

유아 1: 우리 탈춤 추자. 탈춤놀이 노래 틀어봐.
유아 2: 나 아까 탈 다 못 만들었어.
유아 1: 아까 선생님이 우리나라 탈 중에는 만들다만 탈도 있다고 하지 않았어?
유아 3: 이매탈!
유아 1: 그러니까 탈춤 출 때 그냥 써도 돼.
유아 2: 그래도 다 색칠하고 할래.
유아 3: 무슨 탈인데?
유아 2: 원숭이탈.
유아 1: (한삼을 손에 끼우고) 그러면 이렇게 끼긱끼긱 움직이면 되겠다.
(팔을 양쪽으로 뻗어 구부리고 다리를 O자로 구부린 채 팔짝팔짝 뛴다.)
유아 2: 한삼을 뱀처럼 구불구불 움직이면 더 재미있을 것 같아.

활동모습

활동의 유의점

탈춤을 출 때 유아 사이에 충분한 간격을 두고 활동한다.
한삼의 바른 사용법을 알고 약속을 지켜 안전하게 활동하도록 한다.

은율탈춤

활동 선정 배경

지역마다 가지고 있는 고유의 전통문화 중 인천지역이 가지고 있는 은율탈춤을 알고, 문화를 계승하기 위해 노력하는 분들에게 감사하는 마음을 갖고 우리나라 문화에 대한 자긍심을 가지고자 이 활동을 선정하였다.

활동목표

우리나라의 전통춤에 대해 안다.
우리나라의 문화에 자긍심을 가진다.

활동방법

활동명	은율탈춤	활동형태	현장체험	생활주제	우리나라
대상연령	만 5세				
인성요소	존중, 협력				
활동자료	은율탈춤 보존회 사이트(http://www.unyul.or.kr), 비상약, 카메라				
활동과정	활동내용				
도입	• 다양한 지역별 탈춤에 대해서 알아본다. – 우리나라의 각 지역마다 서로 조금씩 특징이 다른 탈춤들이 있어요. • 우리 지역의 탈춤에 대해 관심을 갖고 탐색해 본다. – 우리 지역에도 탈춤이 있을까요? 어떻게 찾아볼 수 있을까요?				
전개	• 은율탈춤 보존회 동영상 사이트를 살펴보며 이야기 나눈다. – 은율탈춤은 어떻게 시작되었을까요? – 은율탈춤에서 사용하는 탈은 어떤 것들이 있을까요? – 은율탈춤은 왜 인천에서 전승되었을까요? • 오늘의 현장체험에 대해 소개한다. – 여러분, 우리가 오늘 가는 곳은 어디인가요? – 오늘 현장체험에서 무엇을 하기로 하였나요? • 현장체험 시 지켜야 할 약속을 정한다. – 오늘 은율탈춤 전수관에서 어떤 약속을 지켜야 할까요? – 은율탈춤을 배우고 난 후 어떻게 하면 좋을까요? • 버스를 타고 은율탈춤 전수관으로 이동한다. • 은율탈춤 전수자를 만나 인사를 나눈다. • 은율탈춤을 배운다.				

	• 은율탈춤 전수자에게 감사의 인사를 드린다.
마무리	• 버스를 타고 유치원으로 돌아온다. • 오늘의 활동을 평가한다.
표상하기 (사후활동)	• 가장 기억에 남는 장면을 그림이나 글로 표현해 본다. • 은율탈춤 공연에서 본 탈을 그려 직접 탈춤놀이를 해 본다.
평가	• 은율탈춤의 유래에 대해 알고, 자긍심을 가질 수 있었는가? • 은율탈춤을 배운 후 은율탈춤 전수자 분들께 감사한 마음을 가질 수 있었는가?

유아들의 반응

현장체험 후 자유선택활동 시간 일화기록

유아 1: 사자춤은 이렇게 추는 거야. 따라해 봐.
유아 2: 얼쑤~ 얼쑤~ 은율탈춤은 이렇게 소리내는 거래. 얼쑤~
유아 1: 하하하. 우리 그럼 은율탈춤놀이하자. 선생님은 내가 할래.
유아 2: 그럼 우리 여기에다가 은율탈춤전수관이라고 쓰자.
유아 3: 그래. 그럼 나는 아이들 할래.

유아들은 은율탈춤을 추고 싶다며 친구들과 협력하여 사자탈을 만들고 연습하여 재능마당에서 발표하는 시간을 가졌다.

형님들의 은율탈춤 공연 관람 후

유아 1: 선생님 해오름반 형님들은 왜 이렇게 탈춤을 잘 해요? 나도 하고 싶어요. 나도 해오름반 하면 저거 할 수 있어요?

이렇게 은율탈춤에 대해 알게 되고 체험한 것들에 대해 은율탈춤 전수자에게 감사함을 느껴 유아들은 감사의 마음을 표현하고자 편지를 써서 전달하였다.

활동모습

활동의 유의점

무형문화재에 대한 이해가 어렵지 않도록 설명한다.

유아들이 전수관에서 은율탈춤을 배울 때 진지한 자세로 배우도록 지도한다.

* 동영상 출처: 은율탈춤 보존회 사이트(http://www.unyul.or.kr)

의좋은 형제

활동 선정 배경

우리나라는 예로부터 효와 더불어 형제간의 우애를 중시하여 왔다. 동극활동을 통해 자신의 것을 나누며 형제간의 우애를 간접적으로 경험하고자 이 활동을 선정하였다.

활동목표

형제간에 서로 아끼고 사랑하며 지내야 함을 안다.

형제간에 서로 돕고 나눌 수 있다.

우리나라의 다양한 생활도구에 관심을 가지고 소품을 활용하여 동극활동에 참여한다.

활동방법

<table>
<tr><th>활동명</th><td>의좋은 형제</td><th>활동형태</th><td>동극</td><th>생활주제</th><td>우리나라</td></tr>
<tr><th>대상연령</th><td colspan="5">만 5세</td></tr>
<tr><th>인성요소</th><td colspan="5">배려, 나눔, 정직</td></tr>
<tr><th>활동자료</th><td colspan="5">「의좋은 형제」(PPT 동화), 각색대본, 동화 속 주인공이 필요로 하는 소품들, 등장인물 머리띠, 배경</td></tr>
<tr><th>활동과정</th><th colspan="5">활동내용</th></tr>
<tr><th>도입</th><td colspan="5">•「의좋은 형제」 그림책의 표지를 살펴본다.
•「의좋은 형제」 그림책을 읽어 본다.

〈동화내용〉
옛날 어느 마을에 우애가 좋은 형제가 살았어요. 농사를 짓던 두 형제는 추수할 때가 되어 곡식을 거두었어요. 거둔 곡식을 똑같이 반으로 나누어 가졌지요. 그러던 어느 날 형은 아우네 곡식이 부족하다고 생각하여 밤에 몰래 아우네 곳간에 곡식을 가져다 주었어요. 아우 또한 형네 곡식이 부족하다고 생각하여 형 몰래 형네 곳간에 곡식을 가져다 주었어요 아침이 되어 서로의 곳간에 곡식이 그대로인 것을 보고 놀랐어요. 두 형제는 서로가 서로를 생각하는 마음에 기뻐하며 더 사이좋게 살았어요.</td></tr>
<tr><th>전개</th><td colspan="5">•동화의 내용에 대해 이야기 나눈다.
– 왜 형제들은 볏집을 서로의 집으로 가져다 주었을까요?
– 형과 동생의 기분은 어떠했을까요?
– 여러분은 동생이나 형에게 어떤 일을 해 주고 싶나요?
•동극에 필요한 역할과 소품에 대해 이야기한다.</td></tr>
</table>

	– 동극을 하기 위해 무엇이 필요할까요? – 우리나라의 옛 생활도구들은 어떤 소품으로 표현할까요? • 동극을 한다. – 지금부터 ○○반 어린이들의 「의좋은 형제」 동극을 시작하겠습니다. • 동극이 끝난 후 자신이 맡았던 역할을 이야기한 후 인사한다. – 저는 ○○역할을 맡았던 ○○○입니다.
마무리	• 동극을 본 느낌을 이야기한다. – 동극을 보니 어떠했나요? • 동극을 하고 난 후의 소감을 이야기한다. – 여러분이 동생이라면/ 형이라면 기분이 어떠했을 것 같나요? – 재미있었던 점은 무엇이었나요? – 힘들었던 점은 없었나요? – 집에 가서 형제들과 어떻게 지내면 좋을까요?
표상하기 (사후활동)	• 가정에서 형이나 동생에게 어떤 도움을 주고 싶은지 조사해 보고, 알아 본 내용을 쿠폰으로 만들어 가정에서 실천하도록 한다. • 볏짚을 이용한 다양한 생활도구에 관심을 가지고 조형활동에 활용한다.
평가	• 서로 돕고 아끼는 형과 동생의 마음을 이해하고 공감하였는가? • 형제간에 서로 돕고 나눌 수 있는가?

활동모습

유아들의 반응

동화를 들은 후

교　사: 동화를 듣고 두 형제의 이야기에 어떤 느낌을 받았나요?
유아 1: 재미있었어요. 쌀가마니가 계속 왔다 갔다 하는게 웃겼어요.
교　사: 여러분이 동화 속 형님이었다면 어떤 기분이었을까요?
유아 2: 쌀가마니가 무거워서 계속 옮기느라 힘들었을 것 같아요.
유아 1: 동생한테 쌀가마니를 주고 나서 기분이 좋았을 것 같아요.
교　사: 그럼 여러분이 동화 속 형님과 동생의 역할을 맡아 동극을 해 보며 두 형제의 기분을 느껴 보기로 해요.

동극을 한 후 자유선택활동 시간

유아 1: 야, 우리 아까 했던 동극 다시 해 보자.
유아 2: 네가 동생 해. 내가 형님 할래.
유아 1: 가마니 왔다 갔다 했던 거 재미있었지? 우리 영차영차 하면서 할까? 더 재미있겠지?
유아 2: 쌀가마니가 무거우니까 영차영차 해야 여러 개 옮길 수 있을거야.
유아 1: 그런데 힘든데도 계속 옮겼대. 대단하다, 그렇지?
유아 2: 동생이랑 형님이랑 엄청 사이가 좋은가봐. 난 내 동생이랑 만날 싸우는데.
유아 1: 그러다 엄마가 슬퍼하면 어떡해? 우리 오빠랑 나는 한 번도 안 싸운다.
유아 2: 그래? 동화 속 형님 동생 같네.

거북선 만들기

활동 선정 배경

직접 겪어 보지 못한 우리나라의 옛 역사에 대해 유아들이 쉽게 관심을 가질 수 있는 방법 중 하나는 우리나라 대표 위인들에 대해 알아보는 것이다. 나라가 위기에 처해 있을 때 위기에서 나라를 구한 위인들에 대해 알아보면서 유아들은 자연스럽게 우리나라의 역사를 알고 우리나라에 대한 자긍심을 가질 수 있다. 거북선과 이순신 장군을 통해 나라에 충성하고 나라를 위해 협력하며 자기가 맡은 일에 책임을 다하는 것이 중요하다는 것을 알 수 있도록 이 활동을 선정하였다.

활동목표

이순신 장군과 거북선의 역사적 의미에 대해 안다.
거북선의 형태를 블록을 이용하여 표현할 수 있다.
친구들과 협력하여 거북선을 설계하고 완성해 본다.

활동방법

활동명	거북선 만들기	활동형태	자유선택활동 (쌓기놀이영역)	생활주제	우리나라
대상연령	만 5세				
인성요소	협력, 책임				
활동자료	거북선 사진, 종이, 쓰기도구, 다양한 블록				
활동과정	활동내용				
도입	• 거북선 사진을 보면서 이야기 나눈다. – 사진의 배는 무슨 모양처럼 보이나요? – 이 배는 누가 만들었을까요? – 이 거북이 등판 같은 철갑은 어떤 역할을 할까요? – 거북선은 왜 만들었을까요?				
전개	• 거북선 사진을 보고 설계도를 그려 본다. – 거북선을 만들기 위해 제일 먼저 무엇을 해야 할까요? – 어떤 블록을 사용해서 만들지 미리 계획할 수 있는 방법이 있나요? – 설계도를 그려 보고 실제로 사용할 블록도 정해 봐요. • 설계도와 거북선 사진을 보면서 블록으로 거북선을 구성해 본다. • 완성된 거북선을 사진과 비교하여 보고 수정하거나 첨가할 것을 찾아본다.				

마무리	• 거북선을 만들고 난 느낌에 대해 이야기 나눈다. – 이순신 장군처럼 우리도 거북선을 만들어 보았는데 어떠했나요? – 친구들과 함께 하며 느낀 점이 있나요? – 완성된 거북선을 이용하여 어떤 놀이를 하면 좋을까요?
표상하기 (사후활동)	• 완성된 거북선 모형을 이용하여 이순신 장군 놀이를 해 본다. • 미술영역에서 재활용품을 이용하여 거북선을 만들어 본다.
평가	• 거북선의 역할과 역사적 배경에 관심을 가지고 탐구하였는가? • 친구들과 협력하여 거북선을 완성하였는가?

유아들의 반응

거북선 사진을 보며 만드는 방법을 계획하는 과정

유아 1: 뭘로 만들지? 거북선 등은 이것(삼각 종이벽돌블록)으로 만들면 될 것 같은데.
유아 2: 아니야. 나무로 만들거야.
유아 1: 선생님, 거북선 등 이걸로 만들 수 있죠?
교 사: 우리 ○○이는 거북선 등의 뾰족한 철갑을 삼각블록으로 만들고 싶군요? 좋은 생각이에요.
유아 1: 그것 봐. 선생님이 된다잖아.
교 사: 삼각블록으로 해도 되고 다른 블록을 이용할 수도 있어요. 거북선 전체의 모양을 생각해서 각 부분에 어울리는 블록을 찾는 건 어떨까요?
유아 3: 야, 거북선 만들기 전에 먼저 그려 보면 어때?
유아 1: 화이트보드에 그리자. 디자인 하는 것처럼.
유아 2: 디자인? 맞나? 먼저 그려 보는 거 뭐라고 하지?
유아 3: 설계? 설계도? 설계도 먼저 그려 보자.

거북선 완성 후 활동 평가

유아 1: 선생님, 거북선 완성됐어요!
교 사: 우와, 옆면에 대포도 설치하고 뱃머리도 멋지게 잘 꾸며 주었네요.
유아 2: 머리는 ○○이가 만들었고 대포랑 배 젓는 노는 제가 만들었어요.
유아 3: 꼬리 부분도 보세요. 꼬리는 제가 만들었어요.
교 사: 우리 ○○반 어린이들이 협력해서 정말 멋진 거북선을 완성했군요.
유아 2: 우리 잘 만들었죠!
교 사: 서로 사이좋게 만들어서 거북선이 더 멋있게 완성된 것 같아요.

유아 3: 설계도 그릴 땐 조금 싸웠는데 만들 때는 나눠서 안 싸우고 만들었어요.
교　사: 이순신 장군님과 사람들이 힘을 합쳐 만들어서 우리나라를 지켜냈던 거북선처럼 여러분들도 거북선을 잘 완성해서 기뻐요.

활동모습

활동의 유의점

거북선을 만들게 된 역사적 배경에 대해서 미리 알아본 후 활동한다.
거북선 각 부분의 특징을 그 역할과 관련지어 탐구해 본다.

【세계 여러 나라】

사랑합니다

활동 선정 배경

사랑이라는 말을 다양한 나라의 언어로 불러 봄으로써 다른 나라 언어와 문화에 대해 친근함을 갖게 하고자 이 활동을 선정하였다.

활동목표

사랑의 의미를 담고 있는 다양한 언어에 대해 안다.
다른 사람을 사랑하는 마음을 갖는다.

활동계획안

<table>
<tr><td>활동명</td><td>사랑합니다</td><td>활동형태</td><td>음악</td><td>생활주제</td><td>세계 여러 나라</td></tr>
<tr><td>대상연령</td><td colspan="5">만 4세</td></tr>
<tr><td>인성요소</td><td colspan="5">존중</td></tr>
<tr><td>활동자료</td><td colspan="5">도입자료(시청각자료–세계 여러 나라의 '사랑해'), 노래 사랑해요(작사 · 작곡 인천재능대학교부속유치원)</td></tr>
<tr><td>활동과정</td><td colspan="5">활동내용</td></tr>
<tr><td>도입</td><td colspan="5">• '다른 나라 사람들이 대화를 나누는 모습'이 담긴 동영상을 본다.
• 동영상에서 들었던 말에 대해 이야기 나눈다.
– 사람들이 했던 말 중에 기억에 남는 말은 어떤 것이 있나요?
– 어떤 이야기를 한 것일까요?
• 사랑의 의미를 담은 말에 대해 알아본다.
– 사랑의 의미를 담은 말 중에 우리가 알고 있는 말은 무엇이 있나요?</td></tr>
<tr><td>전개</td><td colspan="5">• 사랑의 의미를 담은 세계 여러 나라의 말에 대해 알아본다.
• 노래를 들어 본다.
– 어떤 노랫말이 나왔나요?
• 노랫말판을 보며 노랫말을 읽어 본다.
• 여러 가지 방법으로 노래를 불러 본다(한 가지 소리로 불러보기, 나누어 불러보기 등)
• 전곡을 불러 본다.
• 노랫말에 맞는 율동을 만든다.</td></tr>
</table>

	• 친구와 둘씩 짝을 이뤄 율동을 한다. – 친구와 마주 보고 서서 함께 노래를 부를 수 있을까요?
전개	 * 인천재능대학교부속유치원 어린이들과 교사들이 작사 · 작곡한 노래임.
마무리	• 활동을 평가하고 마무리한다. – 기억에 남는 다른 나라의 말이 있나요? – 사랑의 의미를 담고 있는 말 중 더 알아보고 싶은 나라가 있나요?
평가	• 사랑의 의미를 담은 다양한 언어에 친근감을 갖게 되었는가? • 세계 여러 나라 사람들을 존중해야 됨을 아는가?

유아들의 반응

'사랑해'를 다른 나라에서는 어떻게 이야기하는지 알아본 후 노래를 만들었다. 유아들이 원하는 단어를 이용하여 노랫말을 만든 후 교사가 멜로디를 붙였다. 이후 음악활동 시간에는 역할놀이영역에 있는 다른 나라의 옷을 입고 노래를 불러 보기도 하였다.

활동 후 부모님과의 전화상담 내용

부모님: 성당에 가서 외국인들을 만났는데 유치원에서 배웠다며 하트모양을 하며 "워 아이 니"라고 했어요. 다들 깜짝 놀라며 좋아했어요. 옆에서 듣다가 제가 더 감동받았어요.

교　사: 지난 번 어린이들과 '사랑해'를 다른 나라에서는 어떻게 이야기하는지 이야기 나누다가 노래를 만들어 함께 불러 보았거든요.

〈2014년 10월 22일〉

활동모습

나라	발음	표기법
한국	사랑해	사랑해
미국	아이 러브 유	I love you
독일	이히 리베 디히	Ich liebe dich
프랑스	즈뗌므	Je t'aime
중국	워 아이니	我愛你
네덜란드	이크 하우 반 야우	Ik hou van jou
스페인	태(떼)끼에로	Te quiero
일본	아이시떼루	愛(あい)している
러시아	야 바스 류브류	Я Вас Люблю
이탈리아	띠아모	Ti amo

활동의 유의점

유아들이 이미 알고 있는 나라의 언어 말고도 다양한 나라의 언어를 준비한다.

발음과 표기법을 함께 보여주며 다른 나라에 언어뿐 아니라 문자가 있다는 것을 알 수 있도록 한다.

나라마다 언어가 다르지만 언어에는 좋고 나쁨이 없음을 이해할 수 있도록 지도한다.

한중문화원, 차이나타운 현장체험

활동 선정 배경

다른 나라의 문화를 체험하기 위해 인천 지역사회에 있는 한중문화원과 차이나타운을 방문하여 중국의 문화, 전통, 놀이 등을 체험하도록 이 활동을 선정하였다.

활동목표

다른 나라의 문화를 체험해 본다.

각 나라에 따른 문화차이를 이해하고, 존중한다.

활동계획안

활동명	한중문화원, 차이나타운 현장체험	활동형태	현장체험	생활주제	세계 여러 나라
대상연령	만 4세				
인성요소	존중				
활동자료	차이나타운 거리 사진, 지도, 비상약, 사진기				
활동과정	활동내용				
도입	• 한중문화원과 차이나타운에 대해 이야기 나눈다. – 한중문화원, 차이나타운은 어떻게 해서 만들어진 곳인가요? – 한중문화원, 차이나타운에서 무엇을 볼 수 있을까요?				
전개	• 현장체험 시 지켜야 할 약속을 정한다. – 오늘 한중문화원, 차이나타운에서 어떤 약속을 지켜야 할까요? • 한중문화원으로 이동한다. • 한중문화원의 외관을 살펴본다. – 건물의 모습이 어떤가요? – 어느 나라의 건물을 본 딴 것일까요? • 한중문화원 안으로 들어가서 전시관을 관람하고 중국의상을 입어 본다. • 한중문화원 체험이 끝나면 차이나타운으로 이동한다. • 차이나타운의 분위기를 느껴 본다. • 중국음식점으로 가서 중국전통음식을 먹어 본다. • 유치원으로 돌아온다.				
마무리	• 활동을 평가하고 마무리한다.				

	- 오늘 현장체험에서 무엇이 기억에 남나요? - 우리나라와 다른 점/같은 점은 어떤 것들이 있나요?
표상하기 (사후활동)	• 기억에 남는 장면을 그림으로 그려 전시한다.
평가	• 다른 나라의 문화를 체험하였는가? • 각 나라별 문화차이를 이해하고, 존중하는 마음가짐을 가졌는가?

유아들의 반응

현장체험 후 자유선택활동 시간 일화기록

○○: 중국 옷 입고, 우리 춤추는 공연하는 거 어때?
△△: 좋아. 난 이 빨간 옷 입을 게. 넌 어떤 거 입을래?
○○: 난 이거. 우리 선생님한테 음악도 틀어 달라고 하자.
△△: 아! 우리 차이나타운 길에서 공연하는 거라고 하자. 그럼 다른 사람도 다 볼 수 있잖아.
**: 그래. 좋아. 얘들아, 우리 공연한다. 모여봐.

활동모습

어려운 이웃이 있어요

활동 선정 배경

유아들과 함께 나눔의 의미를 알아보고 실천방법에 대해 이야기 나누어 보면서 다양한 나눔, 기부 방법을 일상생활 속에서 실천할 수 있는 계기로 삼고자 이 활동을 선정하였다.

활동목표

'나눔'의 의미와 다양한 실천방법에 대해 안다.
서로 더불어 살아가야함을 이해하고 나누는 행복을 안다.
나눔, 기부활동에 적극적으로 참여한다.

활동계획안

활동명	어려운 이웃이 있어요	활동형태	이야기나누기	생활주제	세계 여러 나라
대상연령	만 4세				
인성요소	나눔				
활동자료	캠페인 포스터, 기아 사진자료, 빈 상자, 꾸미기 재료				
활동과정	활동내용				
도입	• 내가 가진 것을 나누었던 경험에 대해 이야기 나눈다. – 내 것을 다른 사람과 나누었던 적이 있나요? – 무엇을 나누었나요? – 나누고 나니 어떤 기분이 들었나요?				
전개	• '나눔'의 의미에 대해 알아본다. – '나눔'이란 무엇일까요? – '나눔'은 어떤 사람에게 가장 필요할까요? • 어려운 이웃과 관련된 영상을 보며 도와주어야 할 이웃에 대해 이야기 나눈다. – 우리 주변에 도움을 필요로 하는 이웃들이 있나요? – 우리 어린이들은 어떤 방법으로 어려운 이웃을 도와줄 수 있을까요? • '기부'의 의미와 방법에 대해 알아본다. – '기부'란 무엇일까요? – 우리가 모은 기부금을 어떻게 필요한 이웃에게 전달할 수 있을까요? – 우리 반 뿐만 아니라 우리 유치원 전체가 기부에 참여할 수 있는 방법은 무엇이 있을까요? • 기부캠페인에 필요한 것에 대해 알아본다.				

	– 기부캠페인에 필요한 것들은 무엇이 있을까요? (포스터, 캠페인 소개하기, 캠페인 구호, 모금함, 캠페인 노래 만들기 등) • 기부캠페인에 필요한 역할을 분담하고 준비한다. • 준비가 끝나면 각 반을 돌며 기부캠페인을 실시한다. – 캠페인 소개하기/캠페인 노래 부르기/캠페인 구호 외치기 • 캠페인을 유치원 전체로 확대하여 실시한다. – 복도에 캠페인 포스터 붙이기 – 로비에 모금함 설치하기 • 기부금을 전달할 수 있는 사회복지기관을 알아본다. – 이런 로고를 본 적이 있나요? – 어떤 방법으로 어려운 이웃들을 돕는 것일까요? (모금한 기부금과 물품을 어려운 이웃들에게 전달) • 사회복지기관을 통해 기부한 후 기부내역서를 어린이들이 볼 수 있는 곳에 게시한다.
마무리	• 기부캠페인 활동을 평가한다. – 기부캠페인 활동을 하면서 어떤 것을 느꼈나요? – 우리 주변에서 이렇게 '나눔'의 행복을 느낄 수 있는 활동은 또 어떤 것들이 있을까요?
평가	• 서로 더불어 살아가야함을 이해하였는가? • 나눔, 기부활동에 적극적으로 참여하였는가?

유아들의 반응

대집단으로 모여 앉아 어려운 이웃을 돕는 방법에 대해 계획하고 있는 중 일화기록

교 사: 우리가 어려운 이웃을 도울 수 있는 방법은 무엇이 있을까요?
유아 1: 필요한 물건을 가져다 줘요.
유아 2: 필요한 물건을 살 수 있도록 돈을 보내 줘요.
교 사: 필요로 하는 물건을 보내 주는 것도 돈을 모아서 보내 주는 것도 좋은 생각이에요. 그런데 어떤 방법으로 보내 줄 수 있을까요?
유아 1: 직접 가져다 줄 수 있어요.
유아 2: 우리가 유치원에서 돈을 모아서 보내 주면 좋을 것 같아요.
유아 3: 그런데 우리는 돈이 없잖아요.
유아 4: 네 있어요. 지난번에 세뱃돈 받은 게 남아 있어요.
교 사: 우리가 받은 용돈을 모아 보내 주는 방법도 있어요.
돈이 없어도 도와줄 수 있는 방법이 있을까요?
유아 3: 엄마한테 용돈을 달라고 해요.

유아 2: 심부름을 하고 용돈을 받으면 어때요?
교 사: 좋은 생각이에요.
그러면 우리가 모은 용돈을 어떻게 어려운 이웃에게 전달할 수 있을까요?
유아 3: 유치원에 저금통을 두고 돈을 모아요.
교 사: 〈유아 3〉의 의견대로 기부금을 모을 모금함을 만들면 좋겠네요.
유아 1: 그런데, 돈이 많이 안 모이면 어떡해요?
유아 2: 우리 반만 하면 적을 것 같아요.
유아 4: 다른 반도 같이 하면 좋겠어요.
교 사: 다른 반도 기부에 참여하도록 하려면 어떻게 해야 할까요?
유아 1: TV에서 길거리에 빨간 통을 놓고 사람들에게 기부하라고 이야기하는 것을 봤어요.
유아 2: 우리도 모금함을 가지고 기부하라고 다른 반에 이야기해 주면 좋을 것 같아요.
교 사: 다른 반에 가서 기부캠페인을 하자는 의견인 것 같네요.
유아 3: 네. 어려운 이웃을 돕자는 글씨도 종이에 쓰고 노래도 부르면 좋겠어요.

부모와의 전화통화 내용

교 사: 안녕하세요, 어머님. 오늘 ○○이가 기부금을 가져왔어요.
학부모: 네. 유치원에서 지금 기부금 모금을 하고 있다고 그러던데요.
교 사: 네, 5월 말에 아이들이랑 같이 어려운 이웃을 도와주는 방법에 대해 이야기 나누다가 기부금을 전달하고 싶다는 의견이 나와서 모금하고 있어요. ○○가 말씀 드리던가요?
학부모: 네, 꼭 기부하고 싶다고 얼마나 많이 이야기했나 몰라요.
교 사: 액수가 조금 큰 것 같아서 전화 드렸어요. ○○에게 물어 보니 자기 용돈 남은 것이라고 그러던데 맞나요?
학부모: 맞아요. 아껴 두고 과자도 안 사먹더니 이번에 기부하겠다고 꺼내 와서 조금 놀랐어요 .
교 사: 우리 ○○이가 어려운 이웃을 돕고 싶은 착한 마음이 크네요. 많이 기특해요.
학부모: 엄마가 조금 더 보태 줄까 하고 물었더니 그냥 엄마 돈 받아서 기부하면 그건 자기가 기부하는 게 아니라서 싫다고 그러네요. 나중에 심부름하면 그 때 용돈으로 달라고 했어요. 또 기부한다고.
교 사: 우리 ○○가 진정한 기부의 의미를 알고 있는 것 같아요.
학부모: 지난번 참여수업 때 아나바다 물품 남은 것들 기증하러 대표로 다녀왔던 얘기도 계속하네요. 다른 사람을 도울 수 있다는 걸 참 즐거워하니 저도 기뻐요.

활동모습

활동의 유의점

기부금을 전달할 기관과 전달받을 대상을 유아와 함께 정하고 기부금이 잘 전달되었는지 확인한다.

할머니의 선물

활동 선정 배경

최근 유아들의 세계 여행 경험이 늘고, 다양한 매체를 통해 세계 여러 나라 문화에 대해 많이 접해 볼 수 있어 다른 나라의 생활문화에 대한 관심이 점점 높아지고 있다. 다양한 문화를 직접 체험해 보는 것이 좋지만 동화라는 매체를 통해 간접적으로 다양한 문화나 특성을 경험해 보면 유아들의 궁금증도 해결되리라 생각한다. 「할머니의 선물」 동화를 통해 다양한 문화를 간접적으로 경험하며 각 나라별 문화의 차이를 알고 존중하는 태도를 기르기 위해 이 활동을 선정하였다.

활동목표

세계 여러 나라의 문화에 관심을 갖는다.
각 나라별 문화 차이를 이해하고 존중한다.

활동계획안

활동명	할머니의 선물	활동형태	동화	생활주제	세계 여러 나라
대상연령	만 4세				
인성요소	존중				
활동자료	동화 「할머니의 선물」(조 엘렌 보가르트 저/강인 역/사계절)				
활동과정	활동내용				
도입	• 세계 여러 나라에서 여행하고 싶은 나라를 이야기해 본다. – 여러분은 어떤 나라로 여행하고 싶나요? – 왜 그 나라를 여행하고 싶은가요? – 그 나라에서 가장 해 보고 싶은 것은 무엇인가요?				
전개	• 동화의 제목을 듣고 동화내용을 유추해 본다. – 동화의 제목은 「할머니의 선물」이에요. 어떤 내용일까요? • 동화를 듣는다. 〈동화내용〉 엄마가 어렸을 때 할머니는 세계 여행을 다니며 "뭘 선물해 줄까?" 물으셨어요. 아프리카에서는 바오밥나무 씨앗, 오스트레일리아에서는 디져리두 악기와 부메랑, 멕시코에서는 뜨거운 태양빛을, 하와이에서는 날치의 날개짓, 북극에서는 빙산 조				

	각을 받고 싶다고 엄마는 말했어요. 할머니는 엄마가 받고 싶은 선물 뿐만 아니라 중국의 만리장성 앞에서 찍은 사진 등 세계 여러 나라에서 특별한 것을 선물하셨어요. 할머니가 엄마에게 선물을 주셨듯이 엄마도 아기에게 원하는 모든 걸 다 주고 싶다고 이야기해요. • 그림만 보며 동화를 회상해 본다. – 동화의 그림만 보며 내용을 회상해 볼까요? – 동화 속에서 할머니는 어떤 나라들을 방문했나요? – 동화 속에서 할머니는 어떤 선물들을 주었나요? – 동화 속 할머니가 여러분에게 선물을 해 준다고 하면 어떤 선물을 받고 싶나요? – 왜 그 선물을 받고 싶나요? • 기억에 남는 장면을 이야기해 본다. – 가장 기억에 남는 장면은 무엇인가요?
마무리	• 동화 속 할머니처럼 세계 여행을 한다면 가족에게 어떤 선물을 주고 싶은지 글과 그림으로 표현하고 발표한다. – 여러분이 세계 여행을 하면 어떤 선물을 부모님께 드리고 싶나요?
평가	• 세계 여러 나라의 문화에 관심을 갖고 있는가? • 각 나라별 다른 문화의 차이를 이해하고 존중하는가?

유아들의 반응

동화를 듣고 난 후 자유선택활동 시간

유아 1: ○○아, 뭐 그려?
유아 2: 이건 성이야. 성 어때? 진짜 멋지지?
유아 1: 응 진짜 아름다운 성 같아.
유아 2: 할머니의 선물에서 나왔잖아. 이거 그 성이야.
유아 1: 아 만리장성. 나 만리장성알아. 나도 그리고 싶은데.
유아 2: 그럼 이거 가져. 난 또 그리면 돼. 이건 선물이야 선물.
유아 1: 그럼 너가 할머니? 하하하. 고마워.

* 동화 「할머니의 선물」을 듣고 난 후 유아들은 동화 속에 나온 세계 여러 나라에 대해 많은 관심을 보였고, 서로에게 작은 것이라도 선물을 주는 행동의 빈도가 높아졌다.

활동모습

활동의 유의점

세계 다양한 문화를 간접적으로 경험해 볼 수 있도록 동화 외의 다른 자료를 충분히 제시해 주도록 한다.

명화 속 감정을 찾아요

활동 선정 배경

다른 사람의 감정을 이해하고, 공감하기 위해 명화 속에 담겨진 다양한 표정을 보며 다양한 감정이 있음을 알고, 다른 사람의 생각과 감정을 이해하며 존중하는 태도를 기르기 위해 이 활동을 선정하게 되었다.

활동목표

명화 속 사람들의 숨겨진 감정을 찾는다.
다른 사람의 생각과 감정을 이해하고 존중한다.

활동계획안

활동명	명화 속 감정을 찾아요	활동형태	이야기나누기	생활주제	세계 여러 나라
대상연령	만 5세				
인성요소	존중				
활동자료	웃는 렘브란트(렘브란트), 슬퍼하는 노인(고흐), 절규(뭉크), 울고 있는 여인(피카소), 서당도(김홍도)				
활동과정	활동내용				
도입	• 기분카드(웃는 얼굴, 우는 얼굴, 슬픈 얼굴, 화난 얼굴)를 가지고 이야기 나눈다. – 오늘 여러분의 기분은 어떠한가요? – (기분카드–웃는 얼굴, 우는 얼굴, 슬픈 얼굴, 화난 얼굴을 제시하며) 이 사람은 왜 웃는 것일까요?/ 왜 슬픈 얼굴을 하는 것일까요?				
전개	• 명화를 보며 이야기 나눈다. – 이 명화에 나오는 사람이 어떤 표정을 짓고 있나요? – 언제 여러분은 이 명화에 나오는 사람처럼 표정을 짓나요? • 명화에 등장하는 인물들의 기분을 말풍선 활동지에 적어 본다. • 기쁜 사연에는 축하의 말을, 슬픈 사연에는 위로의 말을 적는다.				
마무리	• 명화에 등장하는 인물들의 기분을 말풍선에 적고, 소개한다. – 명화 속 인물이 어떤 기분일지 자신의 생각을 친구들에게 소개해 보도록 해요.				
표상하기 (사후활동)	• 친구들과 경험했던 기뻤던 일, 슬펐던 일, 화났던 일 등을 이야기하고 친구의 기분을 좋게 해 주는 축하의 편지, 위로의 편지를 써 준다.				
평가	• 명화 속에서 나타난 사람들의 감정을 이해하였는가? • 다른 사람의 감정을 이해하고 존중하는가?				

유아들의 반응

유아들은 명화 속에 나타난 표정을 보며 자신의 상황을 대입시키기도 하였다. 웃는 자화상을 보며 기분이 좋은 이유는 '맛있는 것을 먹어서', '갖고 싶었던 장난감을 갖게 되어서', '칭찬을 받아서'라고 표현하였고, 고흐의 슬퍼하는 노인은 '머리가 아파서', '졸려서', '공부해야 하는데 공부하기 싫어서'라고 이야기하였다.

유아들은 특히 김홍도의 서당도에 관심을 많이 보였는데 서당에서 혼나는 친구를 보며 자신도 친구들 앞에서 잘못을 하여 혼난적이 있는데 이럴 때 창피하고 속상하다고 이야기하였으며, 주변에 있는 친구들 중 웃고 있는 사람을 보며 친구가 혼나고 있는데 웃고 있다며 그런 모습은 친구를 속상하게 한다고 이야기하기도 하였다.

활동모습

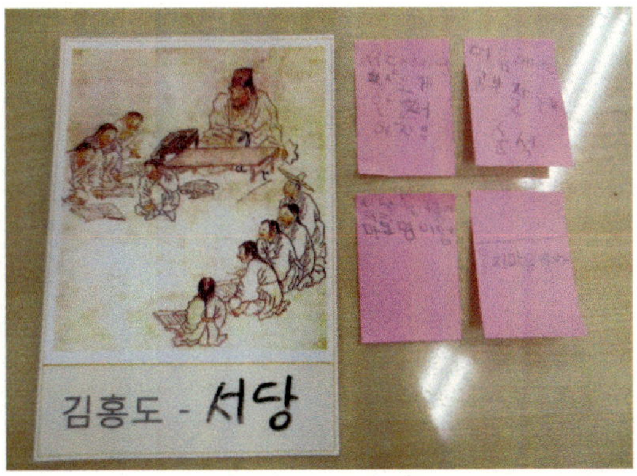

활동의 유의점

명화자료 선정 시 사람의 다양한 감정이 표정에 잘 드러난 작품을 선정한다.

모두 다 친구예요

활동 선정 배경

동화를 통해 다문화 가정 친구의 고민에 관심을 갖고 공감하며 그 친구의 마음을 이해하며 존중하는 태도를 가질 수 있도록 이 활동을 선정하였다.

활동목표

나와 다른 모습을 가진 사람들이 있음을 안다.
나와 생긴 모습이 달라도 차별하지 않고 사이좋게 지낸다.

활동계획안

활동명	모두 다 친구예요	활동형태	동화, 이야기나누기	생활주제	세계 여러 나라
대상연령	만 5세				
인성요소	배려, 존중				
활동자료	동영상 자료「루비나의 사랑」, 출처-평택대학교 다문화교육관 http://www.mculture.org/				
활동과정	활동내용				
도입	• 동영상 자료를 시청한다. 〈동화내용〉 새 학기가 시작된 교실. 진희는 파키스탄에서 온 루비나와 같은 반이 되었어요. 진희는 루비나와 짝꿍이 되고 싶지 않았는데 루비나와 짝꿍이 되었어요. 루비나는 매일 진희에게 사탕을 주는데 진희는 사탕을 받고 가방에 넣어 두었다가 몰래 버렸어요. 그러던 어느 날 루비나가 학교에 오지 않아서 선생님의 부탁으로 진희는 루비나의 집에 가게 되었고, 루비나의 집에서 다 먹고 한 개만 남은 사탕상자를 보게 되면서 루비나에게 미안한 마음을 갖게 되었어요.				
전개	• 다른 모습을 가진 사람들이 차별을 받을 때 기분이 어떤지 이야기해 본다. – 루비나의 모습이 다른 친구들과 어떤 점이 같았나요? – 루비나의 모습이 다른 친구들과 어떻게 달랐나요? – 진희는 왜 루비나와 짝이 되고 싶지 않았을까요? – 친구들이 손가락질을 하고 힐끔힐끔 쳐다볼 때 루비나의 마음은 어떠했을까요? – 진희에게 사탕을 줄 때 어떤 마음이었을까요? – 진희가 사탕을 버린 것을 알았다면 루비나는 어떤 마음이 들었을까요?				

마무리	• 나와 다른 모습을 가진 사람들을 만났을 때 알맞은 행동에 대해 이야기해 본다. – 내가 루비나와 짝꿍이라면 어떤 마음이 들었을까요? – 내가 진희라면 루비나에게 어떻게 행동했을까요? – 내가 진희라면 앞으로 루비나와 어떻게 지낼 수 있을까요? – 만약 루비나에 대해 잘 알지 못하는 친구들이 루비나를 괴롭히거나 차별한다면 우리는 어떻게 도와줄 수 있을까요? – 루비나에게 가장 필요한 것은 무엇일까요?
표상하기 (사후활동)	• 진희가 되어 루비나에게 편지를 쓴다.
평가	• 생긴 모습이 다르다고 차별을 당하는 사람들의 감정에 대해 이해하는가? • 생긴 모습이 달라도 친절하게 대하고 사이좋게 지낼 수 있는가? • 다문화 가정 친구의 어려움을 이해하고 존중할 수 있는가?

유아들의 반응

활동을 하기 전

〈유아 1〉이 미술영역에서 그림을 그리며 친구들과 대화를 한다.
유아 1: 얘들아, 이상하다. 우리 엄마는 할머니한테 맨날 "엄마, 엄마, 엄마' 이런다.
유아 2: 당연하지 너희 엄마를 낳아 주신 분이니까.
유아 1: 그럼, 다문화 가정에도 엄마가 있나?
유아 2: 그럼 있겠지.
교 사: 〈유아 1〉아, 다문화 가정을 어디서 들어봤나요?
유아 1: 할머니가 말씀해 주셨어요.
교 사: 그래요? 다문화 가정이 무엇인지 알아요?
유아 1: 외국사람이랑 우리나라 사람이랑 결혼해서 가족이 생긴거예요.
교 사: 우와 〈유아 1〉이 많이 알고 있구나. 〈유아 1〉은 다문화 가정을 어떻게 생각해요?
유아 1: 힘들 것 같아요.
교 사: 왜요?
유아 1: 외국말을 모르잖아요. 우리는……
유아 3: 우리가 외국어를 배우면 되잖아.
유아 1: 아. 그렇구나.

활동을 한 후

유아 1: 야, 다문화는 좋은거야. 그렇지?
유아 2: 왜? 뭐가 좋은데?
유아 1: 다른 나라 음식도 먹고, 말도 알고 좋잖아.
유아 2: 맞아. 나도 좋은 거 같아. 매일 재미있을 것 같지?
유아 1: 응. 진짜 매일 신날 것 같아.

활동모습

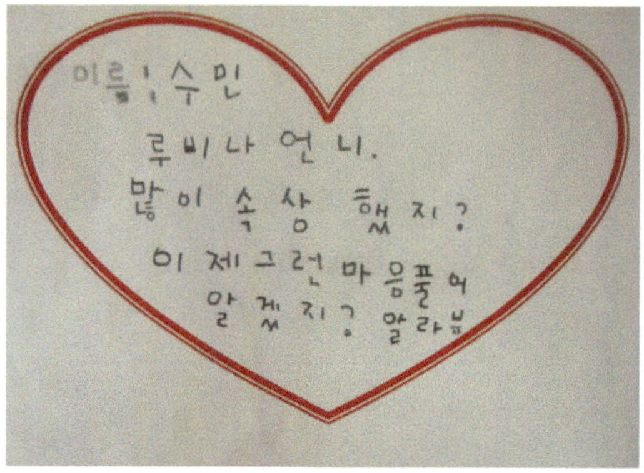

아프리카 친구처럼 물 나르기

활동 선정 배경

유아들이 아프리카에서 물부족으로 어려움을 겪고 있는 친구들의 생활을 이해하고, 협력하여 도울 수 있는 방법을 찾을 수 있도록 이 활동을 선정하였다.

활동목표

다른 사람의 어려움을 이해하고 도울 수 있는 마음을 갖는다.
친구들과 협력하여 물 나르기 활동에 참여한다.
다른 사람을 배려하고 도울 수 있는 마음가짐을 갖는다.

활동계획안

활동명	아프리카 친구처럼 물 나르기	활동형태	게임	생활주제	세계 여러 나라
대상연령	만 5세				
인성요소	협력, 배려				
활동자료	동영상 「EBS–아프리카의 어린이」, 물, 물동이, 신호악기, 포스트잇, 보드판				
활동과정	활동내용				
도입	• 물동이를 들고 물을 나르는 아프리카 친구들의 모습이 담긴 동영상을 보며 이야기 나눈다. – 이 화면의 아프리카 친구들은 왜 이렇게 무거운 물동이를 나르는 것일까요? – 왜 아프리카에는 물이 부족할까요?				
전개	• 오늘 게임 자료를 소개한다. – 물동이를 들고 가는 이 친구들의 기분은 어떨까요? – 오늘은 여러분들이 이 물동이를 직접 나르면서 아프리카 친구들의 어려움을 체험해 볼 거예요. • 게임 방법을 알아본다. 〈활동방법〉 ① 두 명의 유아가 짝을 지어 출발선에 선다. ② 출발신호가 울리면 물이 담긴 물동이를 들고 이동한다. ③ 도착선에 도착한 후 물동이를 내려놓는다.				

	④ 도착선 옆 책상에 앉아 물동이를 나르며 느꼈던 소감을 포스트잇에 적어서 보드판에 붙인다. • 유아 한 명이 나와 시범을 보인다. • 게임을 할 때 지켜야 할 약속을 이야기한다. – 유아가 무거워할 경우에는 두 명의 유아가 함께 들도록 한다. • 게임을 한다.
마무리	• 게임 후 소감을 말한다. – 물동이를 나를 때 어떠했나요? • 유아들이 포스트잇에 적은 내용을 발표한다. – 물동이를 나를 때 친구들은 무엇을 느꼈나요?
표상하기 (사후활동)	• 아프리카 친구들에게 편지쓰기 활동을 한다.
평가	• 물동이를 나르는 아프리카 친구들의 어려움을 이해하였는가? • 친구와 협력하여 물동이 나르기 활동에 참여하였는가?

유아들의 반응

'아프리카 친구처럼 물 나르기' 활동 전

교 사: 아프리카에 있는 물 부족국가에서 양동이에 물을 담아 집까지 옮기는 것을 보았지요? 여기 있는 이 양동이에 물을 가득 담으면 어떨까요? 우리 해오름반 어린이들이 들 수 있을까요?

유 아: 선생님, TV에서 아프리카 친구들도 잘 드는 걸 보니까 저도 들 수 있을 것 같아요.

교 사: 물이 담긴 양동이를 들고 실외유원장을 한 바퀴 돌아 도착지점에 오는 것도 가능할까요?

유 아: 조금 무거워도 참고 해낼 수 있을 것 같아요.

'아프리카 친구처럼 물 나르기' 활동 후

교 사: '아프리카 친구처럼 물 나르기' 활동을 해 보니 어떠했나요? 양동이를 옮기기 전이랑 생각이 달라진 어린이가 있나요?

유 아: 네, 선생님, 저는요, 처음에 아프리카 친구들이 드는 거니까 저도 거뜬히 들 수 있을 줄 알았어요.

교 사: 지금은 어때요? 지금도 똑같이 생각하나요?

유 아: 아니요. 너무 무겁고 힘이 들었어요. 중간에 내려놓고 싶었어요.

교 사: 끝까지 양동이를 들고 움직이는 게 많이 힘들었군요.

유 아: 네. 아프리카 친구들이 물을 쓰려면 이렇게 힘들겠구나 생각했어요.

교 사: 이렇게 힘들어 할 아프리카 친구들을 위해 우리가 해 줄 수 있는 일이 있을까요?

유 아: 물이 부족해지지 않도록 이제부터 물을 꼭 아껴 쓸 거예요.

활동모습

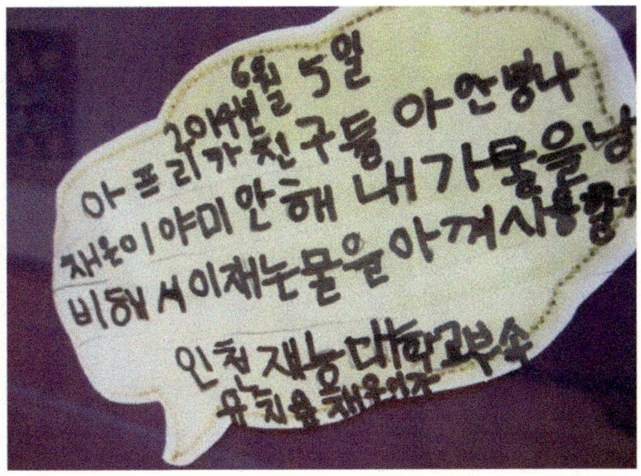

활동의 유의점

물동이 나르기 활동 시 안전에 유의하도록 지도한다.

【환경과 생활】

모종을 심어요

활동 선정 배경

작은 모종이나 씨앗 키우기 경험을 통해 식물이 커가는 모습을 관찰하면서 식물을 소중히 여기고 존중하는 마음을 기를 수 있다. 식물이 잘 자라기 위한 조건을 알고 식물을 기르며 생명의 소중함을 느낄 수 있도록 이 활동을 선정하였다.

활동목표

식물을 소중히 여기고 사랑하는 마음을 가진다.
모종을 심고 가꿀 수 있다.

활동계획안

활동명	모종을 심어요	활동형태	바깥놀이활동	생활주제	환경과 생활
대상연령	만 3세				
인성요소	존중, 책임				
활동자료	여러 가지 모종, 화분, 삽, 퇴비				
활동과정	활동내용				
도입	• 식목일에 대해 이야기 나눈다. – 4월 5일은 무슨 날일까요? – 식목일은 무엇을 하는 날일까요?				
전개	• 모종을 심는 방법을 알아본다. – 모종을 심으려면 무엇이 필요할까요? – 어떤 방법으로 모종을 심을까요? 〈모종심는 방법〉 ① 화분에 흙을 담는다. ② 흙에 구멍을 만들고, 흙 속에 모종을 넣는다. ③ 모종 위를 흙으로 꼭꼭 눌러 덮는다. ④ 물뿌리개로 물을 준다. • 교사가 직접 화분에 씨앗을 심는 과정을 보여 준다.				

	– 화분에 흙을 담고 그 다음은 무엇이었나요? • 유아들과 함께 바깥으로 나가서 씨앗을 심는다. • 유아들이 심고 싶은 모종을 선택한다. – 어떠한 모종을 심고 싶나요? • 화분에 모종을 심는다.
마무리	• 화분에 모종을 심은 느낌에 대해 이야기 나눈다. – 화분에 모종을 심어 보았더니 어떤 느낌이 들었나요?
표상하기 (사후활동)	• 식물을 잘 돌보는 방법에 대해 알아본 후 식물일지를 만들어 실천한다.
평가	• 식물을 소중히 여기고 사랑하는 마음을 가지게 되었는가? • 모종을 심고 가꿀 수 있는가?

유아들의 반응

아침 등원 시간

유아 1: 선생님 지난번에 우리 집에 가져 간 화분에 꽃이 피었어요. 너무 예쁜 분홍꽃이에요.
교 사: 아, 정말 좋겠어요. 축하해요. 우리 ○○이가 잘 기른 덕분에 꽃이 폈나보군요.
유아 2: 어? 나는 아직 안 폈는데. 진짜 폈어? 몇 개나?
유아 1: 아직 한 개. 그런데 엄마가 봉우리가 세 개나 있다고 했어.
교 사: 어떻게 해서 그렇게 꽃이 활짝 폈을까요?
유아 1: 내 방 있지요? 내 방이 햇빛이 잘 드는데 선생님이 꽃은 햇빛을 좋아한다고 해서 내가 거기다 놓았어요.
교 사: 그랬군요. 식물이 잘 자라게 하기 위한 방법을 잘 기억하고 있었군요.
유아 2: 나도 햇빛 있는데 놓았는데 왜 꽃이 안 피었지?
유아 1: 물도 줬어? 물도 주고 매일매일 사랑한다고 말하고, 잘 자라라고 얘기해 봐. 그럼 필지도 몰라
유아 2: 나도 오늘 집에 가서 잘 돌봐 줄거야!
교 사: 우리 △△도 잘 돌봐 주면 아마 금세 꽃이 활짝필 거예요. 오늘 ○○이가 이야기 한 것처럼 물도 주고, 잘 자랄 수 있도록 좋은 말도 많이 해 주길 바라요.

활동모습

아무도 안 본다고

활동 선정 배경

가정이나 유치원, 공공장소에서 지켜야 할 약속(실내에서 뛰지 않기, 물건 아껴 쓰기, 쓰레기 함부로 버리지 않기, 식물 꺾지 않기 등)은 잘 알고 있으나 아무도 보지 않는다고 생각할 때 지켜지지 않는 경우가 종종 있다. 유아들이 다른 사람을 의식하지 않더라도 약속을 잘 지키고 정직하게 행동할 수 있도록 이 활동을 선정하였다.

활동목표

정직의 의미를 알고 실천할 수 있다.

자연을 소중히 여겨야 함을 알고 보호한다.

활동계획안

<table>
<tr><th>활동명</th><td>아무도 안본다고</td><th>활동형태</th><td>동시</td><th>생활주제</th><td>환경과 생활</td></tr>
<tr><th>대상연령</th><td colspan="5">만 3세</td></tr>
<tr><th>인성요소</th><td colspan="5">정직, 책임</td></tr>
<tr><th>활동자료</th><td colspan="5">꽃이 시들어 있는 모습이 담긴 사진, 동시 「아무도 안본다고」(이수현)</td></tr>
<tr><th>활동과정</th><th colspan="5">활동내용</th></tr>
<tr><th>도입</th><td colspan="5">• 꽃이 시들어 있는 모습이 담긴 사진을 보며 이야기 나눈다.
– 꽃이 왜 이렇게 되었을까요?
– 누가 그랬을까요?</td></tr>
<tr><th>전개</th><td colspan="5">• 동시를 들려준다.
• 동시를 들은 후 느낌을 이야기 나눈다.
– 동시를 듣고 어떤 느낌이 들었나요?
– 동시를 듣고 어떤 그림이 떠올랐나요?
• 동시판을 보고 동시 말에 대해 이야기 나눈다.
• 교사와 유아가 부분을 나누어 낭송해 본다.
• 동시 전체 부분을 함께 낭송한다.
• 동시를 낭송하고 느낌을 이야기 나눈다.

아무도 안 본다고
이수현

아무도 안 본다고 꽃을 꺾을까?</td></tr>
</table>

	아무도 안 본다고 벌레를 밟을까? 아니 아니요 누가 보지 않아도 자연을 사랑하는 어린이가 될래요 아무도 안 본다고 휴지를 버릴까? 아무도 안 본다고 침을 뱉을까? 아니 아니요 누가 보지 않아도 환경을 깨끗이 하는 어린이가 될래요
마무리	• 활동 후 평가한다. – 아무도 안 본다고 쓰레기를 버리거나 꽃을 꺾으면 어떻게 될까요? – 아무도 보지 않더라도 바른 행동을 할 수 있나요?
평가	• 자연의 소중함을 알고 보호할 수 있는가? • 정직하게 행동할 수 있는가?

유아들의 반응

동시 활동 후 바깥놀이 활동 중

유아 1: 이거 꺾으면 어떻게 해?
유아 2: 뭐? 이거 내가 꺾은 거 아니야.
유아 1: 아니야. 내가 봤어. 네가 지금 꺾었잖아. 아무도 안 본다고 함부로 꽃을 꺾으면 안 된다고 했어!
유아 2: 아니야, 원래 이렇게 되어 있었어.
유아 1: 선생님! 이것 좀 보세요.
교　사: 무슨일이에요?
유아 2: ○○가 여기 달려 있던 목련잎을 꺾었어요.
유아 1: 제가 한 거 아니에요.
유아 2: 거짓말 하지마! 내가 다 봤어.
유아 1: 아니야! 내가 안 했어.
교　사: 여러분, 어떻게 된 일인지 보았나요?
친구들: 네, ○○가 꺾었어요. 저도 봤어요.
유아 1: 내가 안 했어. 나한테 소리 지르지마.
교　사: ○○, 어떻게 된 일이에요?
유아 1: 사실은 제가…… 만지다가 꺾었어요.

교 사: 그랬군요. 친구들은 〈유아 1〉이 안했다고 하니까 속상해서 큰 소리로 이야기를 했나봐요. 그럼 친구들에게 사실대로 이야기해 줄 수 있나요? 그리고 식물이 아플 수도 있으니 함부로 꺾지 말기로 약속해요.

유아 1: 친구들아, 사실은 내가 했어. 거짓말해서 미안해.

친구들: 아니야, 나도 소리 질러서 미안해.

〈활동 후 교사 느낀 점〉

동시 활동 이후 유아들의 행동이 모두 달라진 것은 아니지만 자신의 잘못을 인정하고 정직하게 이야기하는 모습을 볼 수 있었으며 다른 사람이 보지 않더라도 자연을 소중히 여기고 보호하려는 행동이 많아졌다.

아나바다 운동

활동 선정 배경

유아들이 물건을 아껴 써야 하는 이유를 알고 생활 속에서 실천하기 위해, 사용하지 않는 물건을 가지고 와서 서로 교환하는 아나바다 활동을 실시하였다.

활동목표

물자의 소중함을 알고 절약하는 습관을 기른다.

다시 쓸 수 있는 물건을 재활용한다.

나에게 필요없지만 다른 사람에게 유용하게 사용될 수 있는 물건을 나눌 수 있다.

활동계획안

활동명	아나바다 운동	활동형태	체험활동	생활주제	환경과 생활
대상연령	만 4세				
인성요소	나눔				
활동자료	유아들이 가져 온 물건, 쿠폰				
활동과정	활동내용				
도입	• 어린이들이 가지고 온 물건들을 살펴본다. – 아나바다를 위해 어떤 물건을 가지고 왔는지 볼까요? – 내가 가지고 온 물건을 소개해 볼까요?				
전개	• 아나바다 운동에 대해 이야기 나눈다. – 아나바다는 어떤 뜻일까요? – 왜 아나바다 운동을 할까요? • 아나바다 운동을 하기 위해 필요한 것을 이야기 나눈다. – 아나바다 운동을 하기 위해 필요한 것은 무엇이 있을까요? – 가게 이름은 어떻게 정하면 좋을까요? • 역할을 정한다. – 우리가 만들어야 하는 것을 나누어서 준비해 보도록 해요. • 작년 아나바다 행사 사진을 보며 이야기 나눈다. • 물건을 팔기 위한 방법을 생각해 본다. • 가게에서 물건을 잘 팔기 위한 방법에 대해 이야기 나눈다. – 가게에서 물건을 파는 상인들은 어떻게 하면 물건을 더욱 잘 팔 수 있을까요? • 아나바다 바자회를 연다.				

마무리	• 아나바다 바자회를 평가한다. – 우리가 정한 약속을 잘 지키며 아나바다 바자회를 했나요? – 아나바다 바자회를 하는 기분이 어떤가요?
표상하기 (사후활동)	• 아나바다 바자회 후 남은 물건을 나눔 기관에 보낸다.
평가	• 물자의 소중함을 알았는가? • 다시 쓸 수 있는 물건을 재활용할 수 있는가? • 다른 사람에게 유용하게 사용될 수 있는 물건을 나눌 수 있는가?

유아들의 반응

'아나바다 운동'을 하고 난 후

교 사: ○○가 오늘 입고 온 옷이 정말 예쁘네요. 아빠가 사주셨어요?

유 아: 네. 근데 백화점에 가서 옷을 산 것이 아니라 저번에 가 보았던 아름다운가게에 가서 옷을 샀어요.

교 사: 정말요?

유 아: 네. 주말에 아빠랑 엄마랑 아름다운 가게에 가서 점퍼가 예뻐서 사달라고 말했어요.

교 사: 우와. 우리 ○○ 정말 멋지네요. 옷 정말 잘 어울려요.

유 아: 진짜 옷이 예쁘고 새 옷을 입은 것 같아요.

교 사: 그럼 ○○가 옷을 어디서 샀는지 친구들에게 소개해 주도록 해요.

학부모님과 통화내용

교 사: 안녕하세요? ○○어머님, 오늘 ○○가 아름다운 가게에서 산 옷을 입고 왔네요.

부 모: 네, ○○가 주말에 아름다운 가게에 가야겠다며 같이 가서 구경도 하고 마음에 드는 옷도 사보았어요.

교 사: 옷이 정말 잘 어울리던데요? 오늘 ○○가 친구들에게 옷을 어디에서 샀는지 이야기도 하고 아름다운가게에서 본 것들도 이야기를 해 주었어요.

부 모: 아, 정말요? 이번에 아름다운 가게로 현장체험을 다녀온 후 ○○가 가보자고 해서 가봤는데 정말 쓸 수 있는 것들도 많고 필요한 것들도 많았어요. 저도 ○○ 때문에 가보게 되었는데 정말 좋은 곳 같아서 자주 이용하려 해요.

교 사: 아, 다행이네요. ○○에게 좋은 경험이 된 것 같아요.

활동모습

활동의 유의점

아나바다 운동이 무엇인지 사전에 이야기 나눈다.

작물 수확하기

활동 선정 배경

텃밭에서 채소와 과일을 심고 가꾸어 수확의 기쁨과 자연의 소중함을 알고 더 나아가 수확한 채소를 이웃반에 나누는 나눔활동을 실천할 수 있도록 이 활동을 선정하였다.

활동목표

자연을 소중히 여기고 감사하는 마음을 갖는다.
채소들의 성장과정에 대해 관심을 가진다.
수확한 채소와 과일을 이웃반에게 나눌 수 있다.

활동계획안

<table>
<tr><th>활동명</th><td>작물 수확하기</td><th>활동형태</th><td>바깥놀이 활동</td><th>생활주제</th><td>환경과 생활</td></tr>
<tr><th>대상연령</th><td colspan="5">만 4세</td></tr>
<tr><th>인성요소</th><td colspan="5">존중, 나눔</td></tr>
<tr><th>활동자료</th><td colspan="5">수확한 채소 담을 바구니</td></tr>
<tr><th>활동과정</th><th colspan="5">활동내용</th></tr>
<tr><th>도입</th><td colspan="5">• 우리 유치원 실외유원장에 있는 채소들에 대해 이야기 나눈다.
– 우리 유치원 실외유원장에는 어떤 채소들이 있나요?</td></tr>
<tr><th>전개</th><td colspan="5">• 우리 반이 심었던 채소에 대해 이야기 나눈다.
– 실외유원장에는 어떤 채소들이 자라고 있나요?
– 우리가 처음에 심었을 때보다 얼마나 자랐나요?
– 어떻게 변했나요?
• 줄을 서서 유치원 실외유원장 텃밭으로 이동한다.
– 우리가 심은 채소를 직접 수확해 보도록 해요.
• 채소를 수확한다.
– 잘 익은 채소를 수확해 보도록 해요.
– 어떤 채소를 맛보고 싶나요?
• 수확한 채소를 가지고 교실로 이동한다.
• 수확한 채소를 깨끗이 씻어 점심식사 때 같이 먹는다.
– 우리가 수확한 채소는 어떤 맛인가요?</td></tr>
<tr><th>마무리</th><td colspan="5">• 작물을 수확한 느낌에 대해 이야기 나눈다.
– 채소와 과일을 수확하였는데 어떠한 느낌이 들었나요?</td></tr>
</table>

표상하기 (사후활동)	• 직접 수확한 채소와 과일을 이웃반에게 나누어 준다.
평가	• 자연을 소중히 여기고 감사하는 마음을 갖게 되었는가? • 채소들의 성장과정에 대해 관심을 가졌는가? • 수확의 기쁨을 느꼈는가? • 수확한 채소와 과일을 이웃반에게 나누어 줄 수 있는가?

유아들의 반응

감자 수확 후 며칠 지난 바깥놀이 활동시간

유아 1: 선생님 우리 감자 다 어디로 갔어요?
유아 2: 우리가 다 캤잖아. 그래서 해오름반 형님이 감자샐러드 만들어 주어서 먹었잖아.
유아 1: 그럼 여기 이제 아무것도 없어요?
교　사: 네. 이제 여기에는 아무것도 없어요. 우리 여기에 있는 텃밭을 어떻게 사용하면 좋을까요?
유아 1: 우리 또 감자 심으면 어때요?
유아 3: 감자는 봄에 심는 거잖아. 지금은 여름이어서 안 돼.
유아 2: 그럼 우리 여기에다가 여름에 심는 거 심으면 안 돼요? 선생님 여기에 뭐 심을 수 있어요?
교　사: 글쎄요. 그럼 우리 텃밭을 가꾸는데 많은 도움을 주시는 기사님께 가서 한번 여쭈어 볼까요?
유아 1: 좋아요. 기사님~!
유아 2: 기사님. 우리 여기에다가 이제 뭐 심을 수 있어요?
기　사: 이제 겨울에 수확할 수 있는 배추나 무 같은 걸 심을 수 있지요.
유아 3: 그럼 전 무 심을래요. 맞아! 우리 토끼반일 때도 무 뽑았었잖아.
유아 1: 맞아. 무 많이 컸지?
유아 2: 그럼 선생님 우리 무 심으면 안 돼요?
교　사: 좋아요. 그럼 우리 교실에 들어가 언제, 어떻게, 누가 무를 심으면 좋을지 이야기한 후 정하도록 해요.

활동모습

활동의 유의점

수확할 때 사용하는 도구를 안전하게 다룰 수 있도록 지도한다.

감자샐러드 만들기

활동 선정 배경

4세 유아들이 텃밭에서 직접 수확한 감자를 선물로 받은 5세 유아들이 감자로 샐러드를 만들어 동생반과 나누어 먹자고 제안하여 이 활동을 계획하였다.

활동목표

친구들과 협력하여 감자샐러드를 만든다.

샐러드를 만들어 동생반 유아들과 서로 나누어 먹을 수 있다.

활동계획안

활동명	감자샐러드 만들기	활동형태	요리	생활주제	환경과 생활
대상연령	만 5세				
인성요소	협력, 나눔				
활동자료	삶은 감자, 피클, 맛살, 달걀, 햄, 설탕, 마요네즈				
활동과정	활동내용				
도입	• 동생반에서 수확한 감자를 보며 이야기 나눈다. - 이것은 무엇인가요? - 누가 수확한 것일까요? - 동생들이 유치원 텃밭에서 수확한 감자예요. - 동생들이 형님들에게 주고 싶다고 하여 이렇게 우리 교실까지 오게 되었어요.				
전개	• 감자를 보며 무엇을 할지 이야기 나눈다. - 감자로 무엇을 할 수 있을까요? • '감자샐러드' 만드는 방법에 대해 알아본다. **〈감자샐러드 만드는 방법〉** ① 오이, 맛살, 당근을 잘게 썬다. ② 달걀 껍질을 깐다. ③ 삶은 감자를 으깬다. ④ 으깬 감자에 썬 채소와 달걀을 넣는다. ⑤ 마요네즈를 넣고 비벼 준다. • 감자샐러드를 만들기 전 만든 감자샐러드를 누구와 나누어 먹을지 생각해 본다.				

	– 우리가 만들 감자샐러드를 어떻게 나누면 더 뜻깊을까요? • 감자샐러드 만들기를 한다. • 감자샐러드를 여러 사람들에게 나눠 준다.
마무리	• 감자샐러드를 만들고 난 느낌에 대해 이야기 나눈다. – 감자샐러드를 만들어 보았는데 어떠했나요? – 우리가 만든 감자샐러드를 다른 사람들과 함께 나누어 먹었더니 어떠한가요?
표상하기 (사후활동)	• 직접 심은 채소를 이용해 요리활동을 해서 먹는다.
평가	• 수확한 감자로 친구들과 협력하여 샐러드를 만들었는가? • 감자샐러드를 만들어서 동생반 유아들과 나누었는가?

유아들의 반응

감자를 수확한 후 감자샐러드 만들기 활동 외에도 유아들은 유치원에서 자라는 식물들을 관찰하며 자연의 아름다움을 느낄 수 있었다. 특히 복숭아 나무에 복숭아가 열리는 과정을 살펴보며 유아들은 햇빛과 물, 건강한 토양이 있어야 식물이 잘 자라난다는 것과 나무의 과실이 한순간에 커지는 것이 아니라 보이지 않는 노력들이 필요하다는 것을 알고 자연의 신비함을 느낄 수 있었다. 복숭아 나무에서 열린 복숭아는 수확한 후 잘라 유아들이 함께 나누어 먹기도 하였다.

바깥놀이 활동 중 복숭아 나무를 관찰하며

교 사: 우리 유치원 실외유원장에 있는 복숭아 나무예요. 복숭아 나무에 무엇이 피었나요?
○ ○: 꽃이요.
교 사: 그래요. 꽃이 피었어요. 꽃은 왜 필까요?
○ ○: 꽃이 피고 나면 열매가 열리니까요.
교 사: 다른 생각한 어린이도 있나요?
○ ○: 향기로우라고 꽃이 피는 것 같아요.
교 사: 우리 그럼 꽃이 지고 나면 무엇이 생기는지 관찰해 볼까요?
○ ○: 네.

복숭아 나무에 열매가 생긴 것을 보며

교 사: 복숭아꽃이 떨어지고 무엇이 생겼나요?

○ ○: 열매가 생겼어요.

교 사: 열매는 무엇이 될까요?

○ ○: 복숭아요.

교 사: 복숭아가 점점 커지는 모습을 관찰하도록 할까요?

○ ○: 네.

〈2014. 06. 18〉

복숭아 나무에 열매가 커진 모습을 보며

교 사: 복숭아가 어떻게 되었나요?

○ ○: 커졌어요.

교 사: 복숭아는 우리가 알고 있는 분홍색인가요?

○ ○: 아니요. 초록색이예요.

교 사: 어떻게 분홍색이 될까요?

○ ○: 햇빛을 받으면 점점 분홍색으로 변할 것 같아요.

교 사: 분홍색으로 변하면 복숭아를 수확해서 먹어 보기로 해요.

〈2014. 07. 17〉

복숭아 수확하기

교 사: 복숭아는 어떤 색인가요?

○ ○: 분홍색이에요.

교 사: 맞아요. 이제 복숭아를 수확해 보도록 해요. 복숭아를 만져 보니 어떠한가요?

○ ○: 복숭아가 살짝 말랑말랑한 것 같아요.
교 사: 맞아요. 복숭아가 알맞게 익었으니 먹어 보도록 해요.
○ ○: 아! 선생님 우리 숲속토끼반이랑 풀향기반 동생들 하고 나눠 먹으면 어때요? 지난번에도 동생들한테 감자샐러드를 나눠 주니까 정말 좋아했어요.
△ △: 맞아요. ☆☆이가 저한테 고맙다고도 했어요.
교 사: 그럼 우리 이 복숭아를 잘라서 나눠 주고 올까요?
유아들: 네. 좋아요! 이번엔 제가 꼭 전달해 주고 싶어요.

동생반과 복숭아를 나누어 먹자는 유아들의 의견에 따라 복숭아를 수확하여 깨끗이 씻은 후 조각을 내서 점심식사 후 후식으로 동생들과 모두 나누어 먹었다.

활동모습

물 사랑 캠페인

활동 선정 배경

70%가 물로 이루어져 있는 우리의 몸은 물을 마시지 않고는 살 수 없다. 음식을 하려고 해도 물이 필요하고 전깃불을 켜기 위해서도 물이 필요하다. 그런데 왜 이처럼 소중한 물이 병들기 시작했는지, 우리가 살고 있는 지구의 물 부족과 오염을 방지하기 위해 어떻게 해야 하는지, 깨끗한 물을 지키기 위해 어떤 노력을 해야 하는지 유아들과 생각해 보며 자연사랑 캠페인 활동을 하였다.

활동목표

물 사랑 캠페인을 하는 이유를 알고 적극적으로 참여한다.
물을 소중히 여겨야 함을 한다.

활동계획안

활동명	물 사랑 캠페인	활동형태	이야기나누기	생활주제	환경과 생활
대상연령	만 5세				
인성요소	협력, 존중, 책임				
활동자료	동영상 자료, 캠페인 포스터				
활동과정	활동내용				
도입	• 동영상 자료를 보면서 물을 사용하는 모습에 대하여 이야기 나눈다. – 물을 낭비하는 모습을 보니 어떤 생각이 드나요?				
전개	• 물을 아껴 써야 하는 이유를 이야기 나눈다. – 왜 물을 아껴 써야 할까요? – 물을 낭비하면 어떻게 될까요? • 물 부족 국가 영상을 본 후 이야기 나눈다. – 이 나라는 어떤 생활을 하고 있나요? – 우리는 물이 부족한 국가를 위해 무엇을 할 수 있을까요? • 물을 아껴 쓰는 방법을 생각하여 이야기 나눈다. – 물을 아껴 쓰기 위해 할 수 있는 방법은 무엇이 있을까요? • 물 사랑 캠페인에 대해서 이야기 나눈다. – 다른 반에게 물의 소중함을 알려줄 수 있는 방법이 있을까요? – 캠페인을 할 때 무엇을 준비하면 좋을까요? • 조별로 모여 물을 아껴 쓰기 위해 할 수 있는 일들에 대해 의논한다.				

	• 캠페인을 하기 위해 필요한 것에 대해 이야기 나눈다. (캠페인하는 방법, 준비물, 캠페인 하는 장소 등) • 캠페인에 필요한 피켓, 포스터, 어깨띠를 만들어 본다. • 만든 포스터를 여러 사람이 볼 수 있게 게시한다. • 캠페인 활동을 한다.
마무리	• 캠페인 활동을 한 후 교실로 돌아와서 캠페인 활동사진을 보며 이야기 나눈다. – 캠페인을 해 보니 어떠했나요? – 어떤 점이 잘 되었다고 생각하나요? – 어떤 점이 어려웠나요?
표상하기 (사후활동)	• 더 많은 사람들에게 전달할 수 있는 방법에 대해 알아보고, 실천한다.
평가	• 물 사랑 캠페인을 하는 이유를 알고 적극적으로 참여하였는가?

유아들의 반응

만 5세 유아들은 '여름' 주제로 활동을 할 때 물 사랑 캠페인을 실시하였다. 1주기부터 물을 절약할 수 있는 방법에 대해 알아보고 물 절약을 실천하고자 노력하였고 다른 사람들에게도 물을 절약할 수 있는 방법에 대해 알려주자고 하여 물 사랑 캠페인을 하기로 하였다. 만 5세 유아들은 1주기부터 3주기까지 '물 사랑 캠페인'을 하며 스스로가 물을 절약하여 사용하였고, 다른 사람에게도 물을 소중히 여겨야 함을 알렸다.

화장실에서 한 유아가 물을 틀고 손에 비누칠을 하고 있는 장면

교 사: ○○, 화장실에서 손에 비누칠을 할 때 물을 틀고 해야 될까요?
유 아: 아! 깜빡했어요.
교 사: 손에 비누칠을 할 때 물을 틀고 하게 되면 어떻게 될까요?
유 아: 물이 낭비가 되요.
교 사: 우리 다른 친구들에게도 물을 절약할 수 있는 방법에 대해 이야기를 해 주도록 해요.

물 사랑 캠페인을 하고 난 후

유아들이 손을 씻을 때나 양치를 할 때에 물을 절약하는 모습을 볼 수 있었고, 또한 집에서도 물을 절약해야 하는 것을 부모님께 말씀을 드리고 절약하지 않을 때 꼭 이야기를 한다고 하였다.

교 사: 안녕하세요? ○○이 어머님 요즘 '물 사랑 캠페인'을 하고 난 후 ○○이가 친구들이 물을 절약하지 않을 때 절약해야 한다고 이야기를 많이 해 주고 있어요.

학부모: 맞아요. 제가 양치를 할 때 물을 틀어 놓고 양치하면 ○○이가 수도꼭지를 잠그고 컵을 사용하라고 이야기를 해요.

교 사: 정말요? ○○이가 기특하네요. 어머님께서 칭찬 많이 해 주세요.

학부모: 네, 그렇게 할게요.

활동모습

활동의 유의점

반드시 사전에 물이 부족한 이유와 캠페인을 해야 하는 이유에 대해 이야기 나눈다.

물의 소중함에 대해 알고 캠페인을 할 수 있도록 한다,

환경 사랑 캠페인

활동 선정 배경

최근 유아들은 우리가 사용하고 버린 쓰레기로 인해 환경이 많이 오염된다는 보도 자료들을 보고 환경을 보호하기 위한 방법을 많은 사람들에게 어떻게 전할 수 있을지 생각을 하였다. 이에 유아들은 환경 보호 방법을 알아 보고 다른 사람에게도 알려 함께 환경보호를 실천하자는 취지로 다음의 캠페인 활동을 계획하게 되었다.

활동목표

환경을 사랑하고 아끼는 방법에 대해 알고 실천한다.

협력하여 환경 사랑 캠페인 준비를 하고 캠페인 활동을 한다.

활동계획안

활동명	환경 사랑 캠페인	활동형태	미술	생활주제	환경과 생활
대상연령	만 5세				
인성요소	협력, 존중, 책임				
활동자료	쓰레기를 버리는 사진 자료, 도화지, 그리기 도구 등				
활동과정	활동내용				
도입	• 쓰레기가 함부로 버려져 있는 그림자료를 보며 이야기 나눈다. – 이 그림을 보니 어떤가요? – 쓰레기를 함부로 버리면 어떻게 될까요?				
전개	• 우리가 할 수 있는 환경 사랑 방법에 대해 이야기 나눈다. – 우리가 환경을 아끼고 사랑하는 마음을 표현하는 방법은 어떤 것이 있을까요? (재활용, 쓰레기 버리지 않기, 아나바다 등) – 우리가 할 수 있는 환경 사랑 방법을 다른 사람들에게도 알릴 수 있는 방법은 무엇이 있을까요? (그림이나 글로 써서 알려주기, 이야기해 주기, 캠페인하기 등) • 환경 사랑 포스터와 표어를 살펴본다. – (환경 사랑 포스터를 제시하며) 어떤 그림인가요? – 왜 이런 그림을 그렸을까요? – 어떤 말을 사용하여 환경을 사랑해야 함을 알리고 있나요? – 여러분이라면 어떻게 표현했을 것 같나요?				

	• 환경 사랑 포스터와 표어를 만들 준비를 한다. – 어떠한 환경을 보호하면 좋을까요?(산, 강, 바다, 숲 등)
전개	– 여러분이 만들고 싶은 포스터를 조를 나누어 만들면 어떨까요? – 조는 어떻게 나눌까요? – 어떤 내용이 들어가면 좋을까요? – 눈에 잘 띄게 그리려면 어떻게 해야 할까요? – 어떠한 준비물이 필요한가요?(도화지, 그리기 도구 등) • 조별로 환경 사랑 포스터와 표어를 만든다.
마무리	• 완성된 포스터와 표어를 소개한다. – ○○조는 어떤 내용이 담긴 포스터 인가요? – 다른 사람들에게 어떻게 알릴 건가요?
표상하기 (사후활동)	• 만든 포스터와 표어로 캠페인을 벌인다.
평가	• 환경을 사랑하고 아끼는 방법에 대해 알고 실천하는 방법에 대해 아는가? • 협력하여 환경 사랑 캠페인 준비를 하고 캠페인 활동을 하였는가?

유아들의 반응

캠페인 활동 며칠 후 바깥놀이 활동에서

유아 1: 야, 바닥에 있는 거 주우면 어떻게 해. 줍지마 버려 빨리!
유아 2: 그래. 바닥에 있는 거 더러울지도 모르는데 막 주우면 어떻게 해.
유아 3: 아니야. 난 지금 쓰레기 줍는 거라고. 이거 쓰레기통에 버릴거야.
유아 1: 그래도 바닥에 있는 거 만지는 거 아니야. 너 선생님한테 말할거야.
교　사: 여러분 무슨 일이에요? 너무 큰 소리로 이야기해서 선생님 깜짝 놀랐어요.
유아 1: 얘가 이거 더러운건데 막 주워요.
유아 3: 아니에요. 전 바닥에 쓰레기가 있길래 쓰레기 주워서 쓰레기통에 버리려고 했던 거에요.
교　사: 아, 그랬군요. 여러분 우리 ○○는 바닥에 쓰레기가 있어서 쓰레기를 주우려고 했던 거였어요.
유아 1: 아, 난 더러운 거 줍는 줄 알고……
유아 3: 이렇게 쓰레기를 함부로 버리면 환경이 오염되잖아. 오염!
교　사: 환경을 생각해서 ○○의 손이 더러워져도 이렇게 쓰레기를 주워 쓰레기통에 넣는 행동 참 멋져요. 여러분~ 우리도 ○○를 따라 오늘 유치원 주변에 있는 쓰레기를 모아서 버려 볼까요?
유아 1: 좋아요. 선생님! 저도 ○○처럼 쓰레기 줍기 대장할래요.
유아 3: 뭐 대장? 하하하.

활동모습

활동의 유의점

환경을 보호하고 사랑해야 하는 이유를 잘 알고 캠페인에 참여할 수 있도록 한다.

【봄 · 여름 · 가을 · 겨울】

똥 목도리다!

활동 선정 배경

유아들은 자신의 것을 다른 사람과 나누어 쓰는 것에 대한 생각과 경험이 부족하다. 동화 '똥 목도리다!'를 통하여 유아들이 동화 속 상황을 이해하고 동화 속 동물들이 다른 동물들의 어려움을 이해하고 어떻게 돕는지 알아보고 나눔과 배려를 생활 속에 적용해 보고자 이 활동을 선정하였다.

활동목표

자신의 것을 나누며 다른 사람을 배려하는 마음을 갖는다.
친구들과 협력하여 동극을 한다.

활동계획안

<table>
<tr><th>활동명</th><td>똥 목도리다!</td><th>활동형태</th><td>동화</td><th>생활주제</th><td>봄 · 여름 · 가을 · 겨울</td></tr>
<tr><th>대상연령</th><td colspan="5">만 3세</td></tr>
<tr><th>인성요소</th><td colspan="5">나눔, 배려, 협력</td></tr>
<tr><th>활동자료</th><td colspan="5">그림책 「똥 목도리다!」(최정현 글, 대성 그림, 꿈터 출판사), 동극용 머리띠, 목도리</td></tr>
<tr><th>활동과정</th><th colspan="5">활동내용</th></tr>
<tr><th>도입</th><td colspan="5">• 동화 속 한 장면을 보여 준다.
– 빨간색의 이것은 무엇인 것 같나요?
– 왜 동물들이 목도리 안에 모여 있을까요?</td></tr>
<tr><th>전개</th><td colspan="5">• 동화를 들려준다.

〈동화내용〉
바람이 세차게 부는 추운 겨울날, 귀가 꽁꽁 얼어버린 토끼는 길에서 똥처럼 생긴 빨간 목도리를 발견했어요. 목도리로 귀와 몸을 감싸고 좋아하던 토끼 앞에 펭귄이 덜덜 떨며 다가오고 토끼는 머뭇거리다 펭귄과 함께 목도리를 둘렀어요. 토끼는 하얀 입김을 불며 걸어온 곰, 바르르 떠는 오소리, 양, 늑대, 사막여우, 고양이 등 다른 동물들과도 목도리를 함께 둘러요.

• 동화의 내용을 회상한다.
– 토끼가 누구와 목도리를 같이 했나요? 왜 목도리를 같이 했을까요?</td></tr>
</table>

	– 펭귄 다음 누구와 또 목도리를 같이 했나요? – 동물들이 함께 안아 주며 목도리를 하니 어떠하다고 말했나요? • 자신이 동화 속 주인공이라면 어떻게 할지 생각해 본다. – 여러분이 동화 속의 동물들이라면 어떻게 했을 것 같아요? – 추위에 떠는 동물들을 위해 무엇을 해 줄 수 있을까요?
마무리	• 내가 가진 것으로 다른 사람을 도울 수 있는 방법을 생각해 본다. – 여러분은 다른 친구에게 무엇으로 도움을 줄 수 있을까요?
평가	• 동화 속 동물들의 배려하고 나누는 마음을 이해하였는가? • 친구와 협력하여 동극을 하였는가?

유아들의 반응

동극을 한 다음 날 유아가 집에서 목도리를 가지고 등원하였다.

유아 1: 목도리 하니까 따뜻하다.
유아 2: 목도리 따뜻해?
유아 1: 응. 너도 이리와봐.
유아 2: 같이 하면 더 따뜻할거야.
유아 1: 진짜 같이 목도리를 하니까 따뜻하다.
유아 3: 나도 목도리 같이하자.
유아 1: 그래. 이리 들어와.
유아 2: 그런데 목도리가 짧네.
유아 1: 목도리를 아주 길게 만들어서 우리 반이 다 같이 했으면 좋겠다.

〈유아 1〉이 동극 후 날씨가 더웠음에도 불구하고 집에서 목도리를 가져가야 한다며 목도리를 들고 등원하여 친구들과 목도리를 하며 나눔과 배려를 표현하는 모습을 볼 수 있었다.

활동모습

아주 커다란 무

활동 선정 배경

아주 커다란 무 동화를 듣고 동극을 하여 다른 사람과 서로 돕는 태도와 더불어 협력에 의해 어려운 일도 해결할 수 있다는 것을 알 수 있도록 이 활동을 선정하였다.

활동목표

등장인물의 특성에 맞게 말과 행동으로 표현한다.
어려운 일은 협력하면 쉽게 할 수 있다는 것을 안다.

활동계획안

<table>
<tr><th>활동명</th><td>아주 커다란 무</td><th>활동형태</th><td>동극</td><th>생활주제</th><td>봄 · 여름 · 가을 · 겨울</td></tr>
<tr><th>대상연령</th><td colspan="5">만 3세</td></tr>
<tr><th>인성요소</th><td colspan="5">협력</td></tr>
<tr><th>활동자료</th><td colspan="5">동화 「아주 커다란 무」, 동극용 머리띠, 등장인물 그림자료, 커다란 무 등</td></tr>
<tr><th>활동과정</th><th colspan="5">활동내용</th></tr>
<tr><th>도입</th><td colspan="5">• 궁금 상자에 무를 넣어 만져보며 이야기한다.
– 궁금 상자 안에 무언가 있어요. 만지기만 하고서 무엇인지 누가 알아 맞춰 볼까요?
– 여기 있는 무는 어떻게 생겼나요?
– 선생님이 지금 들려주실 동화에도 무가 나와요. 잘 들어 보세요.</td></tr>
<tr><th>전개</th><td colspan="5">• 「아주 커다란 무」 동화를 듣고 동극을 한다.
– 동화를 듣고 나서 동화 속에 나온 등장인물이 되어 움직이고 이야기하는 것을 동극이라고 해요. 동화를 잘 듣고 어떤 내용인지 기억하며 들어 보세요.
• 「아주 커다란 무」 동화를 들려준다.

〈동화내용〉
옛날 옛적 한 마을에 농부가 살았습니다. 매년 봄, 농부는 순무를 포함하여 많은 식물을 심었습니다. 농부는 이번 봄에도 흙에 순무를 심었습니다. 무는 아주 빠르게 자랐습니다. 아주 아주 빠르게 자랐습니다. 순무는 농부보다 키가 커졌습니다. 농부는 순무를 꺼내려고 했는데 무가 너무 커서 뽑히지 않았습니다. 소, 염소, 개, 고양이</td></tr>
</table>

	심지어 쥐들도 농부를 도왔습니다. 마침내 순무가 뽑히고 순무로 만든 맛있는 음식을 모두 함께 나누어 먹었습니다. • 유아들과 동화의 내용과 대사를 회상한다. – 동화 속에서 어떤 등장인물이 나왔나요? – 커다란 무를 뽑기 위해 할아버지는 누구에게 도움을 요청했나요? – 할아버지가 할머니에게 어떻게 말했나요? 우리가 같이 할아버지가 되어 이야기 해 볼까요? – 할아버지와 할머니는 어떤 동작을 하며 무를 뽑았나요? 우리 함께 따라 해 봐요. – 무가 뽑히지 않자 할머니는 누구에게 도움을 요청했나요? (등장인물이 나오는 순서대로 회상해 본다.) – 여럿이 힘을 합치니 무가 어떻게 되었나요? • 동극에 필요한 소품을 준비한다. – '아주 커다란 무' 동극을 하기 위해 어떤 물건이 필요할까요? – 무대는 어디로 할까요? 할아버지의 밭은 어디로 할까요? – 소품은 어떻게 준비할까요? 누가 준비할 수 있나요? • 동극의 배역 및 소품 준비 등 다양한 역할을 정한다. – 동극을 하기 위해 몇 명이 필요할까요? – 어떻게 역할을 정하면 좋을까요? • 배역을 맡은 유아들이 앞에 나와 서서 차례로 자기소개를 한다. – 저는 00 역할을 맡은 000입니다. • 동극을 할 준비를 한다. • 동극을 한다. – 지금부터 '아주 커다란 무' 동극을 시작하겠습니다.
마무리	• 동극이 끝나면 동극을 한 유아들은 인사를 하고 자리에 앉는다. • 동극을 평가한다. – 친구들과 함께 동극을 해 보니 어떠했나요? – 할아버지, 할머니 역할을 맡았던 어린이들은 손자와 동물들이 도와주었을 때 기분이 어떠했나요? – 무를 뽑을 때 가서 함께 도와주었던 어린이들의 기분은 어떠했나요? • 유아들과 무대를 정리한다.
표상하기 (사후활동)	• 동극 무대를 캠코더로 촬영하여 함께 보며 이야기한다.
평가	• 어려운 일도 서로 협동하면 해결할 수 있다는 것을 아는가? • 친구와 협력하여 동극에 참여하였는가? • 다른 사람의 공연을 즐겁게 관람하고 격려해 주는가?

유아들의 반응

동극 후 자유선택활동 시간에 쌓기놀이영역에서 놀이한다.

유아 1: 우리 블록 같이 쌓을래?
유아 2: 그래? 내가 도와줄게.
유아 1: 어제 동극할 때도 함께 힘을 합쳐서 무가 뽑혔었지.
유아 2: 맞아, 우리가 함께 힘을 합치면 블록도 높이 쌓을 수 있을 거야.
유아 1: 그럼 우리 다른 친구들도 같이 하자고 이야기하자.
〈유아 2〉가 다른 유아들을 부른다.
유아 2: 우리 다 같이 힘을 합쳐서 우리 블록을 쌓아 보자.
유아 1: 계속 쌓아 보자.

유아들이 혼자 할 때보다 서로 힘을 합쳤을 때 더 좋은 결과가 나온다는 것을 알고 친구들을 부르는 모습을 볼 수 있었다.

활동모습

나뭇잎을 잡아라

활동 선정 배경

가을이 되어 떨어지는 나뭇잎을 보며 유아들이 떨어지는 나뭇잎을 잡기 위해 이러저리 뛰어다니는 모습을 볼 수 있었다. 「나뭇잎이 달아나요」 동화를 듣고 유아들이 나뭇잎을 쫓아다니며 힘을 합쳐 나뭇잎을 잡았을 때 느끼는 즐거움을 게임 활동을 통해 느껴볼 수 있도록 이 활동을 선정하였다.

활동목표

가을의 정취를 느낀다.
친구와 힘을 합해 나뭇잎을 잡는다.

활동계획안

<table>
<tr><th>활동명</th><td>나뭇잎을 잡아라</td><th>활동형태</th><td>게임</td><th>생활주제</th><td>봄 · 여름 · 가을 · 겨울</td></tr>
<tr><th>대상연령</th><td colspan="5">만 3세</td></tr>
<tr><th>인성요소</th><td colspan="5">협력</td></tr>
<tr><th>활동자료</th><td colspan="5">그림책 「나뭇잎이 달아나요」(올레 쾨네케 글, 그림, 시공주니어 출판사), 나뭇잎, 낚싯줄, 긴 막대기</td></tr>
<tr><th>활동과정</th><th colspan="5">활동내용</th></tr>
<tr><th>도입</th><td colspan="5">• 「나뭇잎이 달아나요」 동화에 누가 나왔는지 이야기해 본다.
– 「나뭇잎이 달아나요」 동화책에 누가 나왔나요?

〈동화내용〉
'안톤'은 나무에서 땅으로 떨어진 나뭇잎들을 한 곳으로 모으고 있었어요. 그리고 방금 떨어진 나뭇잎도 치우기 위해 다가갔어요. 그때 바람이 불어 그네를 타고 있는 '루카스'에게로 나뭇잎을 날렸어요. "나뭇잎 좀 잡아!"라고 뛰어온 '안톤'이 소리치자 '루카스'도 나뭇잎을 쫓아 뛰었어요. 나뭇잎은 모래장난을 하던 '그레타'와 '니나'에게로 날아갔어요. '그레타'와 '니나'도 나뭇잎을 잡기 위해 '안톤'과 '루카스'와 함께 뛰었어요. 뛰어가 보니 낙엽더미가 있어 신나게 낙엽을 가지고 놀았어요.

• 무엇을 누구와 잡으려고 했는지 이야기해 본다.
– 안톤은 무엇을 잡으려고 했나요?
– 누가 안톤을 도와주려고 했나요?
• 나뭇잎 잡기는 어떻게 되었는지 이야기해 본다.
– 나뭇잎을 결국 잡았나요?
– 나뭇잎을 잡고 난 후 친구들은 무엇을 하러 갔나요?</td></tr>
</table>

	•‘나뭇잎을 잡아라’ 게임 활동을 소개하고 나뭇잎을 탐색해 본다.
전개	–「나뭇잎이 달아나요」 동화처럼 우리도 안톤과 친구들이 되어 나뭇잎 잡기를 해 보려고 해요. 여기 나뭇잎이 있어요. 나뭇잎을 만져 볼까요? 여기 있는 게임 자료를 보세요. 어떻게 게임을 할 것 같나요? • 게임방법을 알아본다. • 게임을 하기 전에 지켜야 할 약속을 정해 본다. – 이 게임을 즐겁게 하기 위해서는 어떤 약속을 지켜야 할까요? – 왜 그렇게 생각했나요? • 게임을 한다. **〈활동방법〉** ① 막대에 낚싯줄을 연결하고 나뭇잎을 달아 조금 높이 올린다. ② 한 명의 유아가 나와 나뭇잎을 잡는다. 잘 잡히지 않으면 다른 한 명의 유아가 나와서 돕는다. (10초 간격으로 유아들 1명씩 함께 더하기) ③ 나뭇잎이 잡히면 나뭇잎이 모여 있는 곳에 놓는다. ④ 유아들은 나뭇잎을 던지며 놀이한다.
마무리	• 게임을 한 후 느낀점을 이야기해 본다. – 친구와 함께 나뭇잎을 잡아 보니 어떠한가요? – 다음에는 어떻게 하면 더 재미있을까요?
평가	• 친구와 협력하여 나뭇잎을 잡을 수 있는가?

유아들의 반응

나뭇잎 잡기 게임 활동 중

유아 1: 선생님 나뭇잎 잡기 재미있어요.
교 사: 재미있어요?
유아 1: 네. 계속하고 싶어요.
교 사: 자유선택활동 시간에 한 번 더 해 볼까요?
유아 1: 네. 그런데 친구들도 같이 해야 돼요.
교 사: 왜요?
유아 1: 친구들이 같이 해야 더 재미있어요.
교 사: 친구들과 함께 하면 재미있지요?
유아 1: 네. 그리고 친구들하고 해야지 나뭇잎을 빨리 잡을 수 있어요.
유아가 혼자서 활동하는 것이 아닌 다 함께 활동하는 것에 더 큰 초점을 맞추는 것을 확인할 수 있었다.

활동의 유의점

나뭇잎이 움직일 때 어린이들이 서로 부딪히지 않도록 유의한다.

많이많이 열리네

활동 선정 배경

봄이 되면 씨앗을 심고 가을이 되면 열매를 맺는 식물의 성장과정을 알게 되면서 유아들과 우리가 자라면 어떤 열매를 맺고 퍼트릴 수 있을지 생각해 보았다. 유아들이 올바른 인성을 가지고 자랄 수 있도록 노래를 통해 사람들이 가져야 할 마음을 함께 열매를 퍼트리자는 의미로 파라슈트를 활용하여 신체활동을 하였다.

활동목표

노랫말의 의미를 이해하며 타인을 존중하는 마음을 갖는다.
친구와 함께 협력하여 신체활동에 참여한다.

활동계획안

<table>
<tr><td>활동명</td><td>많이많이 열리네</td><td>활동형태</td><td>신체</td><td>생활주제</td><td>봄 · 여름 · 가을 · 겨울</td></tr>
<tr><td>대상연령</td><td colspan="5">만 4세</td></tr>
<tr><td>인성요소</td><td colspan="5">협력, 존중</td></tr>
<tr><td>활동자료</td><td colspan="5">파라슈트, 수수깡, 많이많이 열리네 음원(이은미 작사/송세라 작곡)</td></tr>
<tr><td>활동과정</td><td colspan="5">활동내용</td></tr>
<tr><td>도입</td><td colspan="5">• '많이많이 열리네'를 들어 본다.

〈많이많이 열리네〉
이은미 작사 송세라 작곡
사랑밭 위에 겸손의 씨앗 꼭꼭 심어서 소망의 물 믿음으로 가꾸어 가면
섬김의 열매 주렁주렁 용서의 열매 주렁주렁
감사의 열매 주렁주렁 많이많이 열리네

• 노랫말 이야기하면서 자료를 붙여 준다.
– 어떤 노랫말이 나왔나요?
– 씨앗을 심었더니 어떤 열매가 열렸나요?
– 주렁주렁을 어떻게 표현하면 좋을까요?</td></tr>
<tr><td>전개</td><td colspan="5">• '많이많이 열리네' 박자에 맞춰 다양하게 박수를 쳐 본다.
• '많이많이 열리네' 박자에 맞춰 머리–어깨–무릎으로 쳐 본다.
• 파라슈트 가장자리에 동그랗게 앉는다.
• 파라슈트 활동 시 주의해야 할 점에 대해 이야기를 나눈다.</td></tr>
</table>

	- 파라슈트 활동을 할 때에는 어떤 점을 주의해야 할까요? • 파라슈트를 음악에 맞춰 자유롭게 흔들어 본다. • 어린이들에게 수수깡을 나눠 준 후 노래에 맞춰 파라슈트를 밭으로 생각하며 수수깡을 씨앗 심듯이 잘라 넣는다. - 씨앗의 크기가 어떻게 되나요? • 노래에 맞추어 파라슈트를 흔들어 본다. - 씨앗을 심을 때 어떤 것들이 필요할까요? - 열매가 자라는 것은 살살, 열매를 퍼뜨릴 때는 세게 흔들어 보도록 해요.
마무리	• 열매를 퍼뜨려 본 느낌에 대해 이야기를 나눈다. - 우리가 심은 씨앗이 열매가 열려서 퍼뜨려졌는데 어떠했나요? • 활동 후 평가한다. - 어떤 점이 재미있었나요?
표상하기 (사후활동)	• 자신이 맺고 싶은 열매를 그림으로 표현해 본다.
평가	• 노랫말의 의미를 이해하고, 타인을 존중하는가? • 친구와 협력하여 열매를 잘 퍼트렸는가?

유아들의 반응

파라슈트를 이용해서 열매를 퍼트릴 때 처음에 유아들은 힘 조절을 잘 하지 못하여 힘이 센 유아가 있는 쪽으로 파라슈트가 쏠렸다. 파라슈트를 잡고 있는 힘의 균형이 맞지 않자 열매가 잘 퍼지지 않았다. 이에 유아들은 친구들과의 움직임이나 힘을 맞추어 가자 파라슈트가 팽팽하게 펴지면서 열매가 멀리멀리 퍼져가는 것을 알게 되었다.

유아들은 이번 활동을 통해 다 함께 참여하는 활동에서는 내가 혼자 잘한다고 해서 되는 것이 아니라, 서로 협력해야 한다는 것을 알게 되었다.

활동모습

활동의 유의점

힘이 약한 유아들이 있는 곳에 교사가 서서 파라슈트를 잡아당기는 힘의 균형을 맞추어야 파라슈트 안에 있는 수수깡이 멀리 퍼질 수 있다.

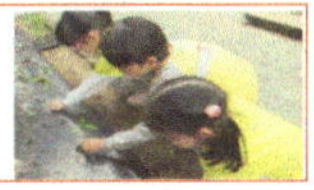

나무가 무슨 생각을 하는지

활동 선정 배경

겨울이 되어 나뭇잎이 다 떨어지고 앙상한 가지만 남은 나무를 보며 유아들은 나무가 외로워 보인다고 이야기 하며 '나무도 우리처럼 생각을 할까?'라는 질문을 하였다. 이에 유아들과 함께 동시를 읊어 나무가 무슨 생각을 하는지, 식물도 사람과 같이 생명이 있고 소중하다는 것을 알고자 이 활동을 선정하였다.

활동목표

나무를 사랑하고 아끼는 방법을 실천한다.
생명의 소중함을 안다.

활동계획안

활동명	나무가 무슨 생각을 하는지	활동형태	동시	생활주제	봄 · 여름 · 가을 · 겨울
대상연령	만 5세				
인성요소	배려, 존중				
활동자료	나무의 모습이 담긴 사진, 동시판				
활동과정	활동내용				
도입	• 나무 사진을 살펴본다. – 여러분 이것은 무엇인가요? – 나무가 어떤 모습을 하고 있나요? – 누가 나와서 나무의 모습을 따라해 볼까요?				
전개	• 나무도 생각을 할 수 있다면 어떤 생각을 할지 이야기 나눈다. – 나무는 어떤 생각을 할까요? – 나무의 생각은 어떻게 알 수 있을까요? – 나무가 무슨 생각을 하는지 동시로 들어 볼까요? • 교사가 낭송하는 동시를 들어본다. 나무가 무슨 생각을 하는지 유경환 나무가 무슨 생각을 하는지 가까이 귀를 대본다. 나무가 무슨 생각을 하는지				

	살며시 손을 대본다. 나무가 무슨 생각을 하는지 팔을 돌려 안아 본다. 깜빡이는 눈썹에 떠오른 웃음 "알았다, 알았어……" 나무도 날 좋아한다는 걸 나무 냄새로 알아차린다. • 동시를 들었을 때의 느낌을 이야기한다. – 동시를 들으니 어떤 생각이 드나요? – 동시에서 어떤 단어가 나왔나요? • 동시를 읊어 본다. • 나누어서 동시를 읊어 본다. • 다 함께 읊어 본다.
마무리	• 나무를 아끼고 사랑하는 방법을 이야기 나눈다. – 나무를 아끼고 사랑하는 방법은 무엇이 있을까요? • 바깥으로 나가 나무를 안고 나무의 생각을 들어본다.
평가	• 나무를 사랑하고 아끼는 방법을 실천하였는가? • 생명의 소중함을 아는가?

유아들의 반응

언어영역 동시판 옆에 놓아진 나무 인형을 보는 중

유아 1: 나무야, 내가 너에게 편지를 써 줄게. (종이를 가져다가 편지를 쓴다.)

> 안녕. 나무야, 나도 네가 좋아. 앞으로 너를 위해 물도 많이 주고 계속 사랑해 줄게. 고마워. 안녕.

교 사: ○○, 나무에게 무슨 내용의 편지를 썼어요?
유아 1: 비밀이에요.
교 사: 그럼 선생님이 나무에게 편지를 전해 줄게요.
유아 1: 좋아요. 선생님은 보지 마세요.

동시를 들은 후 나무의 마음을 전해 듣고 어린이가 자신의 마음을 나무에게 전달하는 모습을 볼 수 있었다.

활동모습

홀몸 어르신 돕기 김장 담그기

활동 선정 배경

겨울 준비로 사람들은 김치를 미리 담가 보관한다는 것을 알게 되었다. 그런데 우리 주변에 김장 김치를 담글 수 없는 형편에 있는 홀몸어르신들이 계시다는 것을 알게 되었고, 유아–가정–유치원이 연계하여 홀몸어르신 돕기 김장담그기를 실시하게 되었다.

활동목표

홀몸어르신을 돕기 위해 김장을 담가 나눔을 실천한다.

가족, 선생님과 협력하여 김장을 담근다.

활동계획안

활동명	홀몸 어르신 돕기 김장 담그기	활동형태	요리	생활주제	봄 · 여름 · 가을 · 겨울
대상연령	만 5세				
인성요소	효, 배려, 협력, 나눔				
활동자료	김장담그기 순서도, 김장 재료(절인 배추, 무, 고춧가루, 액젓, 소금, 마늘, 생강, 고추 등), 앞치마, 머릿수건, 위생장갑, 김치통 등				
활동과정	활동내용				
도입	• 김장을 할 때 지켜야 할 약속을 정한 후 강당으로 이동한다. – 김장을 할 때는 어떤 약속들이 필요할까요?				
전개	• 김장할 때 지켜야 할 약속을 다시 한 번 회상한다. • 절인 배추에 김치 속을 버무린다. • 담근 김치의 맛을 본다. • 김치를 잘 말아 한 곳에 모아 두고 사용한 재료를 깨끗이 정리한다. • 담근 김장을 홀몸 어르신들께 전달해 드리며 어떤 말을 하면 좋을지 생각해 본다. – 홀몸 어르신들께 어떤 말씀을 드리면 좋을까요? • 어르신들이 오시면 인사를 드린다. • 어르신들께 준비한 공연을 보여 드린다. • 담근 김장 김치와 사랑의 카드를 전달한다.				
마무리	• 홀몸 어르신을 도운 소감을 나눈다. – 홀몸 어르신들께 김장 김치를 드리니 기분이 어떠한가요? – 김장 김치를 받으신 어르신들의 기분은 어떠실까요?				

표상활동 (사후활동)	• 김장 김치를 담글 때 가장 기억에 남는 장면을 그림으로 표현해 본다. • 가정에서도 효를 실천하도록 한다.
평가	• 홀몸 어르신을 돕기 위해 김장 담그기 활동의 필요성을 아는가? • 홀몸 어르신 돕기 김장 담그기 활동에 실천하였는가?

유아들의 반응

홀몸 어르신에게 김장 김치 전달하는 중

유아 1: 저희가 담근 김치에요.
할머니: 직접 만들었어?
유아 1: 네. 할머니 맛있게 드세요.
할머니: 고맙다.
유아 1: 할머니 김치 좋아하세요?
할머니: 좋아하지.
유아 1: 저도 김치 좋아해요. 저희가 담근 김치 맛있어요.

교실에서 어린이들이 김장 김치 전달에 대해서 이야기 나눈다.
유아 1: 얘들아, 할머니가 김치 좋아하신데.
유아 2: 할머니에게 김치 드리니까 할머니가 좋아하셨어.
유아 1: 할머니가 좋아하셔서 다행이지.
유아 2: 다음에 할머니께 또 김치 드리고 싶다.
유아 1: 맞아. 그런데 이제 김치는 못 드려.
유아 2: 그럼 김치 말고 다른 것 드리면 안 돼?
유아 1: 뭘 드릴까?

유아들이 직접 담근 김치를 받고 좋아하시는 홀몸 어르신들의 모습들을 보고 다음 번에는 무엇을 드리면 좋을지 고민하는 모습을 볼 수 있었다.

활동모습

활동의 유의점

위생에 신경을 써서 김장을 담그도록 한다.

김장 김치를 전해 드릴 때 웃어른께 예의바르게 행동하도록 한다.

바다가 더러워졌어요

활동 선정 배경

여름방학 때 바다로 여행을 다녀온 한 유아가 바다가 더러워진 모습을 친구들에게 이야기하며 유아들은 바다의 오염에 대해 관심을 갖기 시작했다. 유아들은 더러워진 바다를 깨끗하게 만들 수 있는 방법을 생각하고 다른 사람에게도 알리고자 하여 이 활동을 선정하게 되었다.

활동목표

바다 오염의 원인을 안다.

바다의 오염을 줄이기 위한 방법을 알고 실천한다.

활동계획안

<table>
<tr><th>활동명</th><td>바다가 더러워졌어요</td><th>활동형태</th><td>이야기나누기, 미술</td><th>생활주제</th><td>봄 · 여름 · 가을 · 겨울</td></tr>
<tr><th>대상연령</th><td colspan="5">만 5세</td></tr>
<tr><th>인성요소</th><td colspan="5">존중, 책임, 질서</td></tr>
<tr><th>활동자료</th><td colspan="5">바다가 오염된 사진, 바다를 깨끗이 만들 수 있는 방법 그림자료</td></tr>
<tr><th>활동과정</th><th colspan="5">활동내용</th></tr>
<tr><th>도입</th><td colspan="5">• 물고기 막대인형이 나와 이야기한다.
– 안녕? 내 모습이 어떻게 보이니? 왜 이렇게 되었을까? 사람들이 마구 버린 쓰레기, 더러운 물 때문에 물 속이 더러워져서 난 더 이상 건강하게 지낼 수 없어. 누가 나 좀 도와줄래?</td></tr>
<tr><th>전개</th><td colspan="5">• PPT 자료를 보며 더러워진 바다의 모습을 살펴본다.
– 더러워진 바다를 보니 어떤 마음이 드나요?
– 더러워진 바다 때문에 어떤 일이 일어나고 있을까요?
(바닷속 생물이 살기 어려워진다. 기형 물고기가 출현한다.)
• 바다가 더러워진 원인에 대해 이야기 나눈다.
– 바다는 왜 더러워졌을까요? (샴푸 등 세제의 과다사용, 음식 쓰레기 등)
– 만약 여러분이 더러워진 바다에서 놀이한다면 어떤 일이 일어날 것 같나요?
– 더러워진 바다 속에서 자란 바다 생물을 먹는 다면 어떤 일이 일어 날까요?
• 더러워진 바다를 살릴 수 있는 방법에 대해 이야기 나눈다.
– 바다가 더러워지지 않게 하기 위해서는 어떻게 해야 할까요?
– 쓰레기를 버리는 사람이 있다면 어떻게 이야기해 주면 좋을까요?
– 여러분이 실천할 수 있는 방법은 무엇인가요?</td></tr>
</table>

마무리	• 바다를 깨끗하게 하기 위한 방법을 알고 실천하도록 한다. – 바다를 깨끗하게 하기 위해서는 어떻게 해야 할까요?
표상활동 (사후활동)	• 바다 살리기 캠페인을 준비한다.
평가	• 바다 오염의 원인을 아는가? • 바다의 오염을 줄이기 위한 방법을 알고 실천할 수 있는가?

유아들의 반응

바다가 오염된 사진을 보며 이야기를 나눌 때 유아들은 왜 바다가 오염되었는지에 대해 잘 알고 있었다. 바다뿐만 아니라 산, 강 등의 자연환경도 오염으로 파괴되고 있다는 것을 알게 되면서 유아들은 우리가 아는 것들을 다른 사람들도 알아야 바다와 산의 오염이 안 될 것이라고 이야기하며 바다, 산 살리기 캠페인을 하자는 의견이 나왔다. 따라서 유아들과 함께 바다, 산 살리기 캠페인을 준비하여 사람들이 많이 지나다니는 시장 입구에서 캠페인을 하였다.

활동모습

활동의 유의점

바다오염의 심각성을 알고 바다오염 줄이기에 유아들이 모두 적극적으로 참여하도록 한다.

고구마를 나누어 드렸어요

활동 선정 배경

텃밭에서 직접 키우고 수확한 고구마를 유치원 주변의 할머니, 할아버지께 드리고 싶다는 유아들의 의견에 따라 유치원 주변의 노인복지관에 방문하여 고구마를 나누어 드렸다.

활동목표

수확한 고구마를 이웃 어르신께 나누어 드릴 수 있다.
협력하여 고구마를 수확할 수 있다.

활동계획안

<table>
<tr><td>활동명</td><td>고구마를 나누어 드렸어요</td><td>활동형태</td><td>현장체험</td><td>생활주제</td><td>봄 · 여름 · 가을 · 겨울</td></tr>
<tr><td>대상연령</td><td colspan="5">만 5세</td></tr>
<tr><td>인성요소</td><td colspan="5">나눔, 협력, 효</td></tr>
<tr><td>활동자료</td><td colspan="5">어린이용 목장갑, 호미, 상자</td></tr>
<tr><td>활동과정</td><td colspan="5">활동내용</td></tr>
<tr><td>도입</td><td colspan="5">• 고구마를 심었을 때 찍은 사진을 보면서 이야기한다.
– 이곳은 어디일까요?
– 우리가 무엇을 했었나요?
– 고구마가 얼마나 자랐을까요?</td></tr>
<tr><td>전개</td><td colspan="5">• 고구마를 수확해 본 경험에 대해 이야기 나눈다.
– 고구마를 수확해 본 적 있나요?
• 고구마의 수확 시기와 수확 방법에 대해 알아본다.
– 고구마는 언제 수확하는 것일까요?(10월 말 ~ 11월 초)
– 고구마를 캘 때 어떻게 해야 잘 캘 수 있을까요?
• 고구마를 수확할 때 필요한 것에 대해 이야기 나눈다.
– 고구마를 수확할 때 어떤 물건들이 필요할까요?
• 고구마밭으로 이동한다.
• 고구마를 수확할 때 지켜야 할 약속에 대해 이야기 나눈다.
– 고구마를 수확할 때 어떻게 하면 안전하게 할 수 있을까요?
• 고구마를 수확한다.
• 수확한 고구마를 가지고 유치원으로 돌아온다.</td></tr>
</table>

	- 고구마를 이용해서 무엇을 할 수 있을까요? • 수확한 고구마를 나눌 수 있는 방법에 대해 이야기 나눈다. - 이 많은 고구마를 어떻게 하면 좋을까요? (동생과 나눠 먹기, 엄마와 아빠랑 같이 나눠 먹기, 지난번 방문한 노인정에 가서 할아버지, 할머니께 나눠 드리기) • 수확한 고구마를 가지고 노인정에 방문한다. • 어린이들이 준비한 공연을 발표한 후 직접 수확한 고구마를 드린다.
마무리	• 우리가 수확한 고구마를 나눈 것에 대해 느낀점을 이야기 나눈다. - 우리가 수확한 고구마를 할머니, 할아버지께 나누어 드리니 어떠했나요? - 할머니, 할아버지께서 뭐라고 이야기해 주셨나요? • 고구마로 하고 싶은 것에 대해 이야기 나눈다.
표상하기 (사후활동)	• 더 많은 사람들에게 전달할 수 있는 방법에 대해 알아보고, 실천한다.
평가	• 자연을 소중히 여기고 감사하는 마음을 갖게 되었는가? • 수확한 고구마를 이용하여 나눔을 실천하였는가?

유아들의 반응

노인정 방문 후

유 아: 선생님 우리 다음에도 또 노인정 올 거예요?

교 사: 왜요?

유 아: 저는 노인정 오는 게 좋아요. 할머니가 좋거든요.

교 사: 아, 그렇군요. 할머니가 왜 좋아요?

유 아: 제가 할머니께 고구마를 주었더니 할머니가 고맙다고 하면서 웃어 주셨어요. 할머니께서 저를 보고 웃으시니 저도 기분이 좋아요.

교 사: ○○가 할머니께 고구마를 드렸군요. 고구마를 받으신 할머니께서 왜 웃으신것 같나요?

유 아: 고구마를 함께 나누어 먹는다고 기특해 하시는 것 같아요.

교 사: 그렇군요. 그래서 우리 ○○도 기분이 좋았군요. 선생님도 기분이 좋아요.

활동모습

활동의 유의점

고구마를 수확할 때 사용하는 도구의 유의점을 알려 준다.

2. 교사 인성역량 강화 활동

유치원 교사는 유아들을 교육하고 돌보는 전문인으로서 교사의 인성적 자질에 따라 지도하는 유아들의 인성에 매우 큰 영향을 미친다. 교사가 갖고 있는 인성의 역량에 따라 교육을 받는 유아들의 인성교육도 그 결과가 달라질 것이다. 유아의 인성이 인성교육을 통해 성장할 수 있듯이 교사의 인성도 교사 노력에 의해 그 역량이 자랄 수 있다고 본다.

교사의 인성적 요소는 학자들에 따라 다르게 제시되고 있다. 황정규 등(1995)은 교사의 자질을 가치관 및 태도, 인성 및 품성, 교과 지식과 기술, 일반적 능력, 그리고 신체적 측면의 다섯 영역으로 구분하여 제시하였다. 그 중에서 인성 및 품성의 요소로 공정성, 책임의식, 개방성, 정서적 안정성, 포용성, 바른 예절, 봉사 정신, 협조성, 대인관계의 원만성, 호연지기, 도덕적 인격을 들고 있다.

이경희 등(2012)은 유치원 교사의 개인적 자질로 건강, 인성 및 성품을 제시하였다. 인성과 성품의 요소로 영유아에 대한 사랑과 존중심, 인내심, 온정적 성품, 열정적인 태도, 관심과 용기, 자애로움, 명랑하고 밝은 태도 등을 들었다. 영유아에 대한 이해와 사랑, 존중을 바탕으로, 교사는 영유아를 고유한 가치와 권리를 지닌 인간으로 존중하고 그들의 생각, 감정, 반응 등을 이해하고 교사의 일을 수행한다. 교사에게 인내심이 필요한 것은 유아들을 안내하고 기다려 주고 격려해 주어 유아들의 자율적인 성장과 발달을 도울 수 있기 때문이다. 이상에서 살펴본 바에 의하면 교사의 인성적 요소는 자기 자신에 대한 특성 측면과 대인관계에 대한 측면, 직업적인 수행 측면에서의 요소로 구분할 수 있다. 세 가지 측면에 따라 교사의 인성역량 강화 활동을 제시하면 다음과 같다.

1) 자기 자신에 대한 특성

(1) MBTI를 통한 성격 이해

교사는 유아교사로서의 전문적인 역할뿐만 아니라 유아 행동의 모델이 된다. 유아들은 자신을 교육하는 교사의 말과 행동을 그대로 모방하고 닮는다. 따라서 교사는 유아들에게 좋은 인간상을 보여주는 모델이 되기 위해 자신에 대한 성찰과 반성을 하며 자신의 인성을

가꾸어 나가야 한다.

자신을 성찰하기 위해 먼저 자신이 누구인지, 무엇을 좋아하고 싫어하는지, 무엇을 잘 할 수 있고 못하는지, 무엇을 가치있게 여기며 무엇을 가치롭지 않게 여기는지 등 자신의 정체성, 흥미, 장점과 단점, 가치관, 태도, 기질 등을 바르게 인식해야 한다.

인간의 성격 특성을 설명해 주는 많은 검사들이 있는데 그 중에서도 가장 대표적인 검사로 MBTI(Myers Briggs Type Indicator)를 들 수 있다.

MBTI검사는 융의 심리유형 이론을 근거로 캐서린 브릭스(K. C. Briggs)와 그의 딸 이사벨 마이어스(I. B. Myers) 그리고 마이어스의 아들 피터 마이어스(P. Myers)에 의해 개발된 성격유형 검사이다. MBTI에서는 모든 사람의 선호경향이 4가지로 나뉘며 검사 결과는 4가지 선호경향을 바탕으로 16가지 성격유형이 나타난다. 각 유형은 독특한 특징을 가지고 있으며, 지표의 선호에 따라 강점과 약점을 동시에 가지고 있다. 자신의 열등한 부분을 개발하는 것은 반대 유형의 강점을 보고 배우는 것을 통해 이뤄지며, 긍정적인 자아개념을 확립하여 다른 사람과 원만한 관계를 형성할 수 있도록 한다.

MBTI의 4가지 선호경향과 4가지 선호경향을 바탕으로 만들어지는 16가지 성격유형은 다음과 같다(김정택 · 심혜숙 · 제석봉 역(1995), MBTI 개발과 활용, 한국심리검사연구소).

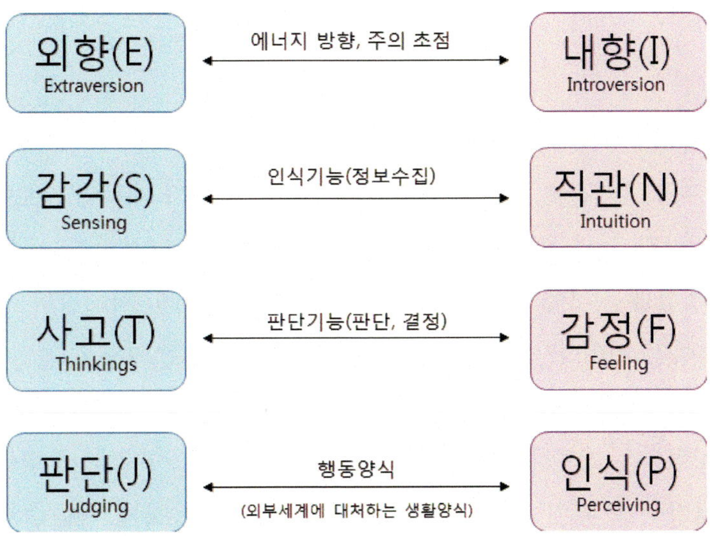

4가지 선호성향

ISTJ 소금형	ISFJ 권력형	ESTP 활동가형	ESFP 사교형
조용하고 신중하며 집중력이 강함. 매사에 철저하고 사리분별력이 뛰어남.	차분하고 조용하며 친근함. 책임감이 강하고 헌신적임.	현실적인 문제해결에 능함. 적응력이 뛰어나고 관용적임.	사교적이고 활동적임. 수용적이고 친절하며 낙천적임.
INFJ 예언자형	**INTJ 과학자형**	**ENFP 스파크형**	**ENTP 발명가형**
인내심이 강하고 통찰력과 직관력이 뛰어남. 신념을 갖고 열정적으로 구현시켜 나감.	사고가 독창적이며 사고력이 뛰어남. 비판적 분석력이 강하며 내적 신념이 강함.	따뜻하고 정열적이며 활기가 넘침. 재능이 많고 상상력이 풍부함.	민첩하고 독창적임. 넓은 안목을 가지고 있으며 다방면에 관심과 재능이 많음.
ISTP 백과사전형	**ISFP 성인군자형**	**ESTJ 사업가형**	**ESFJ 친선도모형**
조용하며 절제된 호기심으로 인생을 관찰함. 상황을 민첩하게 잘 파악하고 도구를 사용함.	말없이 다정하고 온화함. 친절하고 연기력이 뛰어나며 겸손함.	구체적이고 현실적이며 사실적임. 일을 조직화시켜 처리해 나가며 지도력이 있음.	마음이 따뜻하고 이야기하는 것을 좋아함. 다른 사람과의 인화를 중요하게 여김.
INFP 잔다르크형	**INTP 아이디어형**	**ENFJ 언변능숙형**	**ENTJ 지도자형**
정열적이고 충실함. 목가적이고 낭만적이며 내적 신념이 강함.	조용하고 과묵함. 문제를 논리적이고 분석적으로 해결하는 것을 좋아함.	따뜻하고 적극적이며 책임감이 강함. 사교성이 좋고 동정심이 많음.	활동적이고 솔직함. 단호한 결단력과 통솔력이 있음.

16가지 성격유형의 특성

(2) 나와 너 알기

대부분의 유아교육기관에서 교사들은 보통 경력이 다르거나 유아교육기관에 들어온 시기가 다르다. 유아교육기관에 들어와 바쁘게 일상생활을 하기 때문에 서로에 대한 이야기를 나누는 기회가 많지 않다. “같은 유아교육기관에서 함께 일하면서 서로에 대한 이해를 높인다면 직장생활과 직무에 대한 만족도가 높아지고, 교사의 자신감과 교사 생활에 대한 즐거움이 더 높아질 것이다”. 자신감과 즐거움은 교사의 인성역량을 높일 수 있을 것이다.

교사 두 명이 한 팀이 되어 한 명은 기자가 되고 다른 한 명은 주인공이 되어 다음의 네모 칸에 있는 항목을 취재하거나 답변을 한 후 서로 역할을 바꾸어서 한다. 교사들 인원이 많거나 빠른 시간에 활동을 해야 한다면 교사가 모두 자유롭게 다니면서 만나는 교사와 서로에 대해 묻기도 하고 답하기를 할 수도 있다. 활동이 끝나면 기자가 되어 취재한 기사를 게시판에 걸어 두어 구성원 전체에 대한 이해를 돕도록 한다. 필요한 재료는 A4용지와 필기구이다.

취재 기자 이름; 취재 일자;
주인공 이름;

① 나의 별명(별명이 없는 경우 별명 지어주기)
  * 별명을 공개해도 되는지 여부를 물어 보고 기재한다.
② 나의 좌우명
③ 내 인생에 꼭 해 보고 싶은 7가지
④ 지금까지 가장 즐거웠던 일
⑤ 지금까지 가장 슬펐던 일
⑥ 가장 감명 깊게 읽은 책이나 가장 감명 깊게 본 영화
⑦ 내가 가장 좋아하는 음식
⑧ 나의 특기 또는 취미
⑨ 내가 가장 아끼는 것
⑩ 주인공 그리기

(3) 문화체험

공연이나 미술전시회 관람과 같은 문화체험은 교사의 인성회복과 정서순화에 도움이 되므로 유아를 존중하고 민주적이며 안정적인 분위기의 교실을 운영하는 기반이 된다. 문화체험은 공연을 관람하거나 전시장이나 미술관에 가서 전시된 작품을 감상하는 등의 문화활동에 참여하는 것을 들 수 있다. 좋은 예술품이나 공연을 보며 느낄 수 있는 아름다움은 인간의 성품을 도야하는데 매우 도움이 된다.

① 공연관람

교사들은 평소 시간에 쫓겨 문화체험을 하지 못하는 경우가 많다. 교사들에게 다양한 공연관람의 기회를 제공함으로써 교사는 따뜻한 정서를 느끼고, 이야깃거리를 서로 공유하

여 교사들 간의 유대관계가 돈독해질 수 있다. 관람할 공연을 정하는 것은 비용과 시간과 취향을 고려하여 정할 수 있다.

② 미술전시장

전시회 미술작품 관람을 통해 정서를 순화하고 다른 사람의 작품세계와 가치관을 엿볼 수 있는 기회를 가짐으로써 교사의 인성역량 강화에 도움을 준다. 또한 작품을 통해 느끼는 감성을 말로 표현해 보는 것도 정서에 도움이 되며 어린이들의 교육활동 자료로 적용해 볼 수 있는 기회를 얻을 수도 있어 교사의 전문성 향상에도 도움이 된다.

예) 모딜리아니전 관람 후 교사 소감

미술에 관심은 있지만 찾아가서 관람하거나 심도 있게 살펴볼 기회를 적극적으로 만드는 편이 아니라서 이번 모딜리아니전 관람 문화체험이 무척 신선하고 즐거운 경험이 되었어요. "예술은 내면을 반영한다"라는 것이 이번 전시회를 보고 가장 강하게 받은 인상입니다. 모델과 정서적으로 가까워져야 눈동자를 그려 넣을 수 있다는 모딜리아니의 작화도 그렇거니와, 모딜리아니의 작품 전체를 관통하고 있는 우울한 감성이 화가 자신의 내면을 반영하고 있는 것으로 보이기 때문이었지요. 보는 시각이 다르면 다르게 보인다는 생각이 들었어요. 유아들의 그림을 볼 때도 유아들의 감정을 읽을 수 있지만, 또 교사인 나 자신의 주관이 반영될 수 있으므로 섣불리 판단해서는 안 된다는 생각도 들었어요. 인물의 사진과 사뭇 다른 인물화를 보며 아름다움의 기준도 사람마다 참 다르다고 느꼈어요. 다양성에 대한 이해와 존중을 배울 수 있는 연수였습니다.

③ 문화탐방

교사들이 우리나라 각 지역의 문화특성이 있는 지역을 방문하여 그 지역의 문화를 체험함으로써 각 지역 문화특성과 역사를 알고, 우리 선조들의 지혜와 애국심 등을 느끼고, 민족적 정체성을 확립하며 우리 문화에 대한 자긍심을 높일 수 있다. 또한 교사들의 우리 문화에 대한 자긍심과 정체성은 교사 개인의 긍지와 자부심을 높여 주는 계기가 될 수 있다.

유아교육기관의 교육프로그램, 경제적 사정, 교사들의 의견 등을 고려하여 적절한 장소를 선택하고 전문가의 해설이나 체험 지도를 받을 수 있도록 하여 유익한 경험을 할 수 있도록 한다.

2) 대인관계

(1) 조해리 창

조해리(Johari) 마음의 창문(windows of mind)은 자기노출과 자기이해라는 두 가지 요소를 통해 인간관계 전반에 대해 설명하고 있는 이론으로 인간관계에서의 자기노출과 피드백의 중요성을 강조한다. 자기노출(self-disclosure, 자기개방 혹은 자기공개라고도 함)은 인간관계를 발달시키고 심화시키는 요인으로 작용하는데, 사람마다 차이가 있다. 또한 인간관계에서는 다른 사람들이 나를 어떻게 생각하고 느끼는지를 잘 아는 일 역시 중요하다. 다른 사람의 반응 속에서 나의 모습을 비춰 봄으로써 자신도 잘 모르고 있던 자신의 모습이나 특징을 알게 되며, 자신의 행동에 대한 조절능력이 커지게 된다.

조해리의 창은 개인의 자기노출과 타인으로부터의 피드백에 따라 네 가지 영역인 개방영역, 맹인영역, 숨긴영역, 미지영역으로 나누어진다.

		피드백의 정도	
		내가 알고 있는 부분	내가 모르는 부분
자기노출의 정도	타인이 아는 부분	개방영역 (open area)	맹인영역 (blind area)
	타인이 모르는 부분	숨긴영역 (hidden area)	미지영역 (unknown area)

조해리 창(Johari Windows)

개인이 인간관계에서 나타나는 자기노출과 피드백의 정도에 따라 마음의 창문을 구성하는 네 영역의 넓이가 달라지기 때문에 네 영역으로 이루어진 창문은 사람마다 창문의 모양이 다르다. 이렇게 다양하게 나타나는 창의 모양은 어떤 영역이 가장 넓은가에 따라 인간관계의 유형을 개방형(개방영역이 가장 넓은 사람), 자기주장형(맹인영역이 가장 넓은 사람), 신중형(숨긴영역이 가장 넓은 사람), 고립형(미지영역이 가장 넓은 사람)으로 구분될 수 있다.

조해리 창을 통해 볼 때, 인간관계의 개선을 위해서는 맹인영역, 숨긴영역, 미지영역을 줄이고 개방영역을 넓혀 나갈 수 있도록 적절한 때와 장소에 알맞게 상대방에게 있는 그대로의 자기를 노출하여 자기 성장은 물론 타인과의 효과적인 인간관계를 발전시키는데 힘써야 한다(이해선 · 김은미(2011). 인성과 자기계발, 정민사).

(2) 공감 능력 기르기

교사들의 인성역량으로 공감 능력 기르기를 들 수 있다. 공감이란 타인의 내적인 경험, 주관적인 감정이나 심리상태를 마치 나의 것처럼 느끼며 의사소통하는 것으로 현대사회에서 이러한 공감 능력은 매우 필요한 요소 중에 하나이다. 이러한 공감 능력을 향상시키는데 여러 가지 방법이 있지만 여기서는 교사들이 생활 중에 하기 쉬운 영화 감상하기, 독후감 나누기 등의 활동을 제시하고자 한다.

① 영화 감상하기

교사들에 의해 선정된 영화를 모두 함께 시청하거나 시간이 여의치 못할 때에는 영화를 다운로드해 각자 시청하도록 한다. 영화를 본 후 영화의 내용에 대해 토론하며, 자신의 생각을 나누고 다른 사람의 생각을 공유하는 기회를 가진다. 영화 속에 등장하는 인물들에 대한 분석을 통해 등장인물 각자의 입장을 이해하고 공감하도록 한다. 뿐만 아니라 영화를 통해 유아에 대한 교육적 적용 방법도 생각할 수 있어서 유아 인성교육에까지 활용할 수 있다.

영화 'Good will hunting' 감상

영화 'Good will hunting' 소개

장르 드라마

감독 거스 밴 샌트

제작 프레드릭 라인펠트

각본 맷 데이먼, 벤 애플렉

제작사 어 밴드 아파트 로렌스 벤더 프로덕션

배급사 미라캑스 필름

개봉일 1997. 12. 05

줄거리

빈민가에서 일용직 노동자로 살고 있는 '윌 헌팅'(Will Hunting)은 수학, 법학, 역사학 등 모든 분야에 재능이 있는 천재이다. 수많은 책들을 읽고, 법정에서 변호사 없이 스스로 변호하고, 욕실의 거울에 난해한 수학문제 풀이를 적고 지우기를 반복하는 일이 취미인 '윌'은 매사추세츠 공과대학교(MIT)에서 청소부로 일하고 있다. 수학과 교수이자 필즈 메달(수학계의 노벨상) 수상자인 '램보' 교수는 대학원 학생들을 시험하기 위해 교실 밖 복도에 난해한 문제를 적고 그 문제를 풀 사람을 구한다. 어느 날 누군가가 문제에 대한 해답을 칠판에 적어 놓자 수학과는 물론 전 대학 내의 화제가 된다. 모두가 그 주인공을 궁금해하지만, 강의실 안에서 누구도 나서지 않는다. 그러다 램보 교수가 조교와 강의실을 나오면서 복도 칠판에 낙서하고 있는 윌을 보게 되고, 그것은 낙서가 아닌 또 다른 문제의 수학 증명을 해냈다는 것을 알게 된다. 그 후로 램보 교수는 윌의 심리치료와 함께 증명문제에 대해 함께 일한다. MIT 수학과 교수들도 풀지 못하는 문제를 애들 장난처럼 쉽게 풀어 내는 윌은 어린시절의 아픈 기억 때문에 주변사람들을 멀리하고 사람들이 떠날 수밖에 없게 만든다. 이런 윌이 심리치료사 숀과 스탠포드 메디컬 스쿨로 진학을 앞두고 있는 하버드 대학교 학생 스카일라를 만나게 되면서 점차 변하게 되는데…….

교사의 자신에 대한 적용

- 교사가 가진 고민거리, 해결하기 어려운 문제 등이 생겼을 때 선배나 동료교사와 상담하며 적절한 해결방법을 찾으며 서로 나눔을 실천할 수 있음
- 교사 자신의 자존감 갖기

교사의 어린이에 대한 적용방법 모색

- 교사도 유아들에게 나눔을 실천할 수 있음 알기(자신이 연주할 수 있는 악기 가르쳐 주기, 종이접기 방법 알려주기 등)
- 유아들에게 갖고 있는 편견을 버리고 존중과 사랑, 기다림을 실천해야 함
- 유아의 자존감을 높여 주고 자긍심을 키워 줄 수 있는 교사가 되어야 함

② 독후감 나누기

교사들이 한 권의 도서를 선정하여 읽은 후 각자 느낀 점을 서로 공유하며 다른 사람의 생각을 존중하는 기회를 가질 수 있다. 또한 책의 내용 중 인성요소(존중, 나눔, 책임 등)를 추출하여 유아교육 활동에 반영할 수 있다.

3) 직업적인 수행

(1) 자기점검의 저널쓰기

저널쓰기란 특정 주제에 대한 생각, 경험, 계획 등을 글이나 일지로 쓰는 것을 말한다. 저널쓰기는 반성적 사고 활동 중의 하나로 교사들이 자신의 교육적 실천 행위에 대해 개인적인 관점을 가지고 기록하는 다양한 형태의 글쓰기를 의미한다(박은혜 · 조운주, 2006). 다양한 교육상황에서 교사가 경험하고 느끼고 생각한 것들을 글로 기록하는 과정에서 반성적 사고에 기초한 비판과 발전적 대안을 모색할 수 있다. 또한 전문적인 이론을 찾아 분석하고 해석하면서 미래에 발생할 수 있는 교육문제에 대한 원인을 추론하고 해결방안을 마련하여 그 결과를 예측하는 경험을 제공하는 수단이 될 수 있다.

이 름	정□□	날 짜	2014년 3월 3일 월요일

신학기 직전이라 마음은 바쁜데 내가 잘 준비하고 있는지 알 수 없을 때가 있다. 무엇이 필요할까, 내가 지금 부족한 것은 무엇인가, 놓치고 있는 것은 없을까, 온갖 의문들이 머릿속을 가득 채우고 있다. 새 신을 신고 팔짝 뛰려면 묵은 신은 정리해야 하는 것인데, 2013학년도 정리는 잘 되었을까? 내 마음속에서는 아직 잘 정리되지 않은 것 같다. 초등학교에 간 아이들 생각도 나고 잘 적응할지 걱정도 되고, 보고 싶기도 하고. 보내지 못한 아쉬움이 아직 드문드문 남아 있다. 나를 무척 힘들게 한 일년이었고, 또 그만큼 정이 들었던 일년이기도 했던 것 같다. 초등학교 몇 학년 몇 반이 되었는지 이야기를 전해 듣다 보면 몇몇 잘 키워서 내보내지 못한 죄책감이 치솟기도 하고, 사죄전화라도 그 담임 선생님께 전해 드려야 하나 하는 엉뚱한 생각까지 든다. 유치반 담임으로 지낸 2년이 길기는 했던 것 같다. 그래서 조금 걱정이 된다. 이제는 영아반 담임이니까. 숲 속 다람쥐반 담임으로 시작하는 첫 발걸음이 어린 영아들에게 잘 맞아야 할 텐데……. 마음의 속도도 여유도 어린 아이들을 따라 늦춰져야 할 시점이다.

새로운 연령을 맡으니 처음 유치원에 들어왔을 때의 불안한 심정을 다시 떠올리게 된다. 실체가 잡히지 않은 것을 따라가야 한다는 떨림, 내가 잘 할 수 있을까 하는 초조함, 실수하지 않아야 한다는 다짐, 이런 것들은 그 때와 사뭇 닮아 있다. 하지만 달라진 것은 내가 있는 곳에 대한 믿음과 함께 하는 사람들에 대한 신뢰, 그리고 나 자신에 대한 통찰이다. 내가 조금 부족해도 마음 든든히 도움을 요청할 수 있는 동료교사들이 함께 있어 다행이다. 내가 못하는 것이 있지만 내가 잘 하는 것도 있다는 것을 이미 알고 있으므로, 불안해하지 않고 디딜 곳을 찾을 수 있다는 것도 다행이다. 다행인 점을 찾다 보면 할 수 있겠다는 생각도 커진다. 올 한 해, 난 잘 할 수 있을 거다. 훌륭하게 해내는 것을 생각하기보다 한 발 한 발 띄엄띄엄 걷는 것을 생각하자. 걷다 보면 목적지에 다다른 적은 언제나 있었으니까. 먼 곳을 보면 아득한 것은 누구나 마찬가지니까. '쉬엄쉬엄 가자'가 올해의 내 목표다.

따뜻하고 신뢰가 가는 교사가 되고 싶다. 다람쥐들이 꼬물거리며 모이는 나무처럼 믿음직하게 서 있고 싶다. 많이 안아 주고 많이 사랑해 주고 그리고 아이들에게 많이 사랑받고 싶다. 부모님들께서 믿어 주시는 담임교사가 되고 싶다. 소박하지만 무엇보다 큰 소망과 목표가 되지 않을까 한다. 끊임없는 노력과 인내가 필요하리라. 체력도 마찬가지.

한 가지 좀 더 어려운 목표가 있다면 '침착하고 부드럽고 온화한 교사'가 되는 것이다. 덤벙거리거나 당황하지 말아야지. 움직임도 부드럽게, 휙휙 바뀌지 않게, 좀 침착해졌으면 좋겠다. 몇십 년을 익숙해진 거라 고치기 어렵겠지만 올해는 좀 고치려고 노력해 볼 참이다.

새로운 학기를 시작하는 심정은 비슷하면서도 늘 다르다. 잘 해야지, 하는 다짐과 함께 귀여운 아가들을 만날 생각에 슬며시 미소가 떠오른다. 아마 올해는 운이 좋을 거라는 이른 기대도 해 본다. 멋진 일년이 되었으면 하는 소망, 분명히 이루어질 거란 것을 난 안다. 어떻게 아냐고? 그냥 그럴 것 같으니까.

이 름	정□□	날 짜	2014년 5월 29일 목요일

2014학년도 학부모참여수업이 이제 막 끝났다. 끝났다는 홀가분함보다는 아쉬움이 더 큰 것은, 노력이 부족했기 때문이 아니라 노력한 만큼의 결과가 나왔는지 알 수 없기 때문이리라. 물론 유아들도 즐겁게 참여하였고, 학부모님들께서도 만족하신 듯 보였지만 내가 바란 목표가 너무 높았기 때문일까, 아쉬움이 계속 가시지 않는다.

영아반을 처음 맡아서 이제 3개월, 익숙해졌다고 생각하면서도 아직은 부족한 점이 많다. 소심한 성격의 아이들을 다독이고 용기를 내도록 북돋워 주었지만 부모님 앞에서는 아직 애기들인지 껍질 속을 파고드는 소라게처럼 입을 꾹 다물고 있었던 아이들 때문에 속도 많이 태웠다. 겉으로는 태연해 보였을지 모르지만 진땀을 흘리던 순간들이 정말 아찔하다.

준비과정은 순조로웠다. 영아반 교사 셋이 서로 잘 하는 분야가 다르고 서로를 존중해 주는 관계를 이루었기 때문에 어려운 참여수업 준비도 큰 트러블이나 시행착오 없이 잘 이루어졌던 것 같다. 물론 아이디어나 솜씨가 부족한 나로서는 두 선생님이 이끄는 대로 따라가려고 노력했다. 항상 느리고 부족한 나를 잘 이끌어 주는 두 분 선생님께 고마운 마음을 가지고 있다.

또 하나 감사한 것은, 자기 일처럼 영아반 참여수업을 도와준 여러 선생님들 덕분이다. 퇴근이 늦어지고 몸이 힘들어도 내색하지 않고 최선을 다해서 도와준 선생님들 덕분에 영아반 참여수업이 더 빛났던 것 같다. 그런 면에서 나 혼자서 해결해야 할 일들에 허덕이며 다른 사람들을 돕기도 버거웠던 내 자신이 무척 부끄러웠다. 시간과 노력을 들여야 할 일, 아이디어와 창의성으로 쉽게 해결할 수 있는 일들을 나눠 헛된 시간을 보내지 않도록 해야겠다. 노력이 100이라도 결과가 10인 일들은 과감하게 다른 방식으로 접근하고, 작은 준비가 100의 효과를 내는 경우를 더 능동적으로 찾아내야겠다는 생각이다. 아직은 시행착오 없이 이런 경우를 구별해 내기가 어렵다는 것이 문제라면 문제일까. 계획은 철저히, 마무리는 완벽히, 그 사이에 놓인 과정은 충실하게, 정도가 가장 어렵다. 바른 길을 발견해 내기 위해서는 좀 더 생각하고 좀 더 노력하고 좀 더 고민하는 과정이 필요할 것 같다.

물론 계획 단계에서 더 생각해야 했던 점들도 있고, 참여수업 당일날 융통성을 발휘해야 하는 점들도 있었지만 그런 것들은 다음 기회에 반영하여 좀 더 수준높은 행사, 유아들과 학부모님들이 좋아하는 행사로 만들었으면 한다.

(2) 연수

연수는 유아교사들의 전문성을 계속적으로 길러 나가는데 필요하다. 교사의 전문성 신장을 위해 다양한 내용과 방법의 연수가 계획되고 실시될 수 있다. 연수를 통한 교사의 전문성 신장은 교사가 직무에 대한 자신감, 자부심, 유능감 등을 갖게 하며 협력적인 관계를 통해 인성이 길러질 수 있다.

유아교사를 위한 연수가 활성화되기 위한 방안으로 박은혜(2003)는 다음과 같은 개선점을 제시하였다.

- 일반 연수에 대한 정보나 참여 결정에서 유아교사가 속한 기관의 기관장의 역할이 매우 중요하다. 소속 기관장들은 유아교사의 전문성 향상을 위하여 일반 연수의 내용이나 시기를 적극적으로 홍보하고 이와 동시에 많은 교사들이 참여할 수 있도록 협조할 뿐만 아니라 연수의 내용을 교사들이 현장에서 활용할 수 있도록 물리적, 심리적 지원도 강화할 필요가 있다.
- 일반적으로 유아교사들이 가장 많이 참여하는 것은 교육청에서 실시하는 연수이다. 이는 교육청의 연수 내용이나 강사 위촉을 전적으로 담당하는 장학사의 역할이 매우 중요함을 보여주는 것이며 교육청 주관의 연수를 개최할 때는 이들이 교사들의 의견을 충분히 수렴할 필요가 있음을 의미한다.
- 유아교육 전문 단체의 일반 연수에 대한 장기적인 계획과 홍보가 요청된다. 연수와 관련된 결과를 종합해 보면 교사들은 연수의 내용이 그들의 요구를 반영하지 못한다고 생각하며 유아교육 전문 단체 이외에 연수를 주관하는 기관이 난립하는 것으로 나타났다. 이는 유아교육 전문 단체에서 교사의 요구를 좀 더 적극적으로 수렴하고 홍보하여 수준 높은 재교육의 기회를 제공할 필요가 있음을 보여주는 것이다.
- 유아교사들은 연수의 주관 기관으로 대학교를 지적하는 경우가 많이 있다. 이는 교사들이 희망하는 연수의 시기와 연관하여 교사 자신이 원하는 시간에 원하는 강좌를 듣기를 바라는 연수의 자율성에 대한 요구가 있음을 보여주는 것이다. 개인의 요구에 맞는 연수의 개발은 교사가 자신의 전문성 향상을 위하여 적극적으로 연수에 참여할 수 있는 기회를 제공한다는 의미에서 고려될 필요가 있다.
- 교직관 정립의 원칙: 유능한 교사가 되기 위해서는 교사에게 필요한 전문적인 지식을 가지고 있는 것도 물론 중요하지만 그에 앞서 가르치는 유아들에 대한 무조건적인 사랑과 교직에 대한 확고한 신념 및 사명감이다.
- 전문성의 원칙: 교직은 전문직이며 현직 교육을 통하여 끊임없이 자신의 전문성을 신장시켜 나가야 한다.

- 성장 · 발달 욕구 충족의 원칙: 교원 연수는 당사자인 교사 개개인의 요구에 기초하여 출발하여야 하고 교사 발달 단계에 알맞게 연계되어 실행될 때 실질적인 성과를 거둘 수 있다.
- 연계성 · 체계성 · 다양성의 원칙: 교원 연수 프로그램은 이상과 현실(국가 이념과 사회 현장), 이론과 실제(양성기관의 교육 목표와 현장 학교의 실정), 직전교육과 현직교육(양성과 연수), 개방성과 폐쇄성(중앙 집권 및 지방 분권), 그리고 수직성과 수평성(평생교육과 사회교육) 등의 다양성을 가지고 이들이 체계적으로 연계되어 교사 발달 단계에 알맞게 개발되어야 한다.
- 현실 적합성의 원칙: 교원 연수는 실제로 교원의 문제를 개선하는데 적용할 수 있는 실용성이 있어야 하며, 교육 재정, 실시 방법, 적용 시기 및 범위 등의 여건이 비추어 실현 가능성이 있어야 한다.

교사 연수는 유아교육기관 내에서 계획하고 운영하는 원내 연수와 다른 기관에서 계획하고 운영하는 연수에 참여하는 원외 연수가 있다. 특별히 어린이들의 인성교육을 위해 교사가 먼저 자신의 인성을 강화하고 어린이 인성교육의 흐름과 적용에 대한 연수를 받는 것이 필요하다. 다음은 교사 인성역량에 도움이 될 수 있는 연수 유형들로 우리 유치원에서 실시한 바를 바탕으로 원내와 원외로 나누어 제시하였다.

1 원내 연수

원내 연수는 일반적으로 유아교육기관이 연 초 학기가 시작되기 전에 연수 계획, 운영, 경비, 참석자 등을 결정한다. 교사들의 인성역량을 기르기 위해 전문성에 관한 다양한 연수를 계획할 수 있다.

① 교육연수

특별히 유아교육기관의 교육철학과 목표에 따라 연수 주제와 내용을 정한다. 유아 인성교육을 주제로 원내 연수를 계획하는 경우 학기가 시작되기 전, 학기 시작, 학기 중간, 학기가 끝나는 시기에 교사들이 함께 인성교육 활동의 계획, 중간 평가, 수정 보완, 결과 평가로

점검해 보고 앞으로의 인성교육 방향을 설정하여 교육과정에 반영한다.

* **숲체험연수** : 주변 자연에 대해 잘 모르고 무심히 지나가는 경우가 많아 자연의 소중함을 알고 자연과 더불어 살아가는 삶을 경험하기 위해 숲체험연수를 실시한다. 숲체험연수를 통해 주변 환경 속에서 다양한 생명체들과 함께 살아갈 수 있는 조화와 질서를 배울 수 있고, 연수를 통해 얻은 지식과 경험을 유아 인성교육 활동에 반영하여 유아가 자연의 소중함을 알 수 있도록 지도할 수 있다.

* **장애이해 교육연수** : 장애이해 교육연수는 장애를 가진 유아의 부모와 교사가 함께 연수에 참여하여 장애유아에 대한 이해를 높일 수 있고, 교사와 부모가 함께 협력하여 교육현장에서 지원할 수 있게 된다.

② 수업분석

교실에서 이루어지는 교사의 교육적 행위(자유선택활동 지도, 생활지도, 개인 및 대 · 소집단활동 지도 등)를 캠코더로 촬영한다. 촬영된 영상을 보며 교사의 언어, 행동, 교육활동 내용 등을 분석하면서 교사의 교수 행위를 다각적으로 분석하여 문제점을 발견하고 대안을 마련할 수 있다. 수업분석은 교사 개인적으로 할 수도 있으나 동료들과 함께 분석할 수도 있다.

③ 교수에 관련된 기술 연수

* **사물놀이 연수** : 우리나라 전통 사물악기(꽹과리, 장구, 북, 징)에 대해 바르게 알고 연주할 수 있는 능력을 길러 유아들에게 우리나라의 전통문화를 바르게 알리고, 우리나라 문화에 대한 자긍심과 애착심을 고취시킬 수 있다.

* **오카리나 · 우쿨렐레 연수** : 오카리나 · 우쿨렐레 연수 실시로 음악을 통한 교사들의 감성발달과 정서순화에 많은 도움이 되고 교육활동에서도 다양한 악기 연주를 할 수 있는 계기가 될 수 있다.

2 원외 연수

원외 연수는 유치원 외의 기관이나 단체에서 이루어지는 연수로 교육청 및 교육부의 장학지도, 사립유치원연합회나 학회를 비롯한 사설단체에서 교원을 대상으로 하는 연수가 있다. 유아 인성교육의 질 제고를 위해 다양한 학회, 학술대회, 외부연수 등에 참여할 수 있으며 유아 인성교육의 다양한 정보와 사례를 접하고 우리 유치원 교육활동에 적용할 수 있는 방법을 모색할 수 있고, 교사의 전문성 제고에 도움이 될 수 있다.

① 인성교육 최우수 · 우수 유치원 방문

전국 인성교육 우수 유치원의 다양한 인성교육 실천사례를 접하기 위해 인성교육 최우수 · 우수 유치원을 방문하였다. 인성교육을 실시하고 있는 다른 유치원의 교육과정 및 환경에 대해 알아보고 우리 유치원이 앞으로 전개해 나갈 인성교육 활동에 대해 검토할 수 있었다.

② 학회 및 학술대회 참석

학문과 연구 종사자들이 각자의 연구 성과를 공개 · 발표하고 과학적인 타당성을 공개하여 검토 및 논의하는 자리인 학회 및 학술대회 참석은 유아교육에 대한 정보를 수집하고 교사의 전문성 향상에 도움이 될 수 있다. 또한 인성교육과 관련된 학회는 인성교육의

흐름과 다양성을 알고 유아 인성교육에 적용할 수 있다.

다음은 우리 유치원에서 참석한 학회 및 학술대회이다.

* **한국육아지원학회–「유아의 행복한 삶을 위한 교육 테크놀로지의 이해와 실천」**: 유아들의 인터넷 사용으로 인터넷 중독 유아의 수가 급속도로 증가하며 테크놀로지의 부적절한 사용으로 인간의 성격이 파괴되고 행복이 위협받고 있음을 반성하며, 현명한 테크놀로지 사용으로 유아들이 행복한 삶을 영위할 수 있도록 생활 속에 적용시킬 수 있었다.

* **한국육아지원학회–「현대사회의 육아지원을 위한 다각적 접근」 춘계학술대회**: 부모와 자녀관계의 중요성을 재검토하고 급변하는 현대사회에서 요구되는 부모의 역량 강화를 위한 부모교육의 방향을 알게 되었다.

* **전국 법인유치원연합회–「만 3, 4, 5세 누리과정과 연계한 유아 인성교육」**: 누리과정과 유아 인성교육의 연계 방법을 모색하고 유아 인성교육의 방향 및 적용 방법을 생각할 수 있는 시간이 되었다.

* **아이코리아–「유아 인성교육 우리 아이의 미래를 바꾼다」 유아교육 학술대회**: 유아 인성교육의 다양한 활동사례를 접하고 우리 유치원에서의 적용방법을 모색할 수 있었다.

* **아이코리아–「세계 여러 나라의 교육과정을 통해서 본 누리과정의 운영과 과제」 국제학술대회**: 유아들이 사회구성으로 바르게 자리매김하기 위해서는 모든 교육과정에 '표준'이 필요하며 모든 유아에게는 이러한 표준이 적용되는 교육과정이 공정하게 부여되어야 한다는 유아의 권리에 대해 다시 한 번 생각해 보는 시간이 되었다.

(3) 교사 멘토-멘티 활동(멘토링)

멘토링이란 특정분야에 대한 경험과 자질을 갖추고 있는 사람인 멘토(mentor)가 초임자인 멘티(mentee)의 현재 수준을 지속적으로 파악하여 그에 알맞은 전문적인 도움과 정서적 안정을 제공하는 활동을 말한다(Collins, 1991). 멘토링은 신입교사의 어려움과 불안함을 경감시켜 줄 수 있고, 교육계획 수립, 교수-학습 방법, 환경구성, 유아생활지도, 일과운영, 신념과 철학, 부모와의 관계, 행사 운영에 관한 지원을 줄 수 있다.

멘토링 활동은 경력교사(멘토)와 비경력교사(멘티)가 짝을 이루어 교육과 업무에 관한 도움을 주고받는 것으로, 유아교육 현장에 대한 실제적 경험이 부족한 비경력교사가 현장에서 겪을 수 있는 어려움을 경력교사가 파악하고 도움을 주며 격려해 줌으로써 교사의 정서적 안정과 전문성 신장에 도움을 준다. 또한 멘토인 경력교사는 자신을 새롭게 인식하고 리더로서의 역할에 관심을 갖고 더욱 잘 수행하도록 노력함으로써 전문가적 자질을 양성할 수 있다.

〈칭찬스티커 사용에 대한 경력자와 비경력자와의 대화〉

비경력교사(멘티) : 선생님, 제가 유아들의 바람직한 행동을 유도하고자 스티커를 주고 있는데 이러한 방법이 올바른 방법인지 모르겠어요.

경력교사(멘토) : 유아들이 바람직한 행동을 했을 때 스티커로 보상해 주는 것도 좋지만 너무 자주 사용하게 되면 효과가 떨어질 수도 있고, 반복되면 받지 못한 유아들이 실망하거나 포기할 수도 있으니 다른 방법으로 칭찬해 주는 것이 좋을 것 같아요.

비경력교사(멘티) : 제가 유아의 입장이라도 열심히 했는데 스티커를 받지 못한다면 너무 속이 상할 것 같아요. 이제부터는 스티커로 하는 보상의 횟수는 줄이고 친구들 앞에서 잘한 일에 대해 칭찬하며 박수받는 것, 화장실을 가거나 할 때 기회를 먼저 주는 방법 등을 써 볼게요. 아직 미숙하고 잘 모르는데 이렇게 조언, 지도 · 편달해 주셔서 감사합니다. 더 노력하는 교사가 되겠습니다.

〈2013년 3월 27일(수)〉

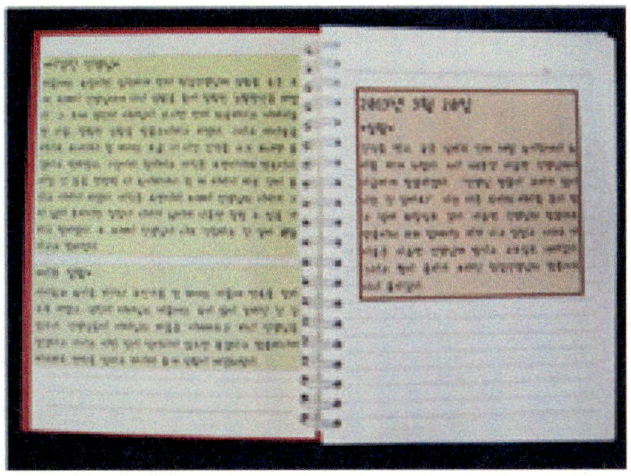 

3. 가정연계 활동

가정은 유아의 인성발달에 있어서 중요한 역할을 하는 삶의 공간이고 부모는 자녀의 인성지도를 담당해야 하는 책임이 있다(원인숙, 2010). 인성교육에 대한 다양한 접근과 시도가 가정과 연계되어 이루어질 때 유아 인성교육의 효과는 더욱 높아질 것이다. 가정과 유아교육기관이 상호협조와 소통을 바탕으로 유아의 인격 성장을 위한 연계교육을 실시해야 하며, 유아교육기관에서는 학부모에게 자녀 인성교육을 지원할 수 있는 학부모 인성역량 강화 프로그램을 제공하는 것도 필요하다.

우리 유치원에서는 인성교육 가정연계 활동으로 가정에서의 인성교육 실천을 지원할 수 있는 학부모 인성역량 강화 활동과 학부모의 정서순화 및 자기개발을 위한 학부모 정서 지원 프로그램 등 두 가지로 나누어 실천하였다. 활동의 구체적인 내용은 다음과 같다.

1) 학부모 인성역량 강화 활동

(1) 부모참여 활동

학부모와 자녀가 함께 참여하는 활동으로 '홀몸 어르신 돕기 김장 담그기'와 '숲체험' 활동을 실시하였다.

① 홀몸 어르신 돕기 김장 담그기

겨울철 주변의 홀몸 어르신을 돕고자 유아, 학부모, 유치원 교직원이 함께 참여하여 '홀몸 어르신 돕기 김장 담그기'를 하였다. 담근 김장 김치는 지역 주민센터를 통해 지역사회의 홀몸 어르신께 전하였으며, 이 활동을 통해 가정 및 지역사회와 연계하여 어른 공경과 나눔을 실천하였다.

② 숲체험

가족과 함께하는 숲체험 활동을 통하여 자연의 정취를 즐기고 자연물을 활용한 다양한 활동을 실시하였다. 숲체험 활동으로 정서를 순화하고 자연의 소중함을 알며, 인간이 자연 속에서 더불어 살아가는 관계임을 경험하도록 하였다. 또한 가족과 함께하는 활동을 통해 가족 간에 서로 배려하고 협력하며 소통할 수 있도록 하였다.

- 숲체험 활동계획안

제목	숲 속에서 행복 찾기
목표	- 가족과 함께하는 숲놀이를 통해 계절의 변화를 느끼고, 숲의 다양한 모습을 즐긴다. - 서로 협력하며 활동에 참여한다.
준비물	눈가리개, 에코거울, 애벌레지끈, 철사, 자연물, 주머니, 굵은 밧줄, 오감모양 카드(코, 손, 귀 입), 책(「나무 하나에」)
활동 순서	1. 인사를 나누어요. 2. 오늘은 무엇을 할까? 3. 다 함께 몸을 풀어요. 4. 내 나무 찾기 5. 자연을 만나요. 6. 오감체험 7. 거꾸로 보는 숲 8. 새집짓기/애벌레지끈 나르기 9. 메타세쿼이아 열매로 반지 만들기 10. 인사 나누기
	내 용
도입	- 참가자들이 함께 인사 나눈다. - 오늘 숲에서 누굴 만나고 무엇을 할 지 이야기 나눈다. - 숲에 들어가기 전에 부모님이랑 함께 신나게 몸을 풀어 본다.

전개	내 나무 찾기	- 눈을 가린 상대를 내가 선물하고 싶은 나무로 안내한다(서로 번갈아가며). - 눈가리개를 풀고 내 나무를 찾아 껴안아 본다. - 느낌을 이야기해 본다.
	자연을 만나요.	- 이동하면서 만나는 다양한 식물과 곤충들의 살아가는 모습을 들여다본다.
	오감체험(촉각, 후각, 청각, 미각)	- 굵은 밧줄을 나무와 나무 사이에 연결한 후 그 밧줄에 자연물이 담긴 주머니를 매단다. - 아이들은 눈가리개로 눈을 가리고 밧줄을 손으로 잡고 앞으로 걸어간다. 이 때, 부모님이 아이의 손을 잡고 함께 걸으며 오감으로 자연물을 체험할 수 있도록 돕는다.
	거꾸로 보는 숲(시각)	- 에코거울을 이용하여 뱀의 눈으로 보는 세상은 어떤지 체험해 본다.
	새집짓기/애벌레지끈 나르기	- 새소리를 들어보고 새집도 한 번 찾아본다. - 철사로 새집(둥지)의 뼈대를 만든 후 자연물로 새집을 만들어 본다. - 다 같이 가족별로 만든 새집을 감상하고 이야기 나누어 본다. - 새 먹이인 애벌레 모양의 지끈을 주워 새집으로 나른다. - 애벌레의 보호색에 대해 이야기 나누어 본다.
	메타세콰이아 열매로 반지 만들기	- 바닥에 떨어져 있는 메타세콰이아 열매를 주워서 예쁜 반지를 만들어 본다.
마무리	인사 나누기	- 「나무 하나에」 책을 읽어 준다. - 인사 나누고 마무리한다. “오늘 나의 기분은?”
예비프로그램	박쥐와 나방, 황사를 잡아라	
참고문헌	남효창(2005).- 얘들아 숲에서 놀자. 추수밭 남효창 · 김신회(2008) - 숲으로 풍덩. 계명사	
유의사항	- 유아를 대상으로 하기 때문에 이동 경로, 활동 내용 및 휴식 시간을 적절히 조정할 필요가 있음 - 어린이를 동반하는 활동이므로 구급약을 준비할 필요가 있음 - 우천 시 진행할 수 있는 대안 프로그램을 미리 준비할 필요가 있음 - 프로그램은 당일 상황에 따라 놀이의 종류, 수 및 그 순서가 바뀔 수 있음	

- 숲체험 활동 소감문

❑ 숲체험 활동에 관한 질문입니다. 해당되는 곳에 √표해 주세요.

내용	적당하다	보통이다	적당하지 않다
참여 수업 장소는 적절하셨습니까?			
숲체험 활동 시간(2시간)은 적절하셨습니까?			

활동내용 (가장 기억에 남는 활동이나 재미있는 활동에 √표해 주세요.)	
활 동 명	
자연을 만나요. 이동하면서 만나는 다양한 식물과 곤충들의 살아가는 모습을 루페로 들여다 보기	
오감체험 - 촉각, 후각, 청각, 미각 어린이들의 눈을 가린 후 오감 체험하기	
거꾸로 보는 숲 - 시각 에코거울을 이용하여 뱀의 눈, 새의 눈이 되어 보기	
새집짓기/애벌레지끈 나르기 자연물을 이용하여 새집을 만들어 본 후 가족별로 감상하기	
메타세콰이아 열매로 반지 만들기 메타세콰이아 열매로 부모님과 이야기 나누며 반지 만들기	
토끼풀로 팔찌 만들기 토끼풀을 이용하여 팔찌 만들어 보기	
동화책 읽기(「나무 하나에」) 활동을 마무리하며 숲 선생님이 들려주시는 동화책 듣기	

이번 숲체험 활동에 참여하고 느끼신 점이나 건의 사항이 있다면 적어 주십시오.

"이번 숲체험 중에 새집짓기가 가장 기억에 남아요. 가족이 다 함께 힘을 합쳐 새집을 만드니 더욱 의미가 있었던 것 같아요. 정말 재미있었습니다."- ◇◇◇학부모 -

"이번 숲체험 활동을 통해 우리 아이들에게 좋은 경험이 된 것 같아요. 어릴적에는 자연스럽게 숲에서 놀았는데 요즘에는 도시에서 삭막한 느낌이 걱정되었어요. 이번 숲체험 활동을 통해 어린이들이 숲과 조금 더 친해질 수 있었던 것 같아요." - □□□학부모 -

(2) 학부모 강좌

가정에서의 자녀 인성교육에 도움을 주고자 인성교육 전문가를 초빙하여 학부모 대상 강연회를 실시하였다.

① 지혜로운 부모가 행복한 아이로 키운다.

가정에서 자녀를 양육할 때 행복한 아이, 창의적인 아이, 인성이 바른 아이로 자라게 할 수 있는 방법에 대해 강의하였다.

'지혜로운 부모가 행복한 아이로 키운다' 강연회 후

학부모 A: 강사님의 말씀을 들으며 제 자신의 양육방법을 돌아보고 많은 반성을 하였습니다. 나의 잘못된 생각이 우리 아이를 우울하게 한 것은 아닌지 돌이켜보며 내 아이와 다른 사람들이 행복하게 자랄 수 있도록 해야겠다는 생각을 하였습니다.

학부모 E: 저 나름대로 자녀양육에 많은 관심을 가지고 좋은 양육태도를 가지고 있다고 생각하였는데 그것이 저의 착각이었다는 것을 깨달았습니다. 기본적인 부모의 자질과 태도가 매우 중요하다는 것을 다시 한 번 깨닫는 시간이 되었습니다.

② 뇌발달을 알면 부모역할이 보인다.

유아기 뇌의 발달과 인성의 발달은 연관되어 있으며, 인격형성의 결정적 시기인 유아기 인성교육이 유아의 바람직한 뇌발달을 촉진시킨다는 내용을 강의하였다.

'뇌발달을 알면 부모역할이 보인다' 강연회 후

학부모 B: 저희와 같이 부모가 된 엄마가 꼭 들어야 할 좋은 강의였습니다. 삶에 적용할 수 있도록 노력하겠습니다. 감사합니다.

학부모 C: 뇌발달에 관한 강의가 저의 자녀양육 방법에 도움이 되고 좋았습니다. 오늘 같은 강의가 또 계획되었으면 좋겠습니다.

학부모 D: 오늘 들은 강연회를 조금 더 일찍 들었다면 더 도움이 되었을 것이라는 아쉬움이 남을 정도로 좋았습니다. 이러한 기회를 마련해 주셔서 감사합니다.

학부모 F: 유아교육책 한 권을 읽은 느낌입니다. 정말 유익한 시간이었습니다.

〈2014. 06. 학부모 대상 설문지 내용 중〉

(3) 인성발달에 도움이 되는 정보

학부모에게 인성교육에 대한 정보를 제공하기 위하여 유치원 홈페이지에 정기적으로 인성교육 정보를 탑재하였고, 자녀 인성교육에 도움이 되는 도서대여 활동을 하였다.

① 홈페이지 활용

인성교육과 관련한 교육정보를 월 1회 정기적으로 탑재하여 인성교육에 대한 지식과 정보를 가정과 공유하였다. 또한 홈페이지 내 '담임과의 대화' 페이지를 통해서 학부모와 교사가 유아에 대한 사항을 수시로 상담할 수 있는 소통의 공간을 운영하였다.

- 교육정보

교육정보 제공

발달의 시간

발달의 개인차에 적절히 반응

얼굴과 성격이 다르듯 발달 시기와 영역에도 개인차가 있어요.

아이들은 태어나면서부터 지속적으로 발달을 이루어 가지만 그 속도는 시기와 발달영역에 따라 다릅니다. 즉, 신체가 급속도로 성장하는 시기가 있는가 하면, 언어발달이 급속하게 이루어지는 시기가 있습니다. 또한 아이들의 성장 · 발달은 공통적인 면도 있지만 인종, 성별, 양육환경, 유전인자 등에 따라 개인 차이가 분명히 존재합니다. 나이가 같고 성별이 같은 영아들도 신장이나 체중은 물론, 운동기능과 지각 능력에 있어 차이를 보입니다. 심지어 이러한 개인차는 일란성 쌍둥이 간에도 나타납니다. 따라서 발달이 일어나는 민감한 시기를 잘 맞추는 것이 무엇보다 중요합니다.

발달의 개인차를 인정해 주세요.

많은 엄마들이 자신의 아이를 주위의 다른 아이들과 비교하면서 발달이 늦는 것은 아닌지 조바심을 내곤 합니다. 하지만 발달에는 개인차가 있기 때문에 모든 아이들을 똑같은 잣대로 평가하고 획일적인 틀에 맞추려 해서는 안 됩니다. "왜 너는 그것도 못하냐?"라고 타박하거나 재촉하기보다는 발달의 개인차를 이해하고 기다려 주세요. 아이의 발달은 결과가 아니라 지속적으로 이루어지고 있는 과정이기 때문입니다.

내 아이의 눈높이에 맞는 발달 환경을 마련해 주세요.

아이들이 자라나는 데는 시기마다 그 아이만의 눈높이가 있습니다. 그것을 거슬러 가르치려 든다면 제대로 된 성장 · 발달을 이루기 어렵습니다. 유아의 발달 과정을 보면 어떤 영역의 발달이 급속하게 이루어지는 특정 시기가 있습니다. 이를 일컬어 유아교육에서는 "결정적 시기"라고 합니다. 이 결정적 시기에 아이가 자신의 잠재 가능성을 충분히 발달시킬 수 있도록 적절한 자극과 환경을 제공해 주는 것이 더 중요합니다.

부모는 아이의 신체 발달뿐만 아니라 언어, 인지, 정서적인 발달을 통합적으로 볼 수 있어야 합니다. 특정 영역의 발달 상황을 다른 아이와 비교하고 걱정하기보다 내 아이의 발달 상황을 전체적으로 파악하고 아이의 눈높이에 맞는 발달 환경을 마련해 주는 것이야말로 성공적인 육아의 기본입니다.

출처: 교육부 충청남도교육청 '아이의 시간 성장의 비밀'
홈페이지 교육정보 2015. 03. 19. 탑재

- 담임과의 대화

홈페이지 상담 내용

안녕하세요. △△ 엄마예요. 매번 통화만 하다가 글 남기는 것은 처음이네요. △△의 생활이 궁금해서 전화해 이것저것 말씀드리고 싶은데, 아이들 돌보느라 바쁘실 것 같아서 오늘은 글을 남겨요. 다른 것이 아니라 △△ 편식이 심해요. 그런데 어제는 김치를 먹더라고요, 먹으면서 "아빠 나 김치 먹었다고 선생님한테 전화해줘. 밥도 많이 먹었다고 전화해줘." 이러더라고요. 그래서 알았다고 말하겠노라고 대답했거든요. 혹시나 △△가 선생님께 확인을 할까 싶어 말씀 드려요. 글 확인하시면 많은 칭찬 부탁 드릴게요. 전화 왔었다고, 잘했다고 말씀해 주시고 오늘도 아이들과 함께 행복한 하루 보내세요.

교사 답변 내용

어머니^^ 안녕하세요. 풀향기반 담임입니다. △△가 오늘 와서 아무런 이야기가 없어 몰랐었는데 △△에게 지금 바로 달려가 많은 칭찬을 해 주어야겠어요. △△ 많이 뿌듯했었나봐요. 요즘 △△이 뿐 아니라 풀향기반 친구들에게 우린 이제 6살 형님이 되었다며 스스로 잘하는 것들에 대해 칭찬을 많이 해 주는데 친구의 칭찬을 할 때에도 △△가 달려와 "선생님 저는요? 저도 멋져요?"하고 물어 보더라고요. 우리 △△가 칭찬을 들으면 더 멋진 모습을 많이 보여 다른 친구들이 듣도록 큰 목소리로 칭찬을 해 주고 있어요. 오늘도

모든 친구들이 듣도록 큰 목소리로 칭찬을 많이 해줘야겠어요. 모르고 지나갔다면 △△가 실망했을 수도 있는데 이렇게 알려주셔서 우리 △△에게 칭찬 한 번 더 할 수 있게 되었어요. 감사합니다.

-풀향기반 담임 올림-

〈2014. 03. 10. 유치원 홈페이지 담임과의 대화 내용 중〉

홈페이지 상담 내용

솔향기반 선생님 안녕하세요. 천방지축 개구쟁이 ◇◇를 예뻐해 주시고 귀여워해 주셔서 감사합니다. ◇◇가 유치원 생활한지도 벌써 3주가 되어 가네요. 사실 ◇◇가 유치원 생활을 잘 적응하고 있는지 궁금하여 몇 자 적어 봅니다. 집에 돌아와서는 친구들 이름을 많이 얘기는 하는데 어떻게 지냈는지 얘길 잘 안해줘요. 친구들과 잘 어울려 지내는지, 수업 시간에는 잘 따라하는지, 혹 겉돌지는 않는지, 사실 선생님이 올려 주신 사진을 보고 반가움과 안도감도 들었지만 한편으론 ◇◇가 혼자 있는 사진이 눈에 띄어 친구들과 잘 어울리지 못하나 싶어 만감이 교차하네요. 엄마의 조바심이겠죠? ◇◇가 유치원 생활에 잘 적응할 수 있도록 가정에서도 지도 편달하겠습니다. ◇◇이 어여삐 봐주시고 지켜봐 주세요.

교사 답변 내용

안녕하세요. ◇◇ 어머니. 항상 밝고 예쁜 ◇◇를 만나게 되어 매일매일을 감사하며 보내고 있는 솔향기반 담임입니다. 어머님 글을 읽고 아차 싶어 솔향기반 어린이들의 사진첩을 보니 ◇◇의 개인컷이 두 장이나 올라와 있네요. ◇◇가 친구들과 어울리지 못하고 혼자 놀이를 하는 것이 아닌 ◇◇에 대한 저의 사랑이라고 생각하시면 될 것 같아요. 어머님의 걱정과는 달리 ◇◇는 친구들과 아주 적극적으로 잘 생활하고 있답니다. 오늘은 ○○와 □□ 어린이와 사진을 서로 찍어 주기도 하고 포즈를 잡아 주기도 하며 놀이하기도 하고 쌓기놀이영역에 있는 동그란 공을 카펫 위에 굴려 보내며 누가 더 멀리 굴리나 놀이를 하는 모습도 관찰하였어요. 어제는 ◇◇의 칫솔이 칫솔걸이에 없어 제가 새 칫솔을 꺼내 주었는데 다른 친구가 ◇◇의 칫솔을 칫솔걸이 아래에 있는 책상 아래에서 찾아 주어 ◇◇가 그 친구에게 고마움을 표현하는 모습 또한 보았지요. 제가 본 ◇◇는 아주 활발해요. 다른 반 선생님들께서도 ◇◇를 너무너무 귀여워해 주세요. 어머님의 조바심 또한 모두 다 이해하고 이렇게 글 남겨 주신 것도 너무 감사해요. ◇◇가 친구들과 지금보다 더 어울려 놀이하고 규칙 속에서 안전하게 놀이하다 행복하게 하원할 수 있도록 항상 노력할께요.

-솔향기반 담임 올림-

〈2014. 03. 18. 유치원 홈페이지 담임과의 대화 내용 중〉

② 도서대여

학부모의 인성교육에 대한 이해를 높이고 학부모 인성역량 강화에 도움을 줄 수 있는 도서를 유치원에 비치하여 학부모에게 대여하였다.

- 대여도서 목록

번호	도서명	저자	출판사	출판연도	비고
1	9가지 아이 성품의 비밀	벳시 브라운	비타북스	2011	
2	공감의 뿌리 -아이들 한 명 한 명이 세상을 바꾼다.-	메리 고든	산티	2010	
3	공부 집중력 확 높이는 우리 아이 게임 절제력	권장희	마더북스	2010	
4	공부하는 부모 성공하는 자녀	이명수	지성의 샘	2007	
5	나를 움직인 그 한 마디	자녀교육/능력 중심사회구현 수범사례 수상작품집	자녀교육/능력 중심사회구현 수범사례 수상작품집	2006	
6	늘 처음 마음으로	김현옥 외 19인	교육인적자원부	2013	
7	무엇보다 인간적인 아이로 키워라	조 웨일	지식채널	2010	
8	문용린 교수의 정서 지능 강의	문용린	북스넛	2011	
9	부모가 만드는 EQ	강문희	다음세대	2005	
10	부모를 위한 유아교육기관 안내 유치원 · 어린이집 선택과 취원 생활	조은진	다음세대	2002	
11	삐딱한 행동 속에 숨겨진 우리 아이 속마음	신철희	다산북스	2010	
12	세계 명문가의 자녀교육	최효찬	예담	2006	
13	아동기의 스트레스	장연집	다음세대	2003	
14	아동발달과 부모교육	이경희	교문사	2012	
15	아이의 자존감	김민태, 정지은	지식채널	2011	
16	엄마 수업	법륜	휴	2011	
17	영유아 기본생활 습관지도	배애성	다음세대	2011	
18	유아 인성교육을 위한 부모훈련 프로그램 (1, 2, 3, 4, 5, 6, 7, 8, 9, 10)	교육과학기술부	교육과학기술부	2012	
19	유아의 문제행동지도를 위한 부모교육 자료	교육부	교육부	1997	

20	인성교육의 기초 품성지도	홍순정 외 5인	창지사	2011	
21	인성교육의 지침 -인간다운 삶과 건전한 사회로 가는 길-	박연수	집문당	1997	
22	좋은 엄마가 좋은 선생님을 이긴다.	인젠 리	다산북스	2012	
23	줏대있는 아이가 세상의 중심이 된다	린다&리처드 에어	한울림	2000	
24	태아성장보고서	KBS첨단보고 뇌과학 제작팀	마더북스	2013	
25	현용수의 인성교육 노하우 (1, 2, 3)	현용수	동아일보사	2012	

(4) 부모 인성역량 강화 부모교육

부모 인성역량 강화를 위한 교육부 자료를 활용하여 부모교육을 실시하였다. 나를 알아보기, 나와 가족, 인성교육은 왜 중요한가, 나눔, 양심, 책임, 공감, 자녀와 소통하기 등 8개의 주제로 총 8주 동안 실시하였다. 주 별로 각 주제에 해당하는 부모교육 활동지를 가정으로 배부하여 가정에서 작성하고 유치원에서 취합하였으며, 8주간의 활동에 모두 참여하여 활동을 이수한 학부모에게는 이수증을 수여하였다.

- 부모 인성역량 강화를 위한 자료의 예

2014년 부모교육 자료 1
2014. 10. 23

학부모님의 자녀양육에 도움을 드리고자 부모교육 자료를 8회차에 걸쳐 매주 수요일에 보내드립니다. 오늘은 그 첫 회로 일상에서 시간을 가지고 '나'를 되돌아보며 '나'를 재정립해 볼 수 있는 소중한 시간을 만들어 보시기 바랍니다. 학부모님의 긍정적인 정체성 확립은 자녀의 양육에 매우 긍정적인 역할을 미치기 때문입니다.

♧ 나를 알아보기 1 ♧

◉ 한 문장으로 나를 표현해 보세요.
(별명을 지어도 좋습니다.)

저는 웃는 얼굴을 한 오지랖 여사 입니다.

♧ 나를 알아보기 2 ♧

◉ 나의 장점 50개를 생각해 보시고 써 보세요.
(가족들의 의견을 받아도 좋습니다.)

① 남을 챙기길 좋아해요. ② 웃음이 많대요. ③ 인정이 많대요. ④ 남을 잘 도와줘요.
⑤ 싫은 소리를 못해요. ⑥ 청소를 잘해요. ⑦ 아이들과 잘 놀아줘요. ⑧ 동화책을 잘 읽어줘요.
⑨ 가족들을 많이 사랑해줘요. ⑩ 저랑 같이 있는 남들이 행복하대요. ⑪ 곰고루 잘 먹어요.
⑫ 사람들이 잘 어울려요. ⑬ 남이 어려운걸 못 봐요. ⑭ 밥도 잘해요. ⑮ 빨래도 잘해요. ⑯ 정리정돈
㉑ 만들기를 잘해요. ㉒ 아파도 잘 참아요. ㉓ 꽃을 좋아해요. ㉔ 도서관 가는 걸 좋아해요. ...
잘해요. ㉖ 사회성이 좋아요. ㉗ 교회에 가기 귀찮지만 열심히 잘 가요. ㉕ ...
열심히 해요. ㉙ 나보다 남이 더 중요하게 느껴요. ㉘ 가족을 위해 기...
㉜ 맡은 일에 책임을 다하려 노력해요. ㉛ 재활용으로 만들기 좋아해요. ㉚ 딸들을 이쁘게 잘 키워요. ㉟ 다양한 ...
㉟ 감상적이다. ㊱ 감성적이다. ㊲ 인터넷을 잘 쓴다 ㊳ 냉정한 데도 있다. ㉞ 남 얘기를 잘 들어줘요.
㊵ 당당하다. ㊶ 이쁘다. ㊷ 코가 높다. ㊴ 섬세하다.
㊸ 혼자 할 줄 안다. ㊹ 감사할 줄 안다 ㊺ 남을 존중한다 ㊻ 인내를 잘한다 ㊼ 모험을 잘한다

인 천 재 능 대 학 교 부 속 유 치 원

㊽ 세세한 것까지 신경을 잘 쓴다 ㊾ 분위기 파악을 잘한다. ㊿ 나를 제일 잘 안다.

2014년 부모교육 자료 1
2014. 10. 23

♧ 나를 알아보기 3 ♧

◉ 김광규 시 '나'를 패러디하여 나를 소개해 보세요.

'나' 김광규 작 출처: 우리를 적시는 마지막 꿈, 문학과 지성사(1979)

나

김광규

살펴보면 나는
나의 아버지의 아들이고
나의 아들의 아버지고
나의 형의 동생이고
나의 동생의 형이고
나의 아내의 남편이고
나의 누이의 오빠고
나의 아저씨의 조카고
나의 조카의 아저씨고
나의 선생의 제자고
나의 제자의 선생이고
나의 나라의 납세자고
나의 마을의 예비군이고
나의 친구의 친구고
나의 적의 적이고
나의 의사의 환자고
나의 단골 술집의 손님이고
나의 개의 주인이고
나의 집의 가장이다

그렇다면 나는
아들이고
아버지고
동생이고
형이고
남편이고
오빠고
조카고
아저씨고
제자고
선생이고
납세자고
예비군이고
친구고
적이고
환자고
손님이고
주인이고
가장이지
오직 하나뿐인
나는 아니다

나

살펴보면 나는
나의 하나님의 딸이고
나의 부모님의 자녀이고
나의 　　의 아내이고
나의 　　의 엄마이고.
나의 시부모님의 며느리이고.
나의 좋은사람들의 친구이고
나의 친구들의 동반자이고.
나의 언니들의 동생이고.
나의 동생의 누나다.

그렇다면 나는
딸이고.
자녀이고
아내이고.
엄마이고
며느리이고.
친구이고.
동반자이고.
동생이고.
누나이지
오직 하나뿐인
소중한 존재인 "나"가
되고 싶다.

인 천 재 능 대 학 교 부 속 유 치 원

2014년 부모교육 자료 1
2014. 10. 23

♧ 나를 알아보기 4 ♧

◉ 나의 삶 속에서 가장 중요한 영향력을 미쳤던 사람 3명을 적고 어떤 의미가 있는지 적어 보세요. 이름은 가명을 사용하셔도 괜찮습니다.

('나를 알아보기 4'를 다음 주 수요일까지 작성하여 유치원으로 보내 주시기 바랍니다. 8회 모두 참여하시고 제출하신 부모님께는 유치원에서 정성껏 마련한 선물을 드립니다.)

꽃향기 반 이름: ____ 학부모: ____

이름:

나의 아버지 이십니다. 살아계실땐 소중함, 절실함, 조차 모르고 당연히 나에게 주기만 하는 사람이라 생각했습니다. 아니였습니다. 돌아 가신후 후회 스럽 습니다. 잘해드리지 못한점, 많은 사랑을 주지 못한점... 정말 살아 계실때. 이세상에 같이 존재하는 모든 사람들이 소중하고 사랑해야 한다는걸 느꼈습니다.

이름:

나의 남편 입니다. 나에게 사랑을 선물해 주고, 이 . 시대 가족이란걸 준 아주 소중한 사람입니다. 이 아닌 아내로. 엄마라는 이름을 선물해준 사람입니다.

이름:

나의 시어머니. 태어남과 동시에 하나님을 알았지만 결혼과 동시에 하나님을 가슴속에 함께 할수 있도록 다시한번 새겨주신 분입니다. 이세상을 살아가는데 가장 큰힘이 되어주시는 든든한 내편 하나님과 더 가깝게 만들어 주신분.

인 천 재 능 대 학 교 부 속 유 치 원

2014년 부모교육자료 2

2014. 10. 29

오늘은 부모교육 2회차로 '나'와 '나의 가족' 관계를 되돌아보며 가족을 이해하고, 좋은 가족 관계를 만들기 위한 방법을 생각해 보시기 바랍니다. 가정은 어린이에게 가장 편안하고 따뜻한 안식처이며 친밀한 가족관계는 어린이의 정서에 좋은 영향을 줍니다.

♧ 나와 나의 가족관계 이해하기1 ♧

1) '내가 생각하는 엄마', '자녀가 생각하는 나' 벤다이어그램을 완성해 보세요.

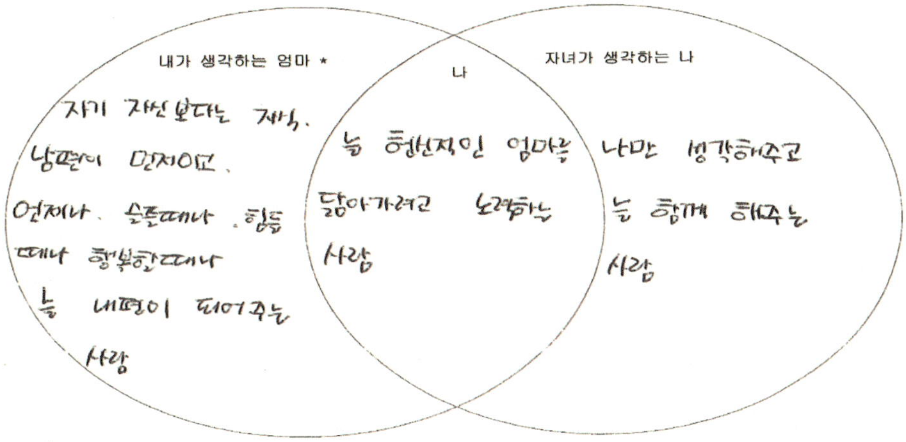

* 어머니의 경우- 친정 어머니 / 아버지의 경우- 친어머니

2) 우리가족 관계도를 그린 후 줄을 이용하여 호감 친밀도 정도를 표시해 보세요.

아주친밀함
친밀함
성격차이

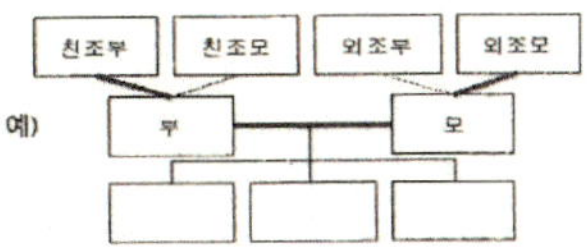

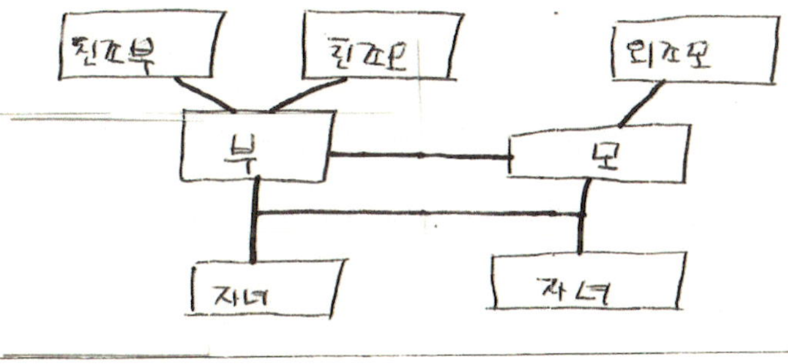

인 천 재 능 대 학 교 부 속 유 치 원

2014년 부모교육 자료 2
2014. 10. 29

♧ 나와 나의 가족관계 이해하기2 ♧

◉ 가족 모두가 —— (아주 친밀함) 관계가 되려면 어떻게 해야 할까요?

('나와 나의 가족관계 이해하기2'를 <u>다음 주 수요일까지</u> 작성하여 유치원으로 보내 주시기 바랍니다. 8회 모두 참여하시고 제출하신 부모님께는 유치원에서 정성껏 마련한 선물을 드립니다.)

풀향기 반 이름: ______ 학부모: ______

가족 모두가 아주 친밀함은 당연한 것이다.
조부모라 해서 가깝게 살지 않는다해서 자주 못본다해서 친밀한 관계가 떨어져서는 안된다고 본다.
항상 서로가 서로를 위해 노력해야 하고 다른 이유 없이 가족이라는 단어만으로도 이해하고 사랑하는 사이가 되어야 건전한 가족이란 단어를 쓸수 있는것 같다.
조건없이 주는 사랑을 하다보면 친밀함이란 단어는 자연스럽게 따라오는것 같다.

인 천 재 능 대 학 교 부 속 유 치 원

2014년 부모교육 자료 3

2014. 11. 5

오늘은 부모교육 3회차로 '인성은 왜 중요할까' 입니다. 보내드린 자료를 읽어 보시고 인성교육이 필요한 이유에 대해 다시 한 번 생각해 보면서 인성의 중요성과 가치에 대한 인식을 재정립해 보시기 바랍니다.

♧ 인성은 왜 중요할까 1 ♧

1. 미래사회의 변화

1) 급변하는 미래사회의 변화 <미래 메가트렌드 TOP 10>

① 2023년 뇌 이식으로 기억 복구 (2018년 로봇이 모든 수술 실행)

② 2030년 권력 중심축 국가에서 개인으로 (개인들이 모인 비정부기구 NGO, 조합 등이 지구촌 네트워크를 형성해 큰 권력의 힘 발휘)

③ 12년 안에 10억 명 증가 (의학 기술 발달 100세 시대, 2050년 세계인구 최대 106억 명까지 증가)

④ 2050년 자원 고갈…… 풍요의 시대 종말 (2030년 이전 석유 고갈)

⑤ 대체에너지 개발 전쟁 (자원 고갈로 태양열, 풍력 등 에너지 개발 한창)

⑥ 국가 개념 약화, 현존 언어 25% 소멸 (모국어를 갖고 있어도 과학기술과 교육, 비즈니스, 미디어, 문화 등의 중심 언어로서 영어 인구 증가)

⑦ 기후 변화의 미래…… 인류 생존, 1℃가 결정 (해수면 59cm 높아져 홍수 피해, 극심한 가뭄과 식량난)

⑧ 교육의 천지개벽, 2030년 세계 대학의 50% 소멸 (명문대 온라인 공개강좌를 언제 어디서든 제약 없이 들을 수 있는 시대)

⑨ 신(新) 세계 질서 재편, 아시아의 세기 (2050년 아시아가 세계 GDP 48.1% 차지)

⑩ 산업화 시대의 종결, 제조업의 종말 (에너지 산업, 항공우주, 나노공학, 해양과학, 환경산업 등 각광)

– 한국대학신문 2014. 8. 18, 이우희 · 송보배 기자 –

2) 미래사회에 필요한 인성덕목은 무엇일까요?

인 천 재 능 대 학 교 부 속 유 치 원

2014년 부모교육 자료 3
2014. 11. 5

♧ 인성은 왜 중요할까 2 ♧

2. 부모의 인성으로 아이가 자란다.

◉ 삶을 통해 배우는 아이들 시를 보고 인성에 대해 생각해 보세요.

삶을 통해 배우는 아이들

도로시 로 놀트

꾸지람 속에서 자란 아이
비난하는 것을 배우고

미움받으며 자란 아이
싸움질을 하게 된다.

놀림 속에서 자란 아이
수줍음을 타게 되고

창피를 당하며 자란 아이
죄의식을 느끼게 된다.

관용 속에서 자란 아이
참을성을 알게 되며

격려받으며 자란 아이
자신감을 갖게 된다.

칭찬 들으며 자란 아이
감사할 줄 알게 되고

공정한 대접 속에서 자란 아이
정의를 배우게 된다.

안정 속에서 자란 아이
믿음을 갖게 되고

인정받으며 자란 아이
자신을 사랑할 줄 알게 되며

인정과 우정 속에서 자란 아이
온 세상에 사랑이 충만함을 알게 된다.

인 천 재 능 대 학 교 부 속 유 치 원

2014년 부모교육자료 3
2014. 11. 5

♧ 인성은 왜 중요할까 3 ♧

('인성은 왜 중요할까 3'을 다음 주 수요일까지 작성하여 유치원으로 보내 주시기 바랍니다. 8회 모두 참여하시고 제출하신 부모님께는 유치원에서 정성껏 마련한 선물을 드립니다.)

꽃향기 반 이름:______ 학부모:______

3. 인성에 대한 정의

1) 인성의 정의

▶ 사람 됨됨이, 인격, 성품, 성격, 개성, 기질, 덕성 등과 유사한 용어
- 사람의 성품, 각 개인이 가지는 사고와 태도 및 행동 특성(네이버 백과사전)
- 모든 인간에게 공통적으로 나타나는 속성뿐만 아니라 개인의 독특한 속성
- 어떤 사람이 자신의 욕구와 기분을 억제하고 이성의 명령에 따르는 것(로크)
- 도덕적으로 선을 인식하고 또한 선을 바라며 행하는 것(리코나)

2) 유아기에 뇌 발달상 인성교육이 더욱 필요합니다.

	주 발달 부위	기능	지원 방안
만 0~3세	뇌의 전 영역	정서 발달	오감자극
만 3~6세	전두엽	인간성	예절과 인성교육
만 6~12세	측두엽	언어 기능	다양한 언어 자극
	두정엽	물리적 수학적 기능	
만 12세 이후	후두엽	시각기능	자녀 이해

3) 인터넷으로 동영상 지식채널-e '오늘은 내가 죽는 날입니다.'(EBS, 2012. 6. 12방송) 방송을 보시고 인성교육이 왜 필요한지 소감을 써서 제출해 주세요.
(http://home.ebs.co.kr/jisike/srchResultList)

소중한 나의 자녀가 피해자가 되지 않는 것도 중요하지만 악목적인 가해자가 되지 않도록 가정에서 제대로된 인성교육을 하는것 또한 중요하다 생각 됩니다.
아무리 공부를 잘 가르친다 해도, 욕연과 비꼬어 웃어, 폭력 등 ...에서 자유분방하다면 제대로된 인간의 삶이라고는 볼수 없다. 부모는 자녀들에 본보기인것 같습니다. 아이들의 올바른 자아 형성을 위해서는 부모가 올은삶을 보여주어야 한다 생각합니다.

인천재능대학교부속유치원

2014년 부모교육 자료 4
2014. 11. 12.

오늘 부모교육 4회차의 주제는 '함께하는 세상을 위한 인성- 나눔'입니다. '나눔'이란 자기 스스로 우러난 마음에서 남을 돕기 위해서 하는 일로, 대가를 바라지 않고 지속적으로 도와주는 것입니다. '나눔'의 의미에 대해 생각해 보면서 함께하는 세상, 모두가 행복한 세상을 꿈꾸어 보시기 바랍니다.

♧ 함께하는 세상을 위한 인성- 나눔 1 ♧

◉ 미리 찾아보는 나의 <나눔> 지수

▶ 나는 어떤가요? 다른 사람과 나누는 일을 하고 있나요? 생활 속에서 실천하고 있는 일을 찾아보세요.

나에게 도움을 준 사람에게 고마움을 표현한다.	TV에서 불우이웃돕기를 하면 나도 모르게 전화기 버튼을 누른다.	엘리베이터 기다려 주기와 같은 소소한 친절 행동을 한다.
이웃에게 급한 일이 있다면 그 집 아이를 돌보아 준다.	사용하지 않는 새 물건을 다른 사람에게 준 적이 있다.	정기적으로 후원하는 곳이 있다.
봉사활동 모임에 가입해서 활동하고 있다.	바자회에 아끼는 물건을 기부한 적이 있다.	맛있는 음식을 이웃과 나누어 먹기도 한다.

▶ 이 중에서 몇 가지를 실천하고 있나요?

☞ 1-3 개 나눔이 부족합니다.

☞ 4-6 개 나눔을 잘하고 있습니다.

☞ 7-9 개 모두에게 모범이 됩니다.

▶ 이 외에 내가 실천하고 있는 나눔이 있나요?

인 천 재 능 대 학 교 부 속 유 치 원

2014년 부모교육 자료 4
2014. 11. 12.

♧ 함께하는 세상을 위한 인성- 나눔 2 ♧

◉ 내가 나눌 수 있는 것들은 무엇이 있으며 어떻게 나누면 좋을까요?

▶ 내가 가진 것 중에서 다른 사람에게 나누어 줌으로써 함께 행복해질 수 있는 것이 있답니다.

마음		재능		돈, 물건
	힘, 노력		시간	

▶ 과거에 나누어 주었을 때 기분이 어떠한가요?

▶ 나누어 받았을 때의 기분은 어떠했나요?

◉ 책이나 사진으로 자녀에게 나눔을 가르쳐 보세요.

▶ 그림책으로 나눔 가르치기

< 마음 나누기 >

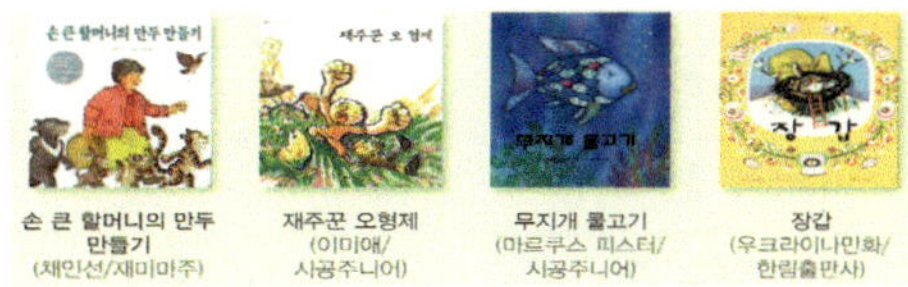

< 시간, 재능, 물건, 힘 나누기 >

※ 그림책으로 나눔 가르치기의 TIP
- 그림책에서 느껴지는 감동과 따뜻한 마음을 함께 공감해 주세요.
- 다양한 그림책에서 나눔의 장면에 주목하고 대화를 나누어 보세요.
- 그림책 주인공의 나눔 행동을 본받아 일상생활에서 실천해 보도록 도와주세요.

▶ 사진으로 나눔 가르치기

- 다른 나라에 병에 걸리거나 굶주린 친구들을 생각해 보고 공감해 보게 하는 것은 나눔 감수성을 길러주는 방법입니다. 사진을 보고 생각나는 점, 하고 싶은 이야기를 편지로 써 보게 하세요.

인 천 재 능 대 학 교 부 속 유 치 원

2014년 부모교육 자료 4

2014. 11. 12

함께하는 세상을 위한 인성- 나눔 3

('함께하는 세상을 위한 인성- 나눔 3'을 다음 주 수요일까지 작성하여 유치원으로 보내 주시기 바랍니다. 8회 모두 참여하시고 제출하신 부모님께는 유치원에서 정성껏 마련한 선물을 드립니다.)

꽃향기 반 이름: ______ 학부모: ____________

◉ **가족을 위한 나눔을 실천해 보세요.**

▶ **가족을 위한 나눔의 시작**

- 가족을 위해 다음과 같은 마음과 행동을 나누어 보세요.

(함께 나누셨으면 항목에 ○표 해 주세요)

	13일(목)	14일(금)	15일(토)	16일(일)	17일(월)	18일(화)
웃는 얼굴	○	○	○	○	○	○
친절한 대화	○	○	○	○	○	○
따뜻한 마음과 눈빛	○	○	○	○	○	○
안아주기	○	○	○	○	○	○
악수하기	○	○	○	○	○	○
도와주기	○	○	○	○	○	○

▶ **재능, 돈(물건), 시간, 힘(노력)도 나누어 보세요.**

- 우리 가족 중 누가 무엇을 누구에게 나누어 줄 지 의논하여 정해 보세요.

누가? 아빠	누가? 할아버지	누가? 엄마. 아빠
무엇을? 힘	무엇을? 돈 (물건)	무엇을? 재능
누구에게? 엄마	누구에게? 아빠 엄마. 손주	누구에게? 자녀들 ( )

2014년 부모교육 자료 5

2014. 11. 19.

오늘 부모교육 5회차의 주제는 '정의로운 세상을 위한 인성- 양심'입니다. 우리가 사는 세상이 순조롭게 유지되기 위해 지켜야 할 최소한의 도리인 '양심'에 대해 생각해 보시기 바랍니다.

♧ 정의로운 세상을 위한 인성- 양심 1 ♧

◉ **'양심'에 대해 생각해 보세요.**

▶ **양심 냉장고의 주인공**

'이경규가 간다 : 양심 냉장고'를 기억하십니까?

정지선을 지킨 사람과 지키지 않은 사람!

왜 사람들은 서로 다른 선택을 했을까요?

▶ 나의 선택은?

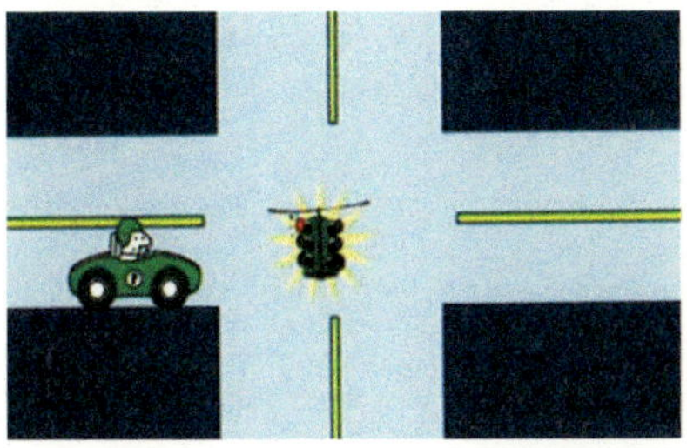

어느 한적한 새벽, 내가 운전하는 차량이 빨간 신호에 걸렸다. 그런데 길 건너편으로 10초 내에 건너오면 20만원을 준다는 사람이 있다. 카운트는 이미 시작되었고 신호는 바뀔 것 같지 않다. 신호를 어기면 20만원이 공짜로 생기고, 신호를 지키면 20만원을 받을 수 없다.

- 만약 교차로에 경찰이나 무인카메라도 없고, 지나가는 행인조차 없다면 나의 선택은?

- 만약 사고가 일어날 확률이 0%라면 나의 선택은?

인 천 재 능 대 학 교 부 속 유 치 원

2014년 부모교육 자료 5

2014. 11. 19.

♧ 정의로운 세상을 위한 인성- 양심 2 ♧

◉ 양심을 지키며 사는 힘

'양심을 지키며 살면 손해를 본다.'는 일반적인 인식과는 달리 도덕적이고 자기만족을 지연시킬 수 있는 아이들의 장래 학업성취도가 높은 것으로 보고되고 있다.

300명을 대상으로 한 설문조사 결과에서도 도덕성이 높은 아이들이 집중력과 학습능력, 또래관계가 좋았고 낮은 아이들은 문제행동을 더 많이 보이거나 또래관계가 나쁜 것으로 나타났다. 또한 집단 따돌림 가해 경험과 피해 경험이 모두 높았다.

즉, 양심을 지키며 사는 힘, 도덕성은 아이의 여러 행동과 연결되어 있으며 현대사회를 살아가는 경쟁력이라는 것이 입증된 셈이다.

EBS 다큐프라임 : 아이의 사생활 2부 도덕성(EBS, 2008. 2. 25. 방송)

◉ 이야기를 통해 정직에 대해 알아보기

▶ **다음은 정의로운 세상을 만들기 위해서 필요한 인성 덕목 중 정직과 관련된 이야기입니다. 자녀에게 정직함에 대해 가르쳐 주고 싶을 때 들려주세요.**

옛날 어느 왕이 마을 사람들에게 꽃씨를 나누어 주며 "내가 나누어 주는 이 꽃씨를 심고 잘 키워 아름다운 꽃을 피운 사람에게는 큰 상을 주겠다!"고 말했습니다. 그런데 꽃씨를 심고 열심히 길러도 싹이 나지 않았습니다. 큰 상을 받고 싶던 사람들은 왕이 나누어 준 것과 똑같은 꽃씨를 구하여 다시 심었고, 아름다운 꽃이 피었습니다.

왕이 다시 마을을 찾은 날, 사람들은 모두 예쁜 꽃이 핀 화분을 들고 광장에 모였습니다. 그런데 사람들 사이에는 빈 화분을 안고 울고 있는 어린 아이가 한 명 있었습니다. 왕은 아이에게 이유를 물었습니다. 아이는 "내 꽃씨는 아무리 열심히 키워도 싹이 나지 않아요." 라고 말했습니다.

그런데 이게 웬일이지요? 왕은 그 어린 아이에게만 상을 주었습니다. 사실 왕은 마을사람들의 정직한 마음을 알아보려고 싹이 날 수 없는 볶은 꽃씨를 나누어 주었던 것입니다.

▶ **자녀에게 물어 보시고 자녀가 어떤 생각을 하고 있는지 이해해 보세요.**

질문 1. 왕은 왜 빈 화분을 들고 온 아이에게만 상을 주었을까?

질문 2. 왕이 준 것과 똑같은 꽃씨를 구하여 다시 심은 것은 옳은 일일까?

인 천 재 능 대 학 교 부 속 유 치 원

2014년 부모교육 자료 5
2014. 11. 19

♧ 정의로운 세상을 위한 인성- 양심 3 ♧

('정의로운 세상을 위한 인성- 양심3'을 다음 주 수요일까지 작성하여 유치원으로 보내 주시기 바랍니다. 8회 모두 참여하시고 제출하신 부모님께는 유치원에서 정성껏 마련한 선물을 드립니다.)

물향기 반　이름:＿＿＿＿＿＿　학부모:＿＿＿＿＿＿

◉ 정의로운 세상에 관련된 속담을 2개 찾아서 적어 보세요.

예) * 현자는 자신에게 엄격하지만 소인배는 자신에게 관대하다.(공자)
* 결점이 많다는 것은 나쁜 것이지만 그것을 인정하지 않는 것은 더 나쁜 것이다.(서양속담)

① 사람은 친절을 통해 서로를 이해하게 된다 (프랑스 속담)

② 얼마나 많이 주는게 중요한게 아니다. 작더라도 그안에 얼마만큼 사랑과 정성이 깃들어야한다. (테레사 수녀)

◉ 정의로운 세상을 만들기 위한 나의 작은 결심

▶ 오늘 다루었던 여러 가지 사례를 포함하여 일상생활 속에서 양심에 관련된 일들 중 그동안 잘 지키지 못하고 있던 것, 또는 앞으로는 꼭 지켜야겠다고 생각한 것 5가지를 가족과 상의하여 적어 보세요.

☞ 길에가다 작은 휴지는 몰래 몰래 버렸습니다

☞ 학생들이 우르르 한 아이를 괴롭히는걸 보고 못본척 했습니다.

☞ 신호등에서 노란불에 잽싸게 지나갔습니다.

☞ 골목길에서 차가 많이 정차될때 갓길이용 했습니다.

☞ 나보다 가난한 사람들을 봉사하는 그런 삶을 살아야 한다.

인 천 재 능 대 학 교 부 속 유 치 원

2014년 부모교육 자료 6

2014. 11. 26.

오늘 부모교육 6회차의 주제는 '책임지는 세상을 위한 인성- 책임'입니다. 함께 사는 세상을 위해 내가 책임져야 할 일은 무엇일지 생각해 보시기 바랍니다.

♧ 책임지는 세상을 위한 인성- 책임 1 ♧

< 아시아나 추락사고, 승객 구조 위해 헌신한 승무원들 >

미국 샌프란시스코에서 발생한 아시아나항공(020560) 여객기 사고에서 헌신적으로 승객들을 구조한 승무원들이 주목받고 있다.

8일 아시아나항공에 따르면 사고가 난 아시아나 OZ214편에는 총 12명의 승무원이 탑승해 있었다. 성별로는 남자 승무원이 1명이었고, 국적별로는 우리나라가 10명, 태국 국적 승무원이 2명이었다.

항공기가 샌프란시스코 공항에 착륙하는 도중 충돌 사고가 발생하면서 승무원 중 7명은 다리를 다치는 등 부상을 입었다. 하지만 주로 왼쪽 편에 있었던 5명의 승무원은 혼란한 기내에서 신속 정확하게 승객들을 대피시키는데 크게 기여한 것으로 전해졌다.

특히 선임 승무원인 김지연씨는 다리를 심하게 다친 초등학교 5학년 학생을 둘러 업고 500m 가량을 뛰어 아이가 화상을 입지 않도록 했다.

승무원들은 기내에 승객이 모두 탈출한 이후 항공기에서 마지막으로 빠져 나온 것으로 전해졌다. 아시아나항공 관계자는 "착륙시 승무원 안전교육 시 받은 훈련내용대로 침착하게 대응했으며 승무원 전원이 한 마음으로 질서 정연하게 탈출할 수 있었다"고 말했다. 이 덕에 항공기 절반이 불에 탄 대형 사고임에도 사망자를 2명으로 줄일 수 있었다.

힙합 콘서트 프로듀서로 이번이 173번째 비행이었다는 유진 안토니 라씨는 "그녀는 진정한 영웅이었다"며 "그 작고 여린 소녀 같은 승무원은 얼굴엔 눈물 범벅이었지만 승객들이 빠져 나갈 수 있도록 적극 도왔다"고 말했다.

월스트리트저널(WSJ) 등 외신은 항공기가 활주로에 충돌한 후 화염이 번지기까지 시간이 10~15분 정도에 지나지 않았지만 승무원들의 발 빠른 대처로 탑승객들이 무사히 기체를 빠져 나올 수 있었다고 평가했다.

입력 : 2013.07.08 19:17 | 수정 : 2013.07.08 19:17

조선일보. 강도원 기자

◉ **승무원들이 자기 책임을 다하지 않았다면 어떻게 되었을까요? 가족이 함께 이야기해 보고, 적어 보세요.**

인 천 재 능 대 학 교 부 속 유 치 원

2014년 부모교육자료 6
2014. 11. 26

♧ 책임지는 세상을 위한 인성- 책임 2 ♧

('책임지는 세상을 위한 인성- 책임 2'를 다음 주 수요일까지 작성하여 유치원으로 보내 주시기 바랍니다. 8회 모두 참여하시고 제출하신 부모님께는 유치원에서 정성껏 마련한 선물을 드립니다.)

꽃향기 반 이름:________ 학부모:________

◉ 가족들이 책임져야 할 일은 무엇이 있을지 함께 이야기해 보고, 적어 보세요.

√ 아빠가 책임져야 할 일

- 가 정: 우리 아이들이 다치지않고 안전하게 놀아주며, 잘자라기를 기도해주는일.
- 직 장: 가족들을 위해 돈을 벌어오는일. (행복한 의식주를 위해)
- 기 타: 가정에 기둥으로서 행복한 가정이 되길 기도하기.

√ 엄마가 책임져야 할 일

- 가 정: 가족의 건강을 위해 요리하고, 내조 잘하는 아내, 현명한 엄마가 되는것.
- 직 장:
- 기 타: 아이들이 올바른 길로 갈수 있도록 기도하기.

√ 내가 책임져야 할 일

- 가 정: 동생이랑 잘놀아주기. 양보하기 (언니로써). 부모님 말씀 잘듣기.
- 유치원: 친구들이랑 싸우지 않고. 서로 양보하면서 선생님 말씀 잘 듣기.

인 천 재 능 대 학 교 부 속 유 치 원

2014년 부모교육 자료 7

2014. 12. 3.

오늘 부모교육 7회차의 주제는 '소통하는 세상을 위한 인성- 공감'입니다. 아래의 내용을 읽어 보면서 공감과 소통에 대해 생각해 보시기 바랍니다.

♧ 소통하는 세상을 위한 인성- 공감 1 ♧

◉ '나의 공감 지수' 나는 어떤 사람인가요? 해당하는 문항에 표시해 보세요.

- ☐ 나는 다른 사람의 이야기 속에 숨은 뜻을 쉽게 알아차린다.
- ☐ 나는 다른 사람과 입장을 바꿔 생각하는 것이 별로 어렵지 않다.
- ☐ 사람들은 내가 자기 주장이 너무 없는 편이라고 이야기한다.
- ☐ 나는 동물이 고통받는 것을 지켜보는 것이 괴롭다.
- ☐ 나는 다른 사람이 나의 행동에 대해 어떻게 느끼는지 잘 안다.
- ☐ 나는 대화할 때 내 생각보다는 상대의 생각에 더 집중하는 편이다.
- ☐ 나는 모임에서 어떤 사람이 어색해하거나 불편해하는지 잘 안다.
- ☐ 나는 어떤 결정을 할 때 상대방의 기분을 먼저 고려한다.
- ☐ 나는 TV에서 사람들이 고통받는 것을 보면 마음이 아프다.
- ☐ 친구들은 내게 자기 문제에 대해 자주 이야기하고 도움을 청한다.
- ☐ 나는 다른 사람의 감정을 직관적으로 쉽게 느끼는 편이다.
- ☐ 나는 동의하지는 않더라도 다른 사람의 관점을 인정한다.

◉ 해당하는 문항이 몇 개인지 보고 당신의 공감 수준을 알아보세요.

☑ 1-4개	☑ 5-7개	☑ 8-12개
당신은 자연을 느끼고 자신을 돌아보는 시간이 필요합니다. 상대방의 입장이 되어 생각해 보는 공감 연습을 하면 좋을 것입니다.	당신은 자신의 의견을 주장하기보다는 상대방을 사랑하는 마음으로 이야기를 들어 주는 공감 연습이 필요합니다.	당신은 공감지수가 높아서 주위 사람을 위로하고 도울 수 있는 사람입니다.

인 천 재 능 대 학 교 부 속 유 치 원

2014년 부모교육 자료 7

2014. 12. 3.

♧ 소통하는 세상을 위한 인성- 공감 2 ♧

◉ 공감적 경청 : 귀와 눈과 가슴을 열고 상대방의 이야기를 들을 때 공감이 일어나며 진정한 소통이 이루어집니다.

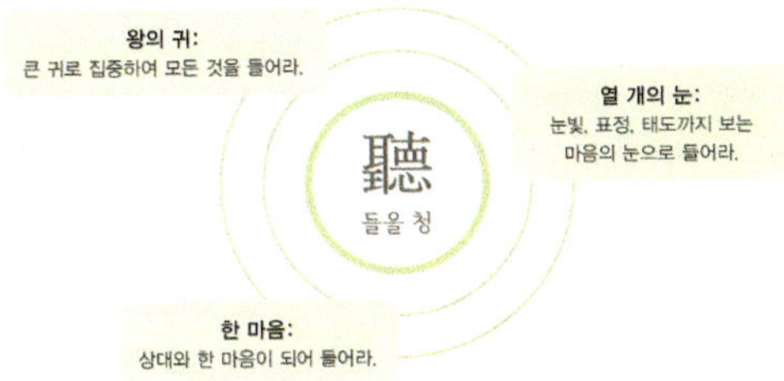

◉ 공감능력과 학교폭력의 관계

- 공감능력이 낮은 사람은 학교폭력의 가해자이거나 피해자가 됩니다.

<사춘기 학교폭력 경험과 아동기 공감 지수와의 관계>

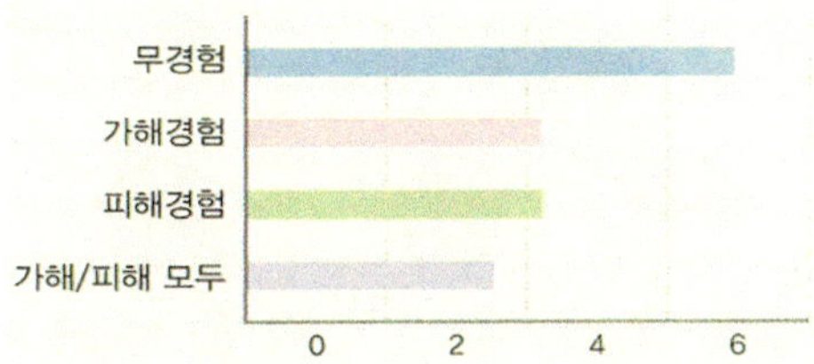

이재훈: 낮은 공감능력, 학교폭력 부른다 (한겨레 신문 p. 11. 2012. 6. 5,)

- 학교폭력을 뿌리 뽑으려면 공감과 배려를 가르치는 인성교육이 필요합니다.

· 친구를 괴롭히는 청소년은 뇌의 구조까지 변한다는 연구 결과 나옴
· 다른 사람에게 공감하거나 불안을 조절하는 기능이 제대로 작동하지 않기 때문임
· 학교폭력을 뿌리 뽑으려면 피해자와 가해자를 나누는 이분법보다 공감과 배려를 가르치는 인성교육이 시급함

EBS 뉴스 : 학교폭력, 뇌 발달에도 영향 (EBS, 2012. 6. 5. 방송)

인 천 재 능 대 학 교 부 속 유 치 원

2014년 부모교육 자료 7
2014. 12. 3

♧ 소통하는 세상을 위한 인성- 공감 3 ♧

('소통하는 세상을 위한 인성- 공감 3'을 다음 주 수요일까지 작성하여 유치원으로 보내 주시기 바랍니다. 8회 모두 참여하시고 제출하신 부모님께는 유치원에서 정성껏 마련한 선물을 드립니다.)

꽃향기 반　이름: ________　학부모: ________

◉ **가족 간에 공감적 경청과 공감적 표현하기**

- 가족 간의 대화에서 '왕의 귀, 열 개의 눈, 한 마음'으로 듣는 연습을 해 보세요.
- 가족 간의 대화에서 '어떻게 그럴 수 있어?, 도대체 왜 그러는 거야?'가 아니라 '왜 그렇게 했을까?, 그럴 수 있지.'의 입장에서 표현하는 연습을 실천한 뒤 실천한 날에 빨간색 스티커를 붙여 주세요.

예) "사랑합니다.", "힘내세요.", "도와드릴게요."

일시	12/11(목)	12/12(금)	12/13(토)	12/14(일)	12/15(월)	12/16(화)
실천표	●	●	●	●	●	●

◉ **자연과 공감하는 기회 갖기**

- 식물이나 동물을 기르며 감정을 나누거나 가족과 함께 산책하며 자연의 아름다움을 이야기 나누었을 때 실천표에 초록색 스티커를 붙여 주세요.

일시	12/11(목)	12/12(금)	12/13(토)	12/14(일)	12/15(월)	12/16(화)
실천표	●	●	●	●	●	●

인 천 재 능 대 학 교 부 속 유 치 원

2014년 부모교육 자료 8

2014. 12. 10.

오늘 부모교육 8회차의 주제는 '자녀와 소통하기'입니다. 아래의 내용을 읽어 보면서 나는 자녀와 어떻게 소통하고 있는지 생각해 보시기 바랍니다.

♧ 자녀와 소통하기 1 ♧

◉ **자녀와의 대화에서 피해야 할 대화의 유형**

유형	대화의 예	인성
명령 지시	빨리 장난감 치워 싸우지 마라	- 자신감 상실로 낮은 자존감 형성 - 신뢰감 상실 - 책임 회피 - 타인에 대한 존중과 이해 부족 - 공감 능력 부족
경고 위협	열 셀 동안 안하면 알아서 해 자꾸 그러면 여기에 두고 갈거야	
설교 훈계	그건 착한 아이가 할 짓이 아니야 애가 어른한테 그런 소리 하는 거 아니야	
모욕 비난	어쩜 너는 매번 하는 게 다 이 모양이니 나이가 몇인데 아직도 그걸 못하니 넌 도대체 무슨 생각으로 사는거니	
논리적으로 따지기	엄마가 3시까지 다 하라고 했지 동생 때문에 못했다는게 이유가 될 것 같니	
비교	너는 왜 남들처럼 가만히 앉아 있지 못하니 민우 반만큼이라도 따라 해봐	
감정 부정하기	그만 좀 울어라, 사내자식이 울긴 그런 일로 화내는 사람이 어디 있니	

◉ **자녀의 인성을 위한 바람직한 대화법**

* 어린이의 질문이나 말에 숨어 있는 속마음을 알아차려 줍니다.
* 설교와 비판은 어린이의 분노를 일으킵니다.
* 어린이의 행동이 아니라 감정에 대응합니다.
* 어린이를 이해하고 감정이입합니다.
* 어린이의 죄의식과 불만을 덜어 줍니다.
* 어린이가 스스로 감정을 이해하게 합니다.

인 천 재 능 대 학 교 부 속 유 치 원

2014년 부모교육 자료 8
2014. 12. 10

♧ 자녀와 소통하기 2 ♧

오늘 부모교육 8회차가 마지막 자료입니다. 그동안 참여해 주신 학부모님께 감사드립니다.

('자녀와 소통하기 2'를 다음 주 수요일까지 작성하여 유치원으로 보내 주시기 바랍니다. 8회 모두 참여하시고 제출하신 부모님께는 유치원에서 정성껏 마련한 선물을 드립니다.)

꽃향기 반 이름: ________ 학부모: ________

◉ 나와 자녀의 대화를 5분간 녹음해서 가장 많이 나오는 단어를 적어 보세요.
(녹음시간 5분이 연속적이지 않아도 됨)

☞ 아 → , !아 ↗ , 아 ↘ , 이한테 왜그래~.

◉ 그 단어가 왜 나오는지, 어떻게 자녀에게 작용할지 생각해 보세요.

☞ 화났때. 가르칠때. 명령할때. " "라는 단어를 톤으로 해서 명령하고 있었다. 이에게는 항상 긴장속에 생활한듯 싶었다.

◉ 나는 자녀와 어떻게 대화하고 있나요. 실천표를 통해 알아보세요.

- 바람직한 대화를 나누었으면 **초록색** 스티커
- 피해야 할 대화를 나누었으면 **빨간색** 스티커

예)	일시	실천표
	12/11(목)	⚫⚫⚫🔴⚫⚫🔴

일시	실천표
12/11(목)	🟢🟢🔴🟢🔴🟢🟢🔴🔴🟢
12/12(금)	🟢🔴🟢🟢🔴🟢🟢🟢🔴🟢
12/13(토)	🟢🟢🟢🟢🟢🟢🟢🟢
12/14(일)	🟢🟢🟢🟢🔴🟢🟢🟢🟢
12/15(월)	🟢🟢🔴🔴🟢🔴🟢🟢🟢🟢
12/16(화)	🟢🟢🟢🟢🟢🟢🟢🟢🟢🟢🟢

인 천 재 능 대 학 교 부 속 유 치 원

부모 인성역량 강화 교육자료 설문지

이제까지 8회에 걸쳐서 참여하신 부모교육 자료(부모 인성역량강화교육 자료)에 대한 설문입니다. 설문에 협조해 주시면 감사하겠습니다.

• 아래의 내용을 읽어 보시고 해당란에 체크해 주세요(3점이 가장 높은 점수입니다.)

설문내용	☺	☺☺	☺☺☺
교육자료의 내용은 어떠한가요			✓
횟수는 적절한가요(주 1회씩 총 8회)			✓
부모교육의 유형으로 교육자료 배부 방법은 어떠한가요			✓
과정을 마친 소감을 적어 보세요			
자녀를 양육하면서 뒤돌아 볼수 있는 시간을 갖을수 있어서 너무 좋았습니다. 많은걸 반성을 하고 배우게 됐어요.			
자녀 양육에서 변화된 점이 있다면 무엇인가요?			
화내지 않으려 노력하고. 자녀 입장에 되어 생각하고 말하다 보니 아이의 징징 거림이나 떼씀이 줄어들고 웃음이 많아 졌어요.			
가족관계에서 변화된 점이 있다면 무엇인가요?			
양육은 가족이 같이 하는거라 생각해요. 무엇을 하든 아이들에게는 부모의 소중함이 먼저이고. 부부에게는 자녀들 입장을 먼저 생각하려 노력해요.			
기타 의견이 있으면 적어 주세요.			
자녀 교육. 양육은 누군가가 지적해주고 채찍질을 해줘야 뒤돌아 볼수 있는거 같아요. 유치원에서 좋은 시간을 줘서서 감사합니다. 이런 부모 교육이 되는 자료 지속 해요.			

인 천 재 능 대 학 교 부 속 유 치 원

- 부모 인성역량 강화 교육자료 학부모 소감

〈과정을 마친 소감〉

"몇 년 동안 반성 없이 양육과 훈육이 이뤄지고 있었는데, 이번 과정을 계기로 한 번 되짚어 보고 갈 수 있는 계기가 되어 좋았습니다. 특히 명령, 설교, 훈계 등 대화의 유형을 꼭 기억하고 바람직한 대화를 위해 노력해야겠다고 생각했습니다."

"처음에는 의욕이 앞서서 열심히 해 보겠다고 생각했었는데 솔직히 중간중간 귀찮을 때도 있었습니다. 하지만 교육자료 작성하는 시간에는 조용히 생각하며 집중해서 하다 보니 아이의 인성은 부모한테서 비롯된다는 것을 더 깊이 되새기는 좋은 시간이었고 횟수를 거듭해 갈수록 나 자신이 근본적인 문제점을 찾고 노력하는 것을 느낄 수 있었습니다."

"매주 부모교육 자료의 주제를 통해 가족, 인성교육, 나눔, 양보, 베풂, 또한 나 자신을 다시 한 번 되돌아보고 생각하게 만드는 부분이 많이 있었습니다. 이 자료를 통해 아이하고도 더욱더 친밀감이 형성되었고 부모로서의 책임감, 역할도 더 커진 것 같습니다. "

〈자녀 양육에서 변화된 점〉

"순간 상황을 빨리 정리하기 위해 아이의 말을 듣기 전에 단정지어 버리고 상처가 될 수 있는 말을 해왔던 것 같은데 조금 인내하고 기다리려고 노력하는 중입니다."

"훈육 위주에서 일단 아이의 마음을 한 번 읽어 주고 공감해 주는 노력을 시작하게 되었습니다. 이 또한 감사드립니다."

"아이와 눈높이를 맞추는 것과 기다릴 줄 알아야 되는 것을 다시 한 번 생각나게 하는 부분이였던 것 같습니다. 눈높이를 맞추고 기다리다 보니 대화도 부드러워지고 스킨십도 훨씬 더 자연스러워진 것 같습니다."

〈가족 관계에서 변화된 점〉

"대화가 늘고 함께하는 시간도 늘었습니다. 바라보고 웃어 주는 시간이 좀 길어진 것 같습니다."

"교육자료를 통해 가족간의 소통의 기회가 많아졌으며, 다양한 대화주제도 생겼습니다."
"아빠도 같이 자료를 읽고 같이 아이에 대한 인성교육이나 양육에 대한 상의를 하는 시간이 더 생겼습니다."

"가족을 더 존중하고 이해하고 배려하며 사랑할 수 있게 되었습니다. 가족들이 나를 이해해 주기를 바라지 않고 내가 먼저 이해하려고 많이 노력한 것 같습니다."

〈부모 인성역량 강화 교육자료 설문지 내용 중〉

2) 학부모 정서지원 프로그램

원만한 가족관계 또는 부부관계는 자녀의 정서를 안정시키고 또래와 긍정적인 관계를 형성하고 유지하는 데 기초가 된다. 원하는 학부모에게 MBTI 검사를 실시하여 학부모가 본인의 성격유형을 이해하고 가족관계 및 자녀 양육에 적용할 수 있도록 도움을 주었다.

또한 학부모들이 정서를 순화하고 직접 즐기며, 자기 개발을 할 수 있는 문화 체험의 장인 '학부모 사랑방'을 정기적으로 실시하는 등 학부모들의 정서지원을 위하여 노력하였다.

(1) MBTI 성격검사

학부모 자신이 긍정적인 자아개념을 확립하고, 다른 사람의 성격유형을 이해하여 원만한 인간관계를 유지할 수 있도록 MBTI 성격유형 검사를 실시하였다.

결혼 전에도 MBTI 성격유형 검사를 실시해 보았는데 그 때의 검사 결과와 현재의 검사 결과가 다르게 나왔어요. 결혼 후 아이를 낳아 양육하면서 성격이 조금 더 너그럽고 여유로워진 것 같아요. 이번 성격검사를 통하여 나의 강점과 약점을 알게 되었고, 나의 강점을 살려 더욱 자신 있는 삶을 살도록 해야겠다고 다짐하였어요. 쉽게 할 수 없는 검사를 유치원에서 할 수 있도록 기회를 주셔서 감사합니다.

〈학부모 상담 내용 중〉

(2) 학부모 사랑방

학부모 정서지원 프로그램으로 북아트, 도자기공예, 천연화장품 만들기, 크리스마스캔들 만들기 활동 등을 실시하였다. 해당 활동의 전문강사를 초빙하거나 유치원 학부모의 재능기부(강사)로 실시하였으며, 학부모들의 만족도가 높게 나타났다.

① 북아트

평소 팬시점이나 인터넷에서만 보았던 예쁜 다이어리를 만들게 되어서 너무 좋았습니다. 만드는 방법이 어려울 줄만 알았는데 강사님의 친절한 설명에 다이어리를 쉽게 잘 만들 수 있었어요. 오늘 만든 다이어리에 일기를 써 보며 제 자신도 돌아보고 앞으로의 계획도 세워 보면 좋을 것 같아요. 오늘 유익한 시간 만들어 주셔서 감사드립니다.

〈북아트 후 학부모 전화상담 내용 중〉

② 도자기공예

평소 그릇에 관심이 많아 이곳 저곳에서 수집하는 것을 좋아했는데 이번 학부모 사랑방에서 제가 직접 만든 그릇을 받을 수 있어서 너무 좋았습니다. 가족들과 함께 모여 제가 만든 그릇에 음식을 담아 먹으며 이런저런 이야기도 도란도란 나누다 보니 가족애가 더욱 좋아진 것 같아요. 이번에도 좋은 활동으로 학부모들에게 참여기회를 주셔서 감사합니다.

〈도자기 공예 후 학부모 전화상담 내용 중〉

③ 천연화장품 만들기

봄철만 되면 피부가 거칠어져서 걱정도 많이 되고 텔레비전에서 천연화장품 만드는 프로그램이 방영될 때마다 따라서 만들어 보고 싶었는데 기회가 되지 않아 아쉬웠어요. 그런데 이번 학부모 사랑방에서 천연화장품 만들기를 하여 참여해 보았는데 피부관리에 대한 정보도 유익했고, 제가 직접 천연화장품을 만들어 보니 더욱 의미있는 시간이 되었어요. 직접 만든 천연화장품을 써 보니 피부에도 좋던데요? 다음에도 이러한 기회가 있다면 꼭 참여할 거예요.

〈천연화장품 만들기 후 학부모 전화상담 내용 중〉

④ 크리스마스캔들 만들기

성탄절이 다가와 우리 집을 무엇으로 꾸미면 좋을까 하던 차에 크리스마스캔들 만들기를 한다는 안내문을 받고 바로 신청하였는데 역시 신청하길 잘했다는 생각이 들었어요. 만든 크리스마스캔들을 켜고 파티할 생각을 하니 벌써부터 마음이 뿌듯해지네요. 그리고 이번 강사분이 우리 유치원 학부모님이라는 것에 깜짝 놀랐습니다. 학부모에게 여러 가지 방법으로 참여 기회를 주시는 생각이 정말 좋습니다. 오늘 만든 캔들을 켜 보니 제 마음이 더 따뜻해지는 것 같아요. 따뜻한 캔들의 불빛처럼 선생님도 따뜻한 크리스마스 보내세요.

〈크리스마스캔들 만들기 후 학부모 전화상담 내용 중〉

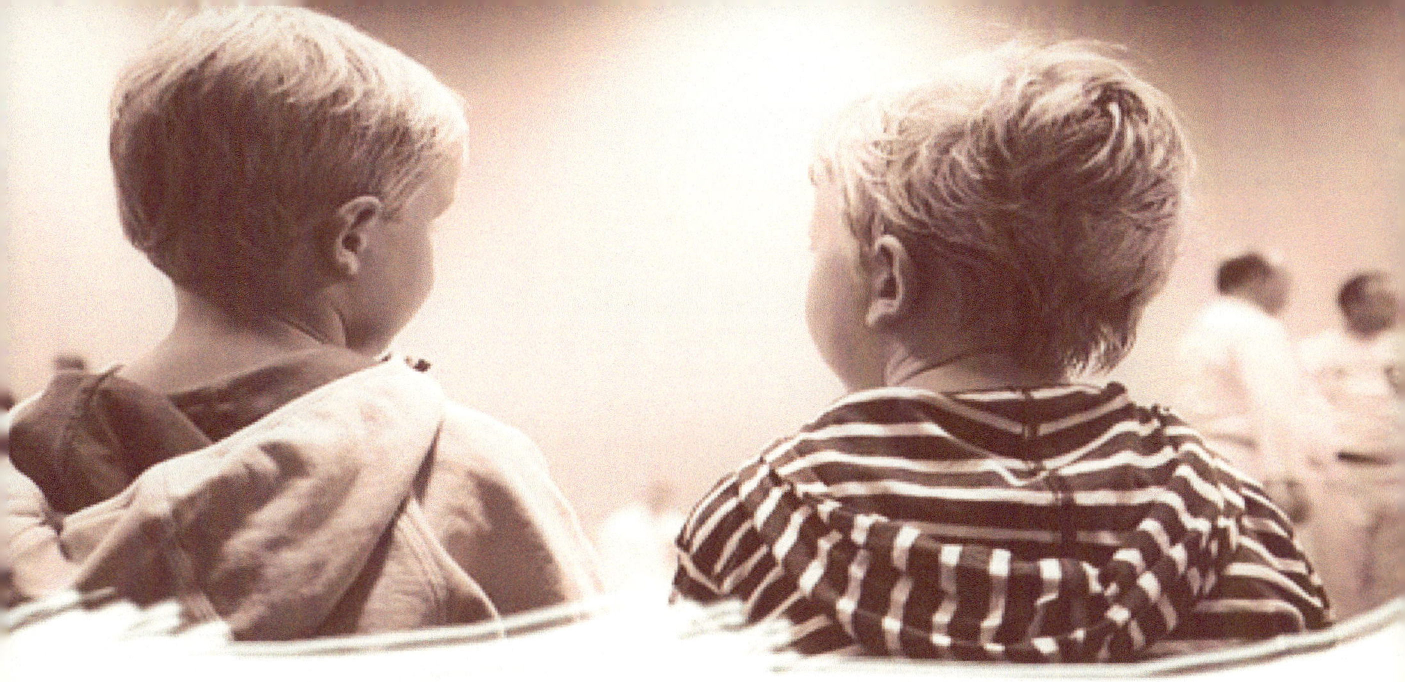

참고 문헌

강기수(2007). 전래동화의 교육 인간학적 기능. 교육사상연구, 21(1), 43-65.

김광규(1979). 우리를 적시는 마지막 꿈, 나. 서울: 문학과 지성사, 19.

계영애, 강정원(2001). 유아 인성교육을 위한 인성적 덕목과 교수전략에 대한 교사들의 인식 연구. 유아교육학논집, 5, 55-75.

교육개혁위원회(1995). 신교육 체제 수립을 위한 교육개혁방안(Ⅰ). 교육개혁위원회.

교육과학기술부(2009). 창의와 배려의 조화를 통한 인재 육성. 교육과학기술부.

교육부(1996). 유아의 도덕성 함양을 위한 토의자료. 교육부.

교육부(1998). 유아 기본생활습관 교육활동자료. 교육부.

교육과학기술부(2011). 유치원 기본과정 내실화를 위한 인성교육프로그램. 교육과학기술부.

교육과학기술부(2012). 5세 누리과정 교사용 지도서 동식물과 자연. 교육과학기술부.

교육과학기술부(2012). 5세 누리과정 교사용 지도서 교통기관. 교육과학기술부.

교육과학기술부(2012). 5세 누리과정 교사용 지도서 우리나라. 교육과학기술부.

교육과학기술부(2013). 4세 누리과정 교사용 지도서 우리동네. 교육과학기술부.

김도남(2004). 문학 독서에서의 가치교육 방법. 독서연구, 제12호, 2-30.

김미라(2001). 소학을 통해 본 유아 인성교육 학습모형 도출 연구. 미래유아교육학회지, 8(4), 211-234.

김연희(2015). 순환적 공감모형에 기초한 유아인성교육 프로그램 구성 및 적용 효과. 성신여자대학교 대학원 박사학위논문.

김영옥(2007). 21C 변화에 적합한 영유아 인성교육 프로그램. 서울: 다음세대.

김영옥(2010). 유아교육 선진화의 핵심가치와 실현 방안-창의, 인성, 과학기술의 만남. 한국열린유아교육학회 추계학술대회, 3-23.

김영옥, 송혜린, 이현미(2007). 21세기 변화에 적합한 영유아 인성프로그램(삼성아동교육문화센터 새책 39). 서울: 다음세대.

김영옥, 장명림, 유희정(2009). 유아 인성교육 프로그램 개발 및 효과. 열린유아교육연구, 14(5), 297-324.

김영옥, 이규림(2013). 유아인성교육 '마음씨앗 가꾸기'에 대한 교사의 개념탐색. 유아교육연구, 33(1). 75-94.

김윤환(1997). 인성교육의 이해. 새교실(1월호), 1-10. 한국교원단체연합회.

김정택, 심혜숙, 제석봉 역(1995). Isabel Briggs Myers, Mary H. McCaulley. MBTI 개발과 활용. 한국심리검사연구소.

남궁달화(1999). 인성교육론. 서울: 문음사.

박연경, 정인희, 황혜정, 김영희, 박연규(2006). 율곡의 「학교모범(學校模範)에 기초한 유아인성교육 프로그램 개발. 유아교육연구, 26, 253-270.

박은혜(2003). 유아교사론, 261-263. 서울: 창지사.

박찬옥(2010). 사회 변화와 유아 인성 교육. 인성교육 어떻게 할 것인가? 한국유아교육 · 보육행정학회 동계학술발표대회, 48-57.

신극범(1998). 21세기 교육대국의 건설과 교원의 지위. 민족발전 연구, 2, 111-125.

우영효(2004). 유아 인성교육의 방향. 아동교육, 13, 147-158.

은광주(2012). 유아교육기관 선택요인에 대한 어머니의 인식 비교. 경기대학교 교육대학원 석사학위논문.

이병석(2009). 인지 · 정의 통합적 접근을 통한 유아 인성교육 프로그램 개발을 위한 기초연구. 한국영유아보육학, 57, 249-270.

이윤옥(1998). 유아를 위한 인성프로그램. 서울: 창지사.

이윤옥(1998). 유아의 인성 함양을 위한 협력학습 활동 프로그램의 평가 연구. 서원대학교교육연구소 교육발전, 17, 185-214.

이해선, 김은미(2011). 인성과 자기계발. 경기: 정민사.

정범모(1995). 21세기와 가정교육. 제 3회 부모교육학술세미나 자료집, 7-13, 청소년 대화의 광장.

조연숙, 김아영, 허미화, 김인적(2001). 교사-학생간 상호작용 분석을 통한 인성교육의 현황 및 가능성 탐색. 교육학연구, 39(3), 233-258.

최민수(2011). 글로벌 시대의 유아 인성교육 방안모색. 인성교육 어떻게 할 것인가? 한국유아교육 · 보육행정학회, 글로벌인성개발협회 2011년 전국하계학술대회 논문집.

한국교육학회(2001). 인성교육. 서울: 문음사.

허경철, 조난심(1995). "인간성 함양을 위한 학교교육 모형 개발 및 평가 방안 연구". 교육개발원, 13-45.

Berkowitz. M. W., & Grych, J. H.(2000). Early character development and education. *Early*

Education & Development, 11, 55-72.

Josephson, M.(2002). Making ethical decision. Los Angeles, CA: Josephson Institute of Ethics.

Leming, J. S.(1996). Teaching values in social studies education-past practices and current trends. In B. G. Massials & F. A. Rodney(Eds.), *Crucial issues in teaching Social studies*, 145-180. Belmont, CA: Wadsworth Publishing Company.

Lickona, T.(1991). Educating for character : How our Schools can teach respect and responsibility. NY: Bantam Books. 3-5, 20-22, 67-70.

Lickona, T.(1993). The Return of Character Education Leadership, V51 n3 6-11.

Lickona, T.(1998). "Character Education: Seven Crucial Issues." Action in Teacher Education Journal of the Association of Teacher Educators 20(4), 77-84.

Lickona, T.(2001). ECT Interview with Thomas Lichona, PhD Talks about character education. *Early Childhood Today*. Retried January, 13, 2012 from www. scholastic.com

Lickona, T., Schaps, E., & Lewis. C.(2003). CEP's eleven principles of effective character education. Connecticut Avenue, NW: Character Education Partnership.

Linda & Richard, E.(1993). Teaching Your Children Values. New York: Simon & Schuster, Inc.

Noddings, N. & Slote, M.(2003). 'Changing Notions of the Moral and of Moral Education' in N. Blake, P. Smeyers, R. Smith, & P. Standish(Eds.), *The Blackwell Guide to the philosophy of education*. 341-355. Oxford: Malden.

Murphy, Madonna M.(2002). Character Education in America's Blue Ribbon Schools.

✍ 집필자 명단

이경희	현	인천재능대학교 유아교육과 교수
	현	인천재능대학교부속유치원장
김연희	전	인천재능대학교부속유치원 원감
	현	인천재능대학교 유아교육과 교수
이경진	현	인천재능대학교부속유치원 원감
박주희		인천재능대학교부속유치원 교사
박은실		인천재능대학교부속유치원 교사
박초록		인천재능대학교부속유치원 교사
김미정		인천재능대학교부속유치원 교사
이송이		인천재능대학교부속유치원 교사
정현아		인천재능대학교부속유치원 교사
황지혜		인천재능대학교부속유치원 교사
이아라		인천재능대학교부속유치원 교사
이미경		인천재능대학교부속유치원 교사
고은주		인천재능대학교부속유치원 교사
이윤수		인천재능대학교부속유치원 교사
이예원		인천재능대학교부속유치원 교사